그림으로 공부하는

한 국 사
능력검정시험
핸 드 북

한권으로 단기합격!

심화
(1·2·3급)
초·중등용

이 만 적

어디서든 학습 가능한 Handbook
초·중등생을 위해 단기합격 개념서

탐진

머리말

  필자의 이름은 원래 예명으로 사용하던 것입니다. 학생들과 시민들에게 고려 시대 '만적의 난'을 인상적으로 각인시키고 싶어 십여 년 전부터 써오던 예명이었습니다. 그런데 수년 전 모 대학에 출강을 나갈 기회가 생겼는데, 학칙상 예명을 쓸 수 없다는 이야기를 들었습니다. 이미 출간된 교재로 강의를 해야하는 저로서는 부득이 개명할 수밖에 없었습니다.

  만적이라는 이름을 한자로 어떻게 표현할까 오랫동안 고민하다가 해변 '만(灣)', 자취 '적(蹟)'을 쓰기로 결정했습니다. 이 사회를 좀 더 아름답게 만들고자 치열하게 살아온 많은 선배들이 망각되어 그들의 자취가 '해변가의 발자취'처럼 사라지고 있다는 사실이 슬펐습니다.

  '해변가의 발자취!' 이것의 의미는 비록 그 족적이 흐려지고 점차 망각되어 가지만 역사의 발전을 위해 치열하게 행동하고 고민한 많은 역사속의 선배들을 잊지 말자는 의도입니다.

  현재 대한민국은 김구를 존경하는 시민들과 이승만을 존경하는 시민들 간의 대립이 전개되고 있습니다. 저 이만적은 물론 두 분 모두를 존경하지만 안창호에 대한 존경심도 아울러 가지고 있습니다. 우리나라가 일제의 치하에서 독립할 수 있었던 가장 중요한 배경은 무엇보다도 안창호의 애국 계몽 운동으로 각성된 민중들 덕분이라고 생각합니다. 단언컨대 그 어떠한 사회의 개혁과 발전도 민중의 지적 자극 없이 이루어진 역사는 없었습니다. 그리고 그 민중의 지적 자극은 바로 인문학 교육을 통해서 만들어진다고 믿고 있습니다. 인문학적 소양을 갖춘 시민을 양성하는 길이 때로는 너무나 느리고, 돌아가는 길같이 보일지도 모르겠습니다. 그러나 이 길이야말로 선거와 투쟁보다 이 사회를 아름답게 만드는 더 근본적인 방안이라고 생각합니다.

안창호의 애국 계몽운동을 감히 흉내 내고자 하는 저의 졸렬한 욕망으로 책들을 저술하고 있습니다. 제 책들을 접한 독자들이 지나간 선배들의 치열한 열정과 고뇌를 잠시라도 엿볼 수 있다면, 그래서 그들의 사라져 버린 발자취가 되살아 날 수 있다면 저자로서는 정말 행복할 것 같습니다. 제 책들을 통하여 각기 자신이 속한 시대의 요구에 부응하여 치열하게 살다간 우리의 선배들을 소개하고 싶습니다.

본 교재의 특징은 다음과 같습니다.

첫째, 본 교재만으로도 기출문제의 해결뿐만 아니라 예상문제에 대한 대비까지 가능하도록 이론에 대한 충실한 해설로 문제에 대한 완벽한 분석을 지향하고 있습니다.

둘째, 체계적이고 효율적인 학습을 위해 핵심 포인트가 되는 쟁점과 사건에 대하여는 재미있는 그림(삽화)과 도표로, 보기 쉽게 정리하고 있습니다.

셋째, 오류 없는 내용을 지향하기 위하여 강사, 전공자, 전문 연구원들이 반복하여 교차검토하였습니다.

이제 그 깊고 뚜렷한 거인의 족적 위로 퇴적되고 있는 망각의 미진을 걷어내고 그 발자취를 상기할 수 있는 기회가 저와 독자 분 모두에게 있기를 부디 기원합니다. 마지막으로 삽화를 그려주신 이영만님과 남지연, 그리고 이 책의 출간을 결정해주신 탑진 대표님에게 감사드립니다.

'점진적 만적의 난'을 꿈꾸며,
이만적(李灣蹟) 드림

1장 선사 시대

01 선사시대
1. 구석기 시대 / 2
2. 신석기 시대 / 11
3. 청동기 시대 / 12
4. 철기시대 / 14

02. 고조선
1. 단군 조선 / 15
2. 위만 조선 / 16

03. 여러 나라의 성장
1. 부여 / 17
2. 고구려 / 18
3. 옥저와 동예 / 18
4. 삼한 / 19
자료탐구 / 19

2장 고대사

01. 삼국 시대의 정치
1. 고구려 / 23
2. 백제 / 23
3. 신라 / 24
4. 가야 / 25
5. 고구려와 수·당의 전쟁 / 25
6. 백제·고구려의 멸망과 부흥 운동 / 26
7. 신라의 삼국 통일 / 26

02. 남북국 시대의 정치
1. 통일 신라 / 27
2. 발해 / 29
3. 통치 체제 / 30
자료탐구 / 31

03. 고대의 사회·경제·문화
1. 신분제 / 38
2. 경제 / 39
3. 유교와 불교 / 39
4. 고분 / 40
5. 건축, 탑, 불상 / 41
6. 일본에 문화 전파 / 46
자료탐구 / 47

3장 중세

01. 중세의 정치
1. 고려 국왕 / 54
2. 행정 조직 / 55
3. 거란과 여진의 침입 / 57
4. 문벌 귀족의 동요 / 57
5. 무신 정권 / 58
6. 원 간섭기 / 59
7. 공민왕의 개혁 / 59
8. 고려의 멸망 / 60
9. 신진사대부 / 60
자료탐구 / 61

02. 중세의 경제, 사회, 문화
1. 중세의 경제 / 62
2. 중세의 사회 / 65
3. 중세의 문화 / 66
자료탐구 / 71

4장 조선

01. 조선의 정치
1. 조선 국왕 / 85
2. 통치 체제와 대외 관계 / 90
자료탐구 / 96

02. 조선의 경제, 사회, 문화
1. 조선의 경제 / 103
2. 조선의 사회 / 108
3. 조선의 문화 / 111
자료탐구 / 118

목차

5장 근대정치의 전개

01. 근대정치의 전개(1)
1. 흥선 대원군 138
2. 개항 / 140
3. 위정 척사 운동의 전개 / 142
4. 임오군란과 갑신정변 / 143
5. 거문도 사건과 중립화론 / 146
6. 동학 농민 운동 / 146
7. 갑오개혁과 을미개혁 / 148
자료 탐구 / 150

02. 근대정치의 전개(2)
1. 독립협회 / 154
2. 대한제국 / 156
3. 간도와 독도 / 157
4. 항일 의병 전쟁의 전개 / 157
5. 애국 계몽 운동 / 159
6. 화폐 정리 사업과 국채 보상 운동 / 161
7. 근대 시설 / 162
8. 근대 교육 / 163
9. 언론 / 163
10. 한국사와 국어 연구 / 164
11. 국권 피탈 과정 / 164
자료 탐구 / 166

6장 민족독립운동

특강 일제 시대 정리 176

01. 국내의 민족 운동
1. 1910년대 비밀결사 운동 / 178
2. 1919년 3.1 운동 / 179
3. 실력 양성 운동 / 179
4. 6.10 만세 운동 / 180
5. 광주 학생 항일 운동 / 180
6. 신간회(1927~1931) / 181
7. 소직 쟁의와 노동 쟁의 / 182
8. 여성 운동과 소년 운동 / 182
9. 형평 운동 / 183

02. 국외의 민족 운동
1. 국외 독립 운동 기지의 건설 / 184
2. 무장 투쟁 / 185
3. 대한민국 임시 정부 / 189
4. 의열 투쟁 / 192

03. 기타
1. 예술 / 194
2. 우리말 연구 / 194
3. 한국사의 연구 / 195
4. 종교계의 활동 / 195
자료탐구 / 196

7장 현대사

01. 해방 전후
1. 해방 직전 국제 회의 / 206
2. 해방 직후 / 206
3. 6.25 전쟁 / 210

02. 대한민국의 대통령들
1. 이승만 / 212
2. 장면 내각 / 212
3. 박정희 정부 / 213
4. 전두환 정부 / 214
5. 노태우 정부 / 215
6. 김영삼 정부 / 215
7. 김대중 정부 / 215
8. 노무현 정부 / 216
9. 이명박 정부 / 216

03. 기타
1. 노동운동 / 217
2. 새마을 운동 / 217
3. 독도 / 217
4. 중국과의 갈등 / 218
자료탐구 / 219

우리나라 역대 왕 재위기간 / 222
세계사와 한국사 연대표 / 223
우리나라 근현대사 연대표 / 233
요점정리 / 243
현대사 특강 / 260

우리나라의 문화재

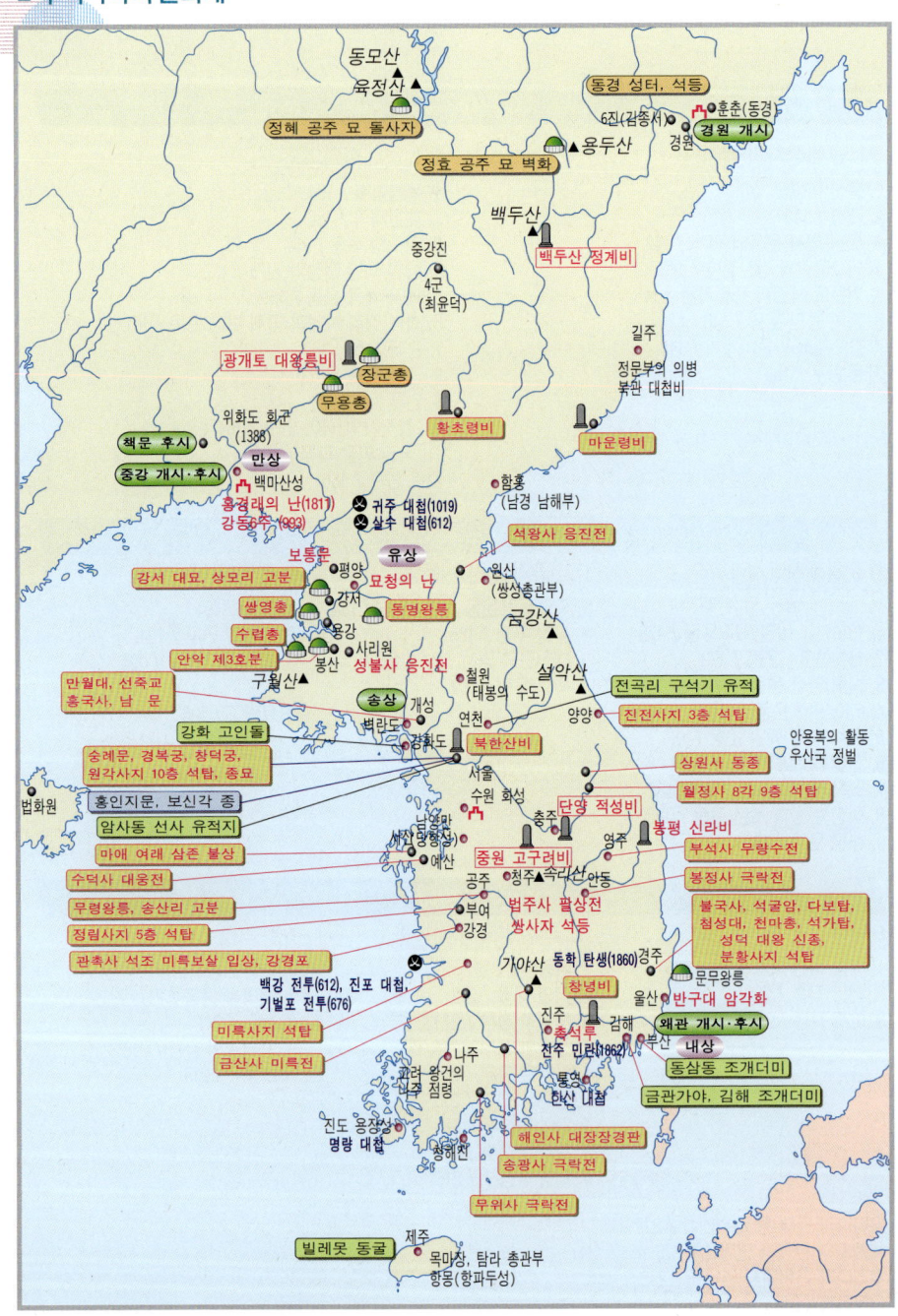

우리나라의 세계문화유산

중국 – '고구려의 수도와 왕릉, 그리고 귀족의 무덤'이라는 제목으로 등재(오녀산성, 국내성, 환도산성, 태왕릉과 광개토대왕비, 장군총, 오회분, 각저총, 무용총 등)

북한 – 고구려고분군(강서대묘, 덕흥리고분, 수산리고분, 안악고분1~3호분), 개성역사지구, 동명왕릉고분군

■ 기록유산
1997.「훈민정음해 본」,「조선왕조실록」
2001.「직지심체요절」,「승정원일기」
2007.「조선왕조의궤」,「팔만대장경과 제경판」
2009.「동의보감」
2011.「일성록, 5·18 민주화운동 기록물」
2013.「난중일기, 새마을운동 기록물」

■ 문화유산
1995. 석굴암, 불국사, 해인사 장경판전, 종묘
1997. 수원 화성, 창덕궁
2000. 고창·화순·강화
2004. 고구려 고분군(북한)
2009. 조선왕릉
2010. 양동·하회마을
2013. 개성 역사 지구
2014. 남한산성
2015. 백제역사지구(공주, 부여, 익산)
  공주 공산성, 공주 송산리 고분군, 부여 정림사지,
  부여 관북리 유적, 부여 부소산성, 부여 능산리 고분군,
  부여 나성, 익산 왕궁리 유적, 익산 미륵사
2018. 산사, 한국의 산지승원
  (부석사, 봉정사, 법주사, 마곡사, 통도사, 선암사, 대흥사)
2019. 한국의 서원
  (소수서원, 남계서원, 옥산서원, 도산서원, 필암서원,
  도동서원, 병산서원, 무성서원, 돈암서원)

■ 무형유산
2001. 종묘 제례·제례악
2003. 판소리
2005. 강릉단오제
2009. 강강술래, 남사당, 영산재, 제주 칠머리당영등굿, 처용무
2010. 가곡(조선), 대목장(목공예), 매사냥(여러 나라)
2011. 줄타기, 택견, 한산 모시짜기
2012. 아리랑(중국의 등재)
2013. 김장
2014. 농악

■ 자연유산
2007. 제주 화산섬·용암동굴
2021. 한국의 갯벌(서천, 고창, 신안, 보성-순천)

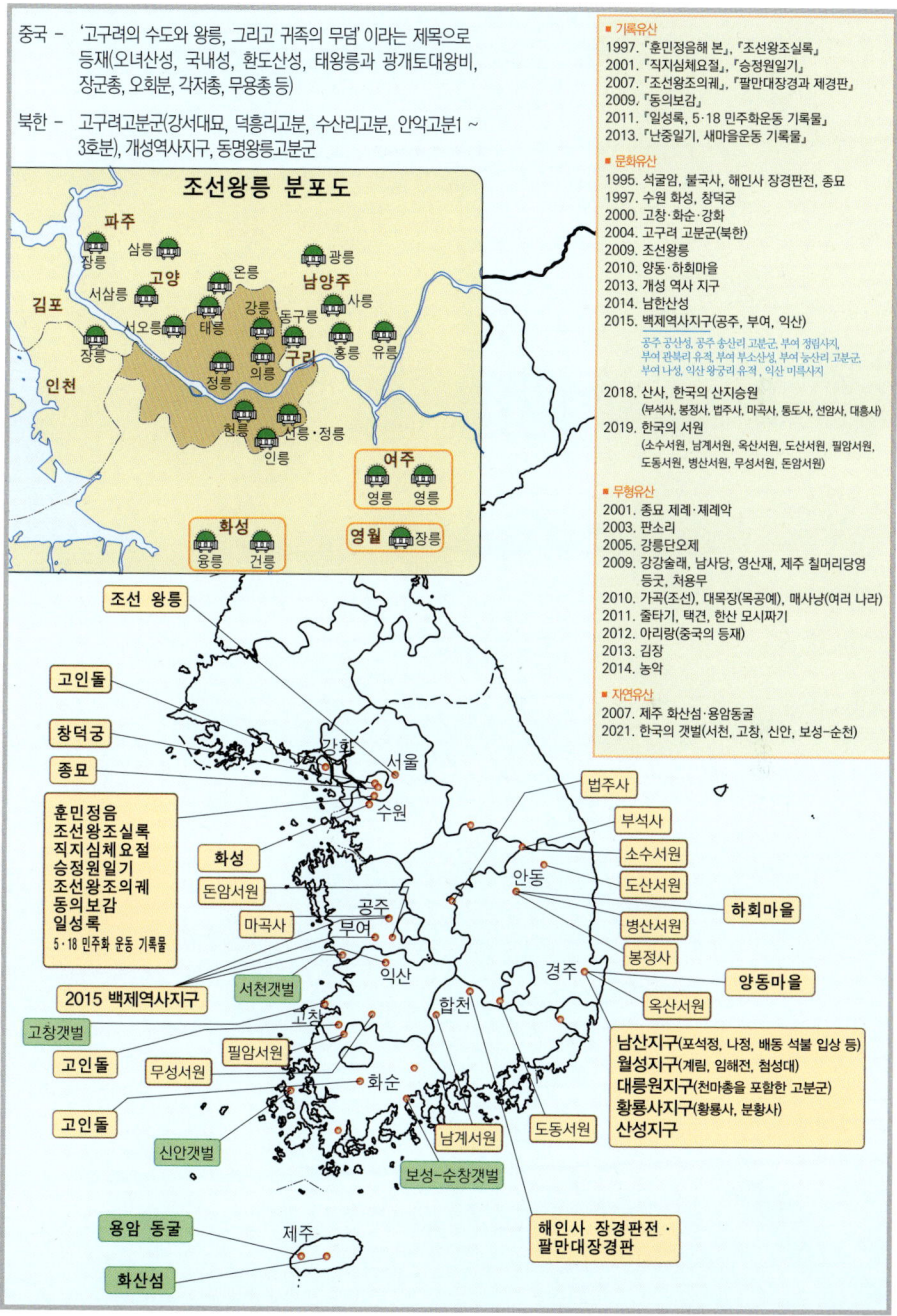

7

PART 01
선사시대

01 선사시대
02 고조선
03 여러 나라의 성장

CHAPTER 01
선사시대

01 선사시대

01 구석기시대

(1) 주거 : 막집, 동굴

(2) 생활 : 수렵, 채집, 이동생활

(3) 도구
① 뗀석기 : 주먹도끼, 슴베찌르개, 잔석기(토끼, 여우, 새의 등장으로 창과 활 등장)
② 뼈도구

(4) 유적지 : 공주 석장리

구석기시대 생활모습

슴베찌르개

잔석기(활, 창)의 등장

02 신석기시대

(1) 주거 : 강가, 해안가의 움집

(2) 생활
① 농경(조, 피, 수수), 목축 → 정착생활
② 부족생활(씨족들 간에 족외혼을 통해 형성), 평등사회, 모계사회
③ 원시 수공업 : 가락바퀴, 뼈바늘 → 옷과 그물 제작

(3) 도구
① 간석기
② 토기 : 이른 민무늬토기, 덧무늬토기, 눌러찍기무늬토기, 빗살무늬토기

(4) 예술
① 원시신앙 : 애니미즘(정령 신앙), 토테미즘(동식물 숭배), 샤머니즘(무당과 주술)
② 예술 : 조개껍데기, 치레걸이

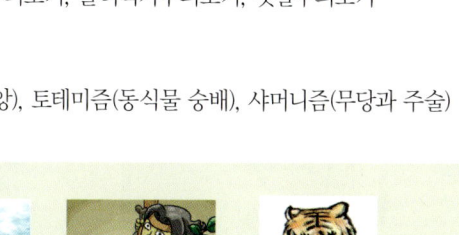
가락바퀴

애니미즘

샤머니즘

토테미즘

▶ 신석기시대의 도구

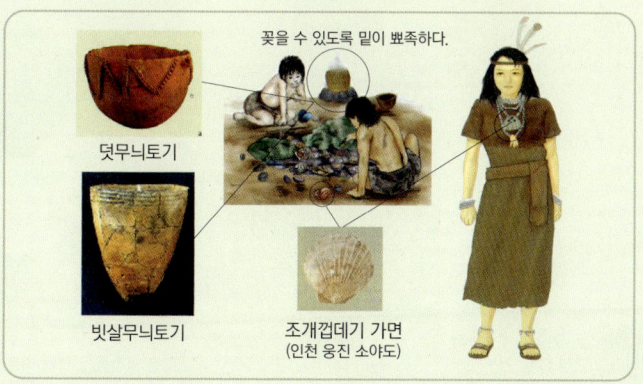

덧무늬토기
빗살무늬토기
조개껍데기 가면 (인천 옹진 소야도)
꽂을 수 있도록 밑이 뾰족하다.

CHAPTER 01
선사시대

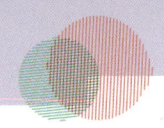

03 청동기시대

(1) 주거 : 야산, 구릉지대(배산임수)

(2) 생활 : 계급 발생(잉여생산물 → 사유재산 형성), 전쟁(가부장제), 선민사상(단군신화)

(3) 도구
① 청동기 : 비파형동검, 거친무늬거울
② 농기구 : 반달돌칼(벼농사), 홈자귀, 바퀴날도끼
③ 고인돌
④ 토기 : 민무늬토기, 미송리식토기

(4) 예술 : 바위그림(울주 반구대, 고령 양전동 알터)

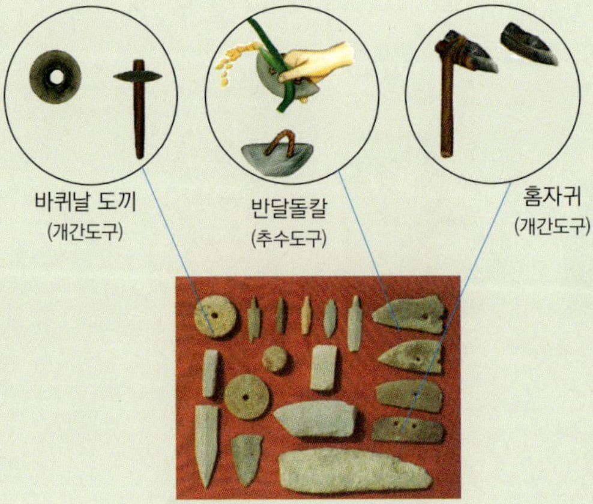

바퀴날 도끼 (개간도구)
반달돌칼 (추수도구)
홈자귀 (개간도구)
청동기시대에 사용된 석기들
▶ 청동기시대 농기구 : 간석기(청동제 농기구 X)

고인돌
미송리식토기 
철기시대 철제 농기구 
민무늬토기 

울산 앞바다의 고래 잡는 모습 상상도
울주 반구대 바위 그림 탁본 
고령 양전동 알터의 바위 그림

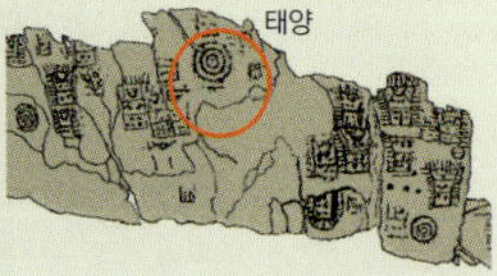

▶ **신석기 주거지와 청동기 주거지**
- 신석기 주거지 : 원형이나 둥근 사각형, 중앙에 화덕 존재
- 청동기 주거지 : 지상가옥, 직사각형 구조, 주춧돌

▶ **신석기시대의 집터**(강원 양양 지경리)

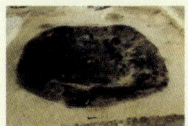   

　　　　　　　　　반지하　　　　　원형, 저장 구덩이가 안에 위치　　　화덕이 한가운데 위치

▶ **청동기시대의 집터**(대구 수성 성동)

　　집단 취락　　　　　　지상 가옥　　　　　　　장방형　　　　　　화덕이 구석에 위치

CHAPTER 01 선사시대

04 철기시대

(1) **한반도의 독자적 청동기 발전** : 세형동검, 잔무늬거울, 거푸집 발견

(2) **중국과 교류** : 붓(경남 창원 다호리), 중국 화폐(명도전, 반량전, 오수전)

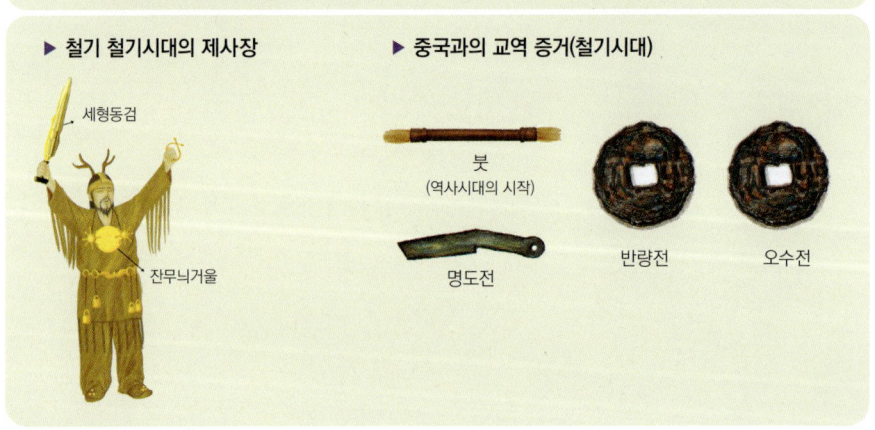

02 고조선

01 단군 조선

(1) 건국 : 단군왕검이 청동기 문화를 바탕으로 고조선 건국(기원전 2333)

(2) 중심지 : 요령 중심(초기) → 대동강 유역(후기)

(3) 유물 : 탁자식(북방식) 고인돌, 비파형동검

(4) 발전
① 연(燕)과 대적, 제(齊)와 교역(선진 문물 수용)
② 부왕, 준왕의 왕위 세습
③ 상, 대부, 장군 등의 관직 설치

▶ 고조선의 세력범위, 중심지

CHAPTER 01
선사시대

02 위만 조선

(1) 성립 : 중국의 진한교체기 때 이주, 준왕을 몰아내고 왕위 찬탈

(2) 발전 : 철기 문화 본격 수용, 중계 무역(동방의 예, 남방의 진과 중국의 한 사이의 중계무역)

(3) 멸망 : 한무제 침략 → 왕검성 함락 → 한군현 설치(cf. 평양에 낙랑군)

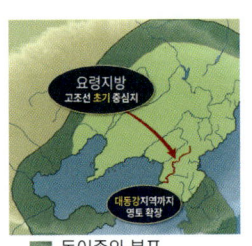

▶ 고조선의 변화

03 여러 나라의 성장

01 부여

(1) 위치
쑹화강 유역

(2) 정치
5부족 연맹체, 왕권 미약

중앙	왕 아래 마가, 우가, 구가, 저가와 대사자, 사자 등의 관리
지방	가(부족장)가 '사출도'라는 행정 구획을 다스림

(3) 풍속
형사취수제, 영고(제천행사 12월, 수렵 사회의 전통), 순장, 우제점법

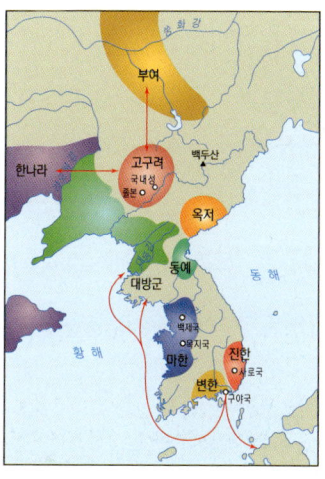

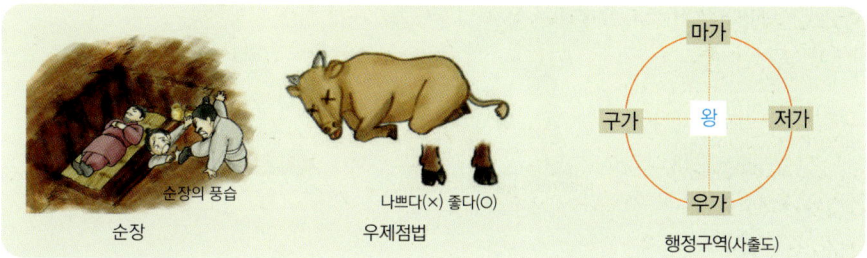

순장의 풍습 / 순장
우제점법 나쁘다(×) 좋다(○)
행정구역(사출도) 마가, 구가, 왕, 저가, 우가

▶ 고조선과 부여의 법률

구분	고조선	부여
살인죄	본인 사형	본인 사형, 가족 노비 → 연좌제 적용
상해죄	곡물로 배상	배상 없음
절도죄	노비, 속죄하면 50만 전 배상	1책 12법
간음죄, 투기죄	정절 중시 (추정)	본인 사형 (시신을 찾으려면 우마를 바쳐야 함)

CHAPTER 01
선사시대

02 고구려

(1) 위치
졸본(환인) 지방 → 국내성(집안) → 평양(장수왕), 약탈 경제 발달

(2) 정치
5부족 연맹체, 상가, 고추가 등이 제가회의 개최

(3) 풍속
형사취수제, 서옥제, 동맹(제천행사 10월, 주몽, 유화부인에게 제사)

03 옥저와 동예(읍군, 삼로가 지배층)

(1) 옥저 : 민며느리제, 골장제

(2) 동예 : 무천(10월, 제천행사), 족외혼, 책화, 단궁, 과하마, 반어피

죽은 자의 양식으로 쌀을 담은 항아리를 매달았음
옥저의 가족공동묘

과하마(果下馬) - 조랑말

바다 표범의 가죽
반어피

단궁 - 활

04 삼한

(1) 제정 분리 사회
신지와 읍차가 정치와 경제 담당, 소도의 천군(제사장)이 제사 담당, 5월 수릿날, 10월 계절제

(2) 변한(철 생산, 낙랑, 왜와 교역)

솟대
소도

자료탐구

■ **단군왕검**

고기(古記)에 이런 말이 있다. 옛날 환인의 아들 환웅이 천부인 3개와 3,000의 무리를 이끌고 태백산 신단수 밑에 내려왔는데 이곳을 신시라 하였다. 그는 풍백, 우사, 운사로 하여금 인간의 360여 가지의 일을 주관하게 하였는데 그 중에서 곡식, 생명, 질병, 형벌, 선악 등 다섯 가지 일이 가장 중요한 것이었다. 이로써 인간 세상을 교화시키고 인간을 널리 이롭게 하였다. 이때 곰과 호랑이가 사람이 되기를 원하므로 환웅은 쑥과 마늘을 주고 이것을 먹으면서 100일간 햇빛을 보지 않는다면 사람이 될 것이라고 하였다. 곰은 금기를 지켜 21일 만에 여자로 태어났고 환웅과 혼인하여 아들을 낳았다. 이가 곧 단군왕검이었다.

■ **'여러 나라의 성장' 사료**

부여
- 가뭄이나 장마가 계속되어 오곡이 영글지 않으면 그 허물을 왕에게 돌려 '왕을 바꾸어야 한다'고 하거나 '죽여야 한다'고 하였다.
- 살인자는 사형에 처하고 그 가족은 노비로 삼았다. 도둑질을 하면 12배로 변상케 했다. 남녀 간에 음란한 짓을 하거나 부인이 투기하면 모두 죽였다. 투기하는 것을 더욱 미워하여 죽이고 나서 시체를 산 위에 버려서 썩게 한다. 친정집에서 시체를 가져가려면 소와 말을 바쳐야 한다.

고구려
- 나라에는 왕이 있고, 벼슬로는 상가·대로·패자·고추가·주부·우태·승·사자·조의·선인이 있다. 신분이 높고 낮음에 따라 각각 등급을 두었다. 왕의 종족으로서 대가는 모두 고추가로 불린다. 모든 대가들은 사자·조의·선인을 두었는데, 명단을 반드시 왕에게 보고해야 한다.

옥저
- 사람이 죽으면 가매장을 한다. 겨우 시체가 덮일 만큼 묻었다가 가죽과 살이 다 썩은 다음에 뼈만 추려 곽 속에 넣는다. 온 집 식구를 모두 같은 곽에 넣어 둔다.

삼한
- 귀신을 믿기 때문에 국읍과 각각 한 사람씩 세워 천신의 제사를 주관하게 한다. 이를 천군이라 한다. 여러 나라에는 각각 소도라고 하는 별읍이 있다. 큰 나무를 세우고 방울과 북을 매달아 놓고 귀신을 섬긴다. 다른 지역에서 거기로 도망쳐온 사람은 누구든 돌려보내지 아니하였다.

PART 02
고 대 사

01 삼국시대의 정치
02 남북국시대의 정치
03 고대의 사회, 경제, 문화

CHAPTER 02
고대사

▶ 전성기 순서(주도권 장악)

장수왕(5C)   근초고왕 (4C 후반)   진흥왕(6C)

▶ 4세기 백제(근초고왕)의 발전

① 마한 정복
② 가야 진출(지배권 행사)
③ 고국원왕 죽임
④ 요서 진출
⑤ 산동반도 진출
⑥ 왜의 규슈 진출(왜왕에게 칠지도 하사)

칠지도

▶ 5세기 고구려(장수왕)의 발전

▶ 6세기 신라(진흥왕)의 발전

화랑도(화랑(진골) + 낭도
+ 승려낭도로 구성)

진흥왕과 북한산비

22 · 한국사능력검정시험 심화(초·중등용)

01 삼국시대의 정치

01 고구려

(1) 태조왕(1세기) : 옥저 정복

(2) 고국천왕(2세기) : 부족적 5부를 행정적 5부로 개편, 진대법(빈민구제)

(3) 미천왕(4세기) : 낙랑 정복

(4) 고국원왕(4세기) : 근초고왕의 공격으로 전사

(5) 소수림왕(4세기) : 불교수용, 태학설립, 율령반포

(6) 광개토대왕(4세기) : 부여 정복, 만주 장악, 신라(내물왕)에 침입한 왜 격퇴, 가야 공격

(7) 장수왕(5세기) : 남북조와 교류, 평양성 천도, 한강 장악(나제동맹 결성), 광개토대왕릉비와 중원고구려비 건립

02 백제

(1) 고이왕(3세기) : 율령반포, 관등제(6좌평제), 관리의 복색 제정

(2) 근초고왕(4세기) : 마한 정복, 가야 진출, 고구려 평양성 공격(고국원왕 전사시킴), 요서·산둥·규슈 진출, 아직기와 왕인이 왜에 유교 전파

(3) 침류왕 : 불교수용

(4) 5세기 : 나제동맹을 맺었지만 한강유역 상실, 웅진 천도

(5) 무령왕(6세기) : 지방에 22담로 설치, 중국 남조와 교류(벽돌무덤)

(6) 성왕(6세기) : 사비 천도, 국호 남부여, 중앙 관청을 22부로 확대, 지방제도 정비, 노리사치계가 왜에 불교 전파, 신라(진흥왕)와 함께 고구려를 공격하여 한강 유역 회복(신라에게 다시 빼앗김 → 관산성 전투에서 성왕 전사)

03 신라

(1) **군장국가** : 거서간(왕, 귀인) → 차차웅(무당)

(2) **연맹국가** : 이사금(연장자)

(3) **내물왕(4세기)** : 고구려(광개토대왕)의 간섭, 김씨세습체제, 마립간(최고 우두머리, 대군장)

(4) **지증왕(6세기)** : 국호 '신라' 제정, '왕' 칭호 사용, 우산국 정복, 우경 시작

(5) **법흥왕(6세기)** : 율령 반포, 불교 공인, 골품제 정비, 금관가야 정복

(6) **진흥왕(6세기)** : 화랑도, 한강유역 장악, 대가야 정복

▶ 6C 지증왕

▶ 지증왕의 우산국 정복

▶ 이차돈 순교 사실을 새긴 돌기둥
(경주 박물관 소장)

〈삼국사기〉에는 지증왕 때 우경을 실시하였다는 기록이 있는데, 이것으로 보아 신라 정부가 이 시기부터 우경을 본격적으로 보급하는 정책을 실시한 것으로 여겨진다.

귀족들의 반발 때문에 불교를 공식적으로 수용하지 못하다가 이차돈의 순교를 계기로 공인되었다.

04 가야(광개토대왕의 공격으로 전기, 후기 변화)

(1) **전기 가야 연맹** : 금관가야 중심(김수로왕), 풍부한 철 생산 – '낙랑과 왜' 중계 무역

(2) **후기 가야 연맹** : 대가야 중심

(3) **멸망** : 백제와 신라에 분할 점령

▶ 가야연맹의 위치

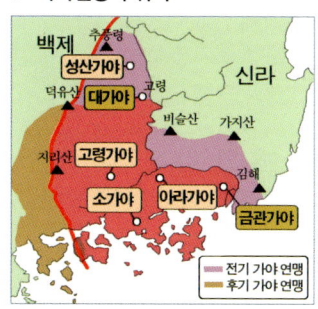

05 고구려와 수·당의 전쟁

(1) **수의 침입** : 을지문덕의 살수대첩

(2) **당의 침입** : 연개소문의 쿠데타, 대당강경책 → 당군 격퇴(안시성 싸움 등)

CHAPTER 02
고대사

06 백제·고구려의 멸망과 부흥운동

(1) **백제** : 660년 나당연합군에 의해 멸망, 복신·도침·흑치상지의 부흥 운동, 왜의 백제 부흥군 지원(→ 백강 전투 패배)

(2) **고구려** : 668년 나당연합군에 의해 멸망, 고연무, 안승의 부흥운동

▶ 백제와 고구려 부흥운동 세력

07 신라의 삼국 통일

(1) **당 격퇴**
매소성전투와 기벌포전투 승리

(2) **영토**
대동강에서 원산만까지가 신라의 영토

▶ 나·당 전쟁의 전개

02 남북국시대의 정치

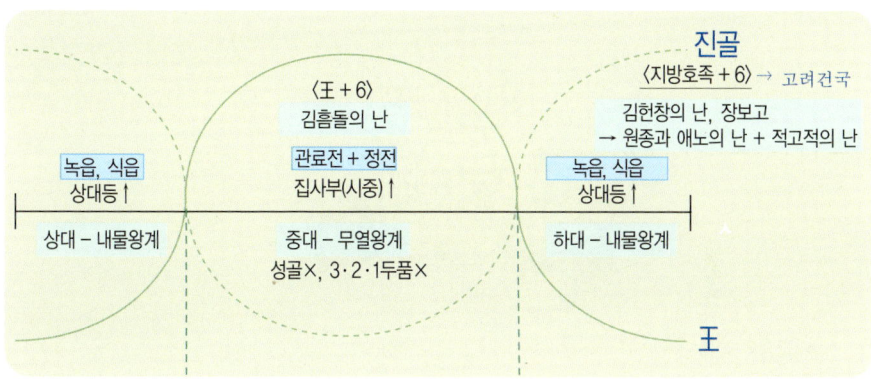

01 통일신라

(1) **태종 무열왕**(김춘추) : 최초의 진골출신

(2) **문무왕** : 삼국통일

(3) **신문왕** : 전제왕권 확립, 왕과 6두품의 연합
① 김흠돌의 난 진압
② 국학 설립
③ 관료전 지급, 녹읍 폐지

(4) **성덕왕** : 정전 지급

(5) **신라 하대** : 김헌창의 난, 장보고의 난, 원종과 애노의 난, 적고적의 난 → 호족과 6두품의 연합(선종과 풍수지리)

▶ 정전

일정한 나이에 이른 백성들에게 국가가 지급한 토지라는 의미를 가지고 있으나 실제로는 백성들에게 토지를 지급한 것이 아니라 백성들이 가진 토지의 소유권을 인정해 준 것으로 이해되고 있다.

CHAPTER 02
고대사

(6) 후삼국시대
① 후백제 : 견훤이 완산주(전주)에 도읍
② 후고구려 : 궁예(송악 → 철원으로 기반 이동), 국호 교체(→ 마진 → 태봉)

▶ 신라의 멸망

▶ 교종과 선종

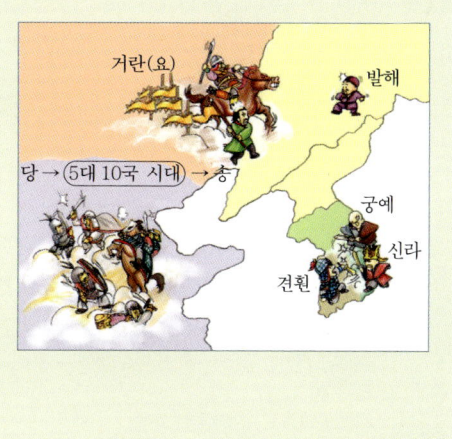

02 발해(고구려 계승)

(1) **대조** : 동모산에 발해 건국

(2) **무왕** : 돌궐·일본과 연결하여 당과 신라 견제, 장문휴가 산둥반도 공격

(3) **문왕** : 당과 친선, 당의 제도와 문물 수용, 신라도 개척, 상경으로 천도

(4) **선왕** : 연해주의 흑수부 말갈 복속, 해동성국

CHAPTER 02
고대사

03 통치체제

(1) 통일신라 통치 체제 정비

중앙	• 집사부 중심 운영(→ 장관인 시중의 권한 강화) • 감찰 기구인 사정부 설치(→ 관리들의 비리와 부정 방지)
지방	• 9주 5소경 • 향·부곡 설치 • 지방 세력 통제 : 상수리제도 실시(지방 세력 견제), 외사정 파견(지방관 감찰)
군사	• 중앙 - 9서당(신라인, 옛 고구려·백제인, 말갈인 등 포함) • 지방 - 10정

(2) 발해의 3성 6부 (지방제도는 5경 15부 62주, 중앙군은 10위)

▶ **발해의 중앙 관제**
당의 3성 6부를 수용했지만 네 가지가 당과 다르다(①, ②, ③, ④)

- 왕
  - 정당성(상서성)
    - 좌사정 — 충부(이부) / 인부(호부) / 의부(예부)
    - 우사정 — 지부(병부) / 예부(형부) / 신부(공부)
  - 선조성(문하성)
  - 중대성(중서성)
  - 중정대(어사대) ← 감찰기구, 통일신라의 감찰기구 - 사정부
  - 문적원(비서성) ← 서적관리
  - 주자감(국자감) ← 최고의 교육기관, 통일신라의 교육기관은 신문왕 때 만든 국학

① 명칭이 다름 (당나라는 중서성인데 발해는 중대성이다. 다른 기구도 모두 명칭이 다르다.)
② 당나라는 중서성 중심 이지만 발해는 정당성 중심
③ 이원적
④ 유교식 명칭

자료탐구

■ 고구려, 백제, 신라, 가야의 건국 이야기

① **고구려** : 시조 동명성왕은 성이 고씨이며 이름은 주몽이다. … 부여의 금와왕이 태백산 남쪽에서 한 여자를 만나게 되어 물은 즉, 하백의 딸 유화라 하는 지라 … 금와왕이 이상히 여겨 그녀를 방에 가두어 두었는데, 햇빛이 따라와 비추었다. 그녀는 몸을 피하였으나, 햇빛이 따라와 기어이 그녀를 비추었다. 이로 인하여 그녀는 잉태하게 되었고, 마침내 알 하나를 낳았다 …. 한 사내 아이가 껍데기를 깨고 나왔다. 기골과 모양이 뛰어나고 기이했다.

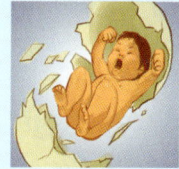

일곱 살에 의연함이 더하였고, 스스로 활을 만들어 쏘는데 백발백중이었다. 부여의 속어에 활 잘 쏘는 것을 주몽이라 하니 이로써 이름을 삼았다. … 주몽은 그를 따르는 세 사람과 함께 도망하여 강가에 이르렀다. 그러나 다리가 없어 강을 건널 수 없었고, 추격병이 뒤따라오고 있었다. 주몽이 강물에 고하여, "나는 천제의 아들이고 하백의 외손이다. 오늘 도망하여 여기까지 왔으나 추격병이 쫓아오고 있다. 어떻게 하면 좋겠는가?"라고 외치자, 물고기와 자라가 떠올라 다리를 만들어 주니 주몽이 강을 건널 수 있었다. … 졸본천으로 갔다. 그곳 땅이 기름지고 아름다우며 산천이 험하였다. 마침내 이곳에 도읍하기로 하였다. … 나라 이름을 고구려라 하고, 고를 그의 성씨로 삼았다. 〈삼국사기〉

② **백제** : 백제의 시조 온조왕으로 아버지는 주몽이다. … 주몽이 북부여에서 낳았던 아들이 태자가 되자, 비류와 온조는 자신이 태자에게 받아들여지지 않을까 걱정하며, 오간, 마려 등 열 명의 신하와 함께 남쪽 지방으로 떠났다 …. 온조는 하남 위례성에 도읍을 정하고, 열 명의 신하로 하여금 보좌하게 하고, 국호를 '십제(十濟)'라고 하였다 …. 그 후 국호를 '백제'라 하였다. 〈삼국사기〉

③ **신라** : 시조는 성이 박씨이고 이름은 혁거세이다. … 어느 날 고허촌장 소벌공이 양상(남산) 아래를 바라보았다. 숲에서 말이 무릎 꿇고서 울고 있었다. 달려가 보니 말은 온데간데없고 큰 알만 있었다. 알을 깨어보니 어린 아이가 나와 거두어 길렀다. 10여 세가 되자 모습이 당당하고 퍽 성숙하였다. 여섯 마을 사람들은 이상하게 태어난 아이라고 하여 임금으로 모시었다. … 큰 알이 박과 같았기 때문에 박을 성씨로 삼았다.

〈삼국사기〉

④ **가야** : …. 마을의 북쪽 구지에서 무엇을 부르는 수상한 소리가 났다. 마을 사람 이삼백 인이 그곳에 모이니, 사람의 소리가 나는데 그 모양은 보이지 않고, 소리만 들리기를, "여기에 사람이 있느냐 없느냐?" 구간(九干)들이 말하되 "우리가 여기 있습니다." 또 소리하기를, "이 곳이 어디냐?" 대답하되, "구지입니다." 또 말하되, "하느님께서 나에게 명하시기를 이곳에 와서 나라를 새롭게 하여 임금이 되라하였으니, 너희들은 구지의 봉우리 흙을 파면서, '거북아, 거북아, / 머리를 내어라. / 아니 내면은 / 구워서 먹으리' 하고 노래를 하고 춤을 추면 대왕을 맞이하는 일이 될 것이니, 기뻐하고 용약하라." 하였다.

구간들이 그 말을 따라 다 같이 빌면서 가무를 하였다. 10여 일 후에 하늘에서 내려온 황금 알 여섯이 사람으로 변하여 그 중 한 사람이 처음으로 나타났다고 하여 휘(諱)를 수로라 하고, 나라를 대가락 또는 가야국이라고 불렀으니, 곧 육가야의 하나이고, 나머지 다섯 사람도 다섯 가야의 주인이 되었다고 한다.
〈삼국유사 기이편, 가락국기〉

■ 삼국의 전개

건국 순서　　　　　세습체제 형성 순서　　　통치 체제 정비 순서　　　전성기 순서(주도권 장악)

■ 고대 사회 귀족들의 합의 제도

① **고구려** : 감옥이 없고, 범죄자가 있으면 제가들이 모여서 논의하여 사형에 처하고 처자는 몰수하여 노비로 삼는다.
② **백제** : 호암사에 정사암이란 바위가 있다. 국가에서 재상을 뽑을 때 후보자 3~4명의 이름을 써서 상자에 넣어 바위 위에 두었다. 얼마 뒤에 열어 보아 이름 위에 도장이 찍혀 있는 자를 재상으로 삼았다. 이 때문에 정사암이란 이름이 생기게 되었다.
③ **신라** : 큰 일이 있을 때에는 반드시 중의를 따른다. 이를 '화백'이라 부른다. 한 사람이라도 반대하면 통과하지 못하였다.

■ 백제의 해외 진출

① 백제국은 본래 고려(고구려)와 함께 요동의 동쪽 1,000여 리에 있었다. 그후 고려가 요동을 차지하니 백제는 요서를 차지하였다. 백제가 통치한 곳은 진평군(진평현)이라 한다. 〈송서〉
② 처음 백가(百家)로서 바다를 건넜다 하여 백제라 한다. 진대(晉代)에 고려(고구려)가 이미 요동을 차지하니 백제 역시 요서, 진평의 두 군을 차지하였다. 〈통전〉
③ 그 나라(백제)는 본래 고구려와 함께 요동의 동쪽에 있었다. 진대(晉代)에 고구려가 이미 요동을 차지하니 백제 역시 요서, 진평의 두 군의 땅을 차지하여 스스로 백제군을 두었다. 〈양서〉
④ 고구려와 백제의 전성시에는 백만의 강병으로 남으로 양쯔강 유역인 오월을 침공하고, 북으로는 산동지방과 요서지방에 걸친 지역을 흔들어서 중국의 큰 두통거리가 되었다. 〈삼국사기, 최치원전〉
⑤ 이외에도 백제의 대륙 지배 기록으로 〈영사〉, 〈북제사〉, 〈주서〉, 〈만주원류고〉, 〈남제서 '백제전'〉 등에 전한다.

■ 광개토대왕의 왜구 격퇴

영락 9년(399) 기해년에 백제가 서약을 어기고 왜와 화통하므로, 왕은 평양으로 내려갔다. 신라왕이 사신을 보내 아뢰기를, "왜군들이 국경에 가득 차 성지(城地)를 부수고, 노략질을 하니 구원을 요청합니다" 하였다. 이에 왕은 영락 10년(400)에 보병과 기병 도합 5만 명을 보내 신라를 구원하였다. 남거성을 쳐서 신라성에 이르니, 그곳에 왜군이 가득했다. 고구려 군대가 도착하자 왜군이 퇴각하였다. 그 뒤를 급히 추격하여 임나가라(任那加羅, 금관가야로 추정)의 종발성에 이르니 성이 곧 함락되었다. 그리고 신라인들을 안치시켜 지키게 하였다. 신라의 농성을 공략하니 왜구는 위축되어 궤멸되었다.

〈광개토대왕비문〉

4세기 무렵의 고구려는 신라 지역에 침입한 왜구를 격퇴하는 과정에서 신라 지역에 영향력을 행사하였다. 이 과정에서 김해 지역에 있던 금관가야가 쇠퇴하고 내륙지역의 대가야가 새로운 맹주국으로 성장하였다. 한편 이 자료는 일본 학자들 사이에서 이른바 '임나일본부설'의 근거로 이용되고 있다. 일본 학자들은 문장 전체의 주어를 왜로 보아 왜가 신묘년에 바다를 건너와 백제, 가야, 신라를 격파하고 신민으로 삼았다고 해석함으로써 일본의 한국 침략을 합리화하는 근거로 이용하고자 하였다.

■ 호우명의 그릇

경주 호우총(돌무지덧널무덤)에서 발견된 청동그릇(호우)으로 그릇의 밑바닥에 '乙卯年國岡上廣開土地好太王壺杅十(을묘년국강상광개토지호태왕호우십)'이라는 명문이 새겨져 있다. 고구려 장수왕 3년 을묘년(415)에 만들어졌으며, 명문의 서체는 광개토왕릉비문과 같다. 광개토왕을 장사 지낸 뒤에 왕릉에서 크게 제사를 지내고 그것을 기념하기 위해 호우를 제조하고, 그 제사 의식에 조공국의 사절로 참석하였던 신라 사신(중상급 귀족)을 통해 신라로 유입된 것이 아닌가 추정한다. 끝 글자 '十'에 대해서는 공백을 메우기 위한 의미 없는 표시로 보고 있다. 신라의 고분에서 출토된 그릇에서 고구려 광개토대왕의 이름이 새겨진 그릇이 발견되었다는 사실은 고구려와 신라가 정치적으로 매우 긴밀한 관계에 있었다는 사실을 입증해 주고 있다.

CHAPTER 02
고대사

▣ 개로왕이 북위(北魏)에 보낸 국서
저희 나라는 고구려와 함께 조상이 부여에서 나왔으므로 선조들의 시대에는 옛 정을 두텁게 하여 지내더니 그(장수왕)의 조상 소(고국원왕)가 경솔하게 이웃 나라와 우호 관계를 깨뜨리고 직접 군사를 거느려 저희 국경에 함부로 침입하였을 때에 저의 조상 수(근구수왕)가 군사를 정비하여 번개같이 내달아 기회를 포착하여 그들을 추격하여 싸움이 벌어지자마자 소의 머리를 베어 달았던 것입니다. 이때부터 한동안 그들이 감히 남쪽으로 얼씬 못하다가, 고구려가 점차 강성해져 우리는 능멸과 침략을 받게 되어 원한이 맺히고 화를 당함이 30여 년, 재물이 다하고 힘이 다하여 점차 저절로 쇠약해졌습니다. 만일 황제의 인자와 간절한 긍휼(矜恤, 불쌍히 여겨 돌보아 줌)이 멀리 미치지 않는 것이 없다면 속히 장수를 보내어 우리를 구해 주소서.

▣ 중원 고구려비
5월에 고구려 대왕이 상왕공(相王公)과 함께 신라의 매금(마립간, 왕)을 만나 영원토록 우호를 맺기 위해 중원(中原)에 왔으나 신라 매금이 오지 않아 실행되지 못하였다. 이에 고구려 대왕은 태자공(太子公) 전부(前部) 대사자(大使者)인 다우환노(多于桓奴)로 하여금 이곳에 머물러 신라의 매금을 만나게 하였다. … 12월 23일에 신라 매금이 신하와 함께 고구려의 대사자 다우환노를 만났으며, 이곳에 주둔하고 있던 고구려 군대로 하여금 신라 국내의 중인(衆人)을 내지(內地)로 옮기게 하였다.
〈고려사〉

자기 나라 왕을 '대왕'이라 칭하고, 신라를 동이, 신라왕을 매금이라 표기했다. 당시 고구려 국력의 강대함과 독자적 천하관, 문화의식을 보여준다. 5세기 장수왕 때 건립되었을 것으로 추정하고 있다.

▣ 해상 세력의 성장
- 장보고는 신라로 돌아와 흥덕왕을 찾아와 만나서 말하기를 "중국에서는 널리 우리나라 사람들을 노비로 삼으니 청해진을 만들어 적으로 하여금 사람들을 약탈하지 못하도록 하기를 원하나이다"라고 하였다. 청해는 신라의 요충으로 지금의 완도를 말하는데, 대왕은 그 말에 따라 장보고에게 군사 만 명을 거느리고 해상을 방비하게 하니 그 후로는 해상으로 나간 사람들이 잡혀가는 일이 없었다.
〈삼국사기〉

- 청해진 대사 궁복(장보고)이 자기 딸을 왕비로 맞지 않는 것을 원망하고 청해진을 근거로 반란을 일으켰다. … (문성왕) 13년(851) 2월에 청해진을 파하고 그곳 백성들을 벽골군으로 옮겼다.
〈삼국사기〉

▣ 발해와 신라의 관계

- 무왕의 산동반도 공격 : 장문휴는 등주 자사를 죽이고 그곳에 주둔하고 있던 당나라의 군대를 격파하였다. 이에 대해 당은 신라인 김사란을 귀국시켜 신라로 하여금 발해의 남쪽을 치도록 요구하였다. 신라는 당의 요구에 응하여 신라 군대를 발해의 남쪽 국경 지역에 파견하였으나, 때마침 큰눈이 내려 산길이 막혀 죽은 병사들이 과반수가 넘어, 다시 되돌아왔다.

- 등제서열 사건 : 875년 발해의 오소도가 신라의 이동보다 높은 점수를 얻어 수석의 영광을 차지하자, 최치원은 "일국의 수치로 영원히 남을 것이다"라며 치욕스럽게 여겼다. 그후 신라의 최언위가 오소도의 아들인 오광찬보다 상위로 합격하자, 당에 있던 오소도가 자기 아들을 최언위보다 올려 달라고 요구했다가 거절당하였다.

발해와 신라의 대립 관계는 당을 두고 등제서열 같은 문화적인 우월 경쟁으로 나타났고, 이는 당의 이이제이 정책으로 더욱 조장되었다. 발해는 처음에는 당과의 무력 대결을 피할 수 없어 8세기 초 장문휴로 하여금 수군을 이끌고 산동 지방을 공격하기도 하였으나 8세기 후반 이후 친선 관계로 바뀌었다.

▣ 견훤과 궁예가 후삼국 통일에 실패한 이유는?

- 견훤은 차령 이남의 충청도와 전라도 지역을 차지하여 호남평야의 경제력을 토대로 군사적 우위를 확보하였다. 또, 중국과 외교관계를 맺는 등 국제적 감각도 갖추었다. 그러나 견훤은 신라에 적대적이었고, 농민에게 지나친 조세를 수취하였으며, 호족세력을 포섭하는 데 실패하는 등의 한계를 가지고 있었다.

- 궁예는 신라왕족의 후예로서 강원도 지역의 농민 세력을 규합하여 후고구려를 건국한 후 새로운 관제를 마련하고 골품제도를 대신할 새로운 신분제도를 모색하였다. 그러나 궁예는 계속되는 전쟁을 수행하기 위해 지나치게 많은 조세를 거두어 들였으며, 죄없는 관료와 장군을 살해하였을 뿐만 아니라 미륵 신앙을 이용하여 전제 정치를 도모하여 백성과 신하들의 신망을 잃었다.

CHAPTER 02
고대사

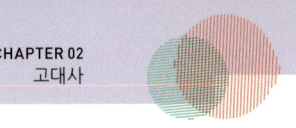

핵심정리

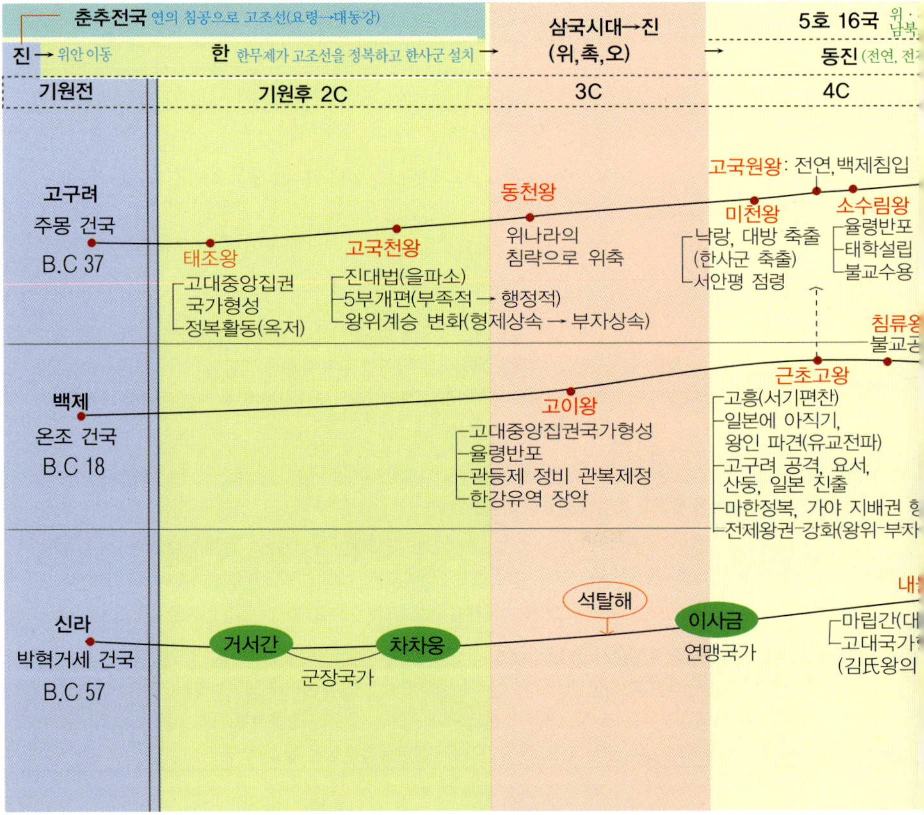

	기원전	기원후 2C	3C	4C
		춘추전국 연의 침공으로 고조선(요령→대동강)	삼국시대→진 (위,촉,오)	5호 16국 위진남북
	진 → 위안 이동	한 한무제가 고조선을 정복하고 한사군 설치	→	동진(전연, 전진)

고구려
주몽 건국
B.C 37
- 태조왕: 고대중앙집권 / 국가형성 / 정복활동(옥저)
- 고국천왕: 진대법(을파소) / 5부개편(부족적→행정적) / 왕위계승 변화(형제상속→부자상속)
- 동천왕: 위나라의 침략으로 위축
- 고국원왕: 전연, 백제침입
- 미천왕: 낙랑, 대방 축출 (한사군 축출) / 서안평 점령
- 소수림왕: 율령반포 / 태학설립 / 불교수용
- 침류왕 불교

백제
온조 건국
B.C 18
- 고이왕: 고대중앙집권국가형성 / 율령반포 / 관등제 정비 관복제정 / 한강유역 장악
- 근초고왕: 고흥(서기편찬) / 일본에 아직기, 왕인 파견(유교전파) / 고구려 공격, 요서, 산둥, 일본 진출 / 마한정복, 가야 지배권 / 전제왕권 강화(왕위-부자)

신라
박혁거세 건국
B.C 57
- 거서간 - 차차웅 (군장국가)
- 석탈해
- 이사금 (연맹국가)
- 내물 마립간(대) / 고대국가 (김씨왕)

통일 신라의 발전

상대-내물왕계	중대-무열왕계	하대-내물왕계
녹읍, 식읍 상대등↑	녹읍폐지, 식읍제한 〈王+6〉 김흠돌의 난 / 관료전+정전 / 집사부(중시→시중)↑ / 6두품 X, 왕당파 진골 / 성골×, 3, 2, 1두품×	사상적배경(선종+풍수지리) / 군사적 기반: 사병 / 경제적 기반: 대농장 (경덕왕) 녹읍부활 〈지방호족+6〉 / 관료전 폐지, 녹읍, 식읍 상대등↑ / 김헌창의 난, 장보고 → 원종과 애노의 난 + 적고적의 난 / 고려건국

김부식의 삼국사기 기준

| 미륵신앙 (삼국의 공통) | 의상 - (화엄종) 신문왕의 전제왕권↑ / 불교의 대중화(아미타신앙+관음신앙) / 원효 - 불교의 대중화(아미타신앙) | 선종 전래: 중대, 유행: 하대 | 王 cf) 풍수지리 전래: 하대, 유행: 하대 |

36 • 한국사능력검정시험 심화(초·중등용)

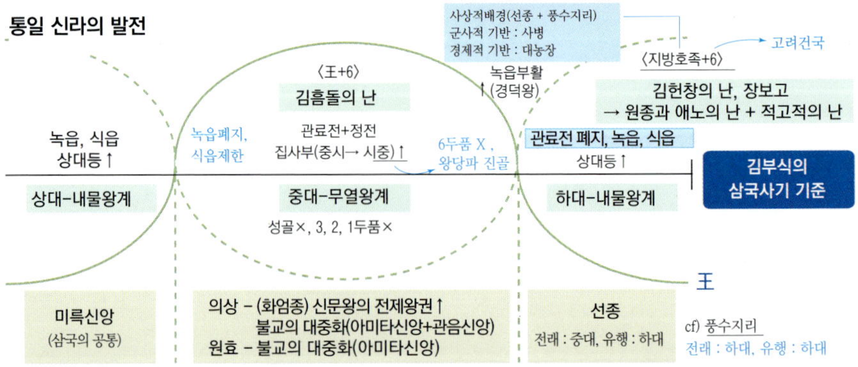

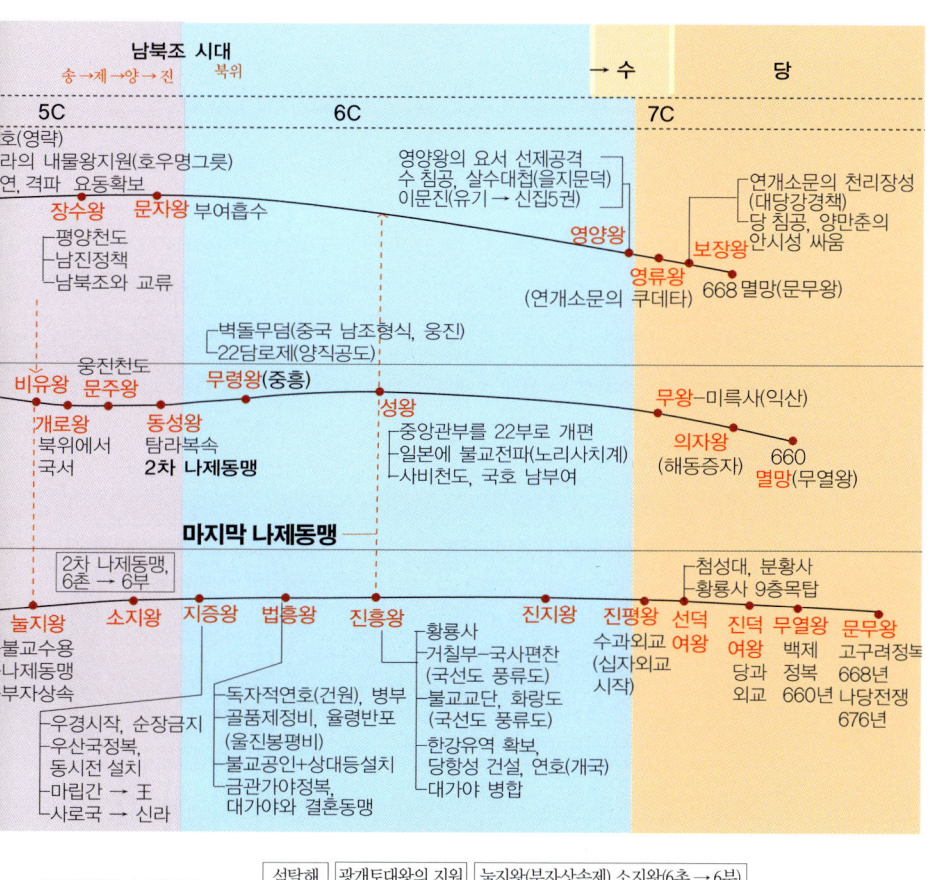

CHAPTER 02 고대사

CHAPTER 02
고대사

03 고대의 사회, 경제, 문화

01 신분제

(1) 고구려 지배층 : 왕족 고씨, 5부 출신 귀족

(2) 백제 지배층 : 왕족 부여씨와 8성의 귀족

(3) 신라 골품제
① 진골 : 중앙과 지방 관청의 장관직 독점
② 6두품 : 중대 – 왕의 정치적 조언자 → 하대 – 개혁안 제시(최치원), 호족과 결합
③ 1 ~ 3두품 : 통일 전후 평민화

(4) 발해 : 지배층(고구려 유민) + 피지배층(말갈족)

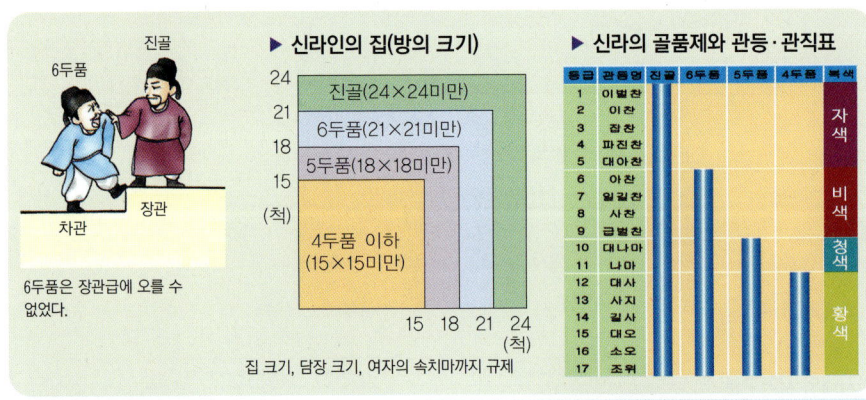

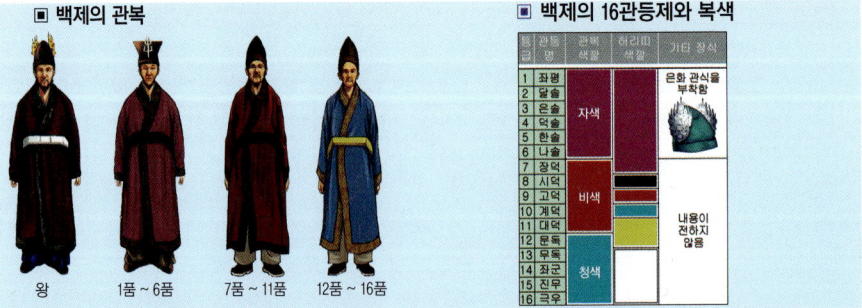

02 경제

(1) 상업
동시, 통일 이후 서시, 남시 등장(시전을 통해 감독)

(2) 무역
산둥 반도와 양쯔강 하류에 신라방(거주지), 신라소(관청), 신라관(여관), 신라원(사찰, 장보고의 법화원) 형성, 무역항 번성(울산항, 영암, 당항성), 특히 울산항의 이슬람 상인을 통해 서역제품(유리 등) 수용

(3) 통일신라의 민정문서
통일 신라에서 세금 수취를 위해 작성한 문서, 촌주가 3년 마다 작성(촌락 내 인구, 노비의 수, 토지의 종류와 면적, 소와 말의 수, 토산물 등을 조사)

03 유교와 불교

(1) 유교
① 고구려 : 태학(수도, 귀족 자제, 소수림왕), 경당(지방, 평민 자제)
② 백제 : 5경박사, 의박사, 역박사
③ 신라 : 임신서기석(청소년 유교 교육)
④ 통일신라 : 설총(이두 정리 → 유교 경전 풀이), 국학(중대 신문왕), 독서삼품과(하대, 원성왕), 신라 말 도당 유학생 증가, 빈공과에 급제(최치원 -〈계원필경〉저술, 개혁안 10여 조 건의 → 수용되지 않음
⑤ 발해 : 주자감, 당의 빈공과 급제

▶ 임신서기석

(2) 불교
① 원광법사 : 세속5계(사군이충, 사친이효, 교우이신, 임전무퇴, 살생유택)
② 원효 : 종파 간의 조화(일심사상, 화쟁사상), 불교의 대중화(아미타 신앙)
③ 의상 : 화엄 사상, 불교의 대중화(관음신앙), 부석사 건립
④ 혜초 : 왕오천축국전 저술(인도와 중앙아시아 풍물 기록)

CHAPTER 02
고대사

▶ 일심사상

▶ 불교의 대중화

▶ 해초의 인도 순례

04 고분

(1) 고구려
① 돌무지무덤(만주 집안의 장군총) : 벽화 ×
② 굴식 돌방 무덤 : 벽화 O

(2) 백제
계단식 돌무지무덤(한성 시기) → 굴식 돌방무덤, 벽돌무덤(웅진 시기, 중국 남조의 영향, 무령왕릉) → 굴식 돌방무덤(사비 시기)

(3) 신라
거대한 돌무지덧널무덤 → 굴식 돌방무덤

(4) 발해
정혜 공주 묘(고구려의 영향), 정효 공주 묘(당과 고구려 양식 결합)

05 건축, 탑, 불상

(1) **고구려** : 안학궁, 금동 연가 7년명 금동여래입상

(2) **백제** : 미륵사, 서산 용현리 마애 석불

(3) **신라** : 황룡사 9층탑

(4) **통일신라**

① 신라 중대
- 감은사지 3층 석탑
- 불국사 3층 석탑 : 석가탑, 이중기단 3층탑, 세계 최고의 목판인쇄술인 무구정광대다라니경 발견
- 다보탑, 불국사와 석굴암, 경주 배동 석조 여래 삼존 입상

② 신라 하대
- 진전사지 3층 석탑 : 기단과 탑신에 부조로 불상 조각
- 승탑(팔각원당형, 쌍봉사 철감선사탑) : 선종 영향

(5) **발해** : 이불병좌상, 석등, 영광탑

CHAPTER 02
고대사

▶ 돌무지 무덤

▶ 고구려의 장군총

길림성 집안, 옆의 큰 돌은 무덤을 지지하기 위한 것

▶ 백제의 계단식 돌무지 무덤

서울 송파 석촌동

▶ 굴식 돌방무덤(무용총)

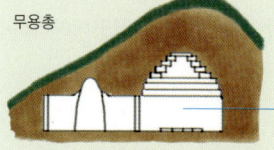

무용총

 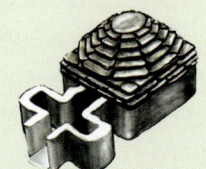

▶ 굴식 돌방무덤(안악 3호분)

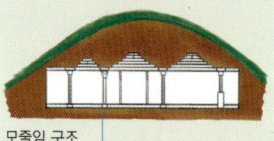

모줄임 구조

▶ 무령왕릉(벽돌무덤)

중국 남조의 영향으로 연꽃 등 우아하고 화려한 백제 특유의 무늬

42 · 한국사능력검정시험 심화(초·중등용)

▶ **돌무지 덧널 무덤의 구조(천마총)**

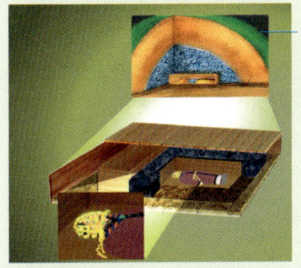

정교하게 쌓아 건들면 무ㅁ져 도굴 불가능 → 껴묻거리가 많다.

▶ **천마도**(국립 중앙박물관 소장)

자작나무 껍데기를 겹쳐서 만든 배 가리개에 하늘을 나는 천마를 그렸다.

▶ **신라의 둘레돌**

김유신 묘 – 굴식 돌방무덤

12지신상 도교

▶ **대왕암(경북 경주) – 불교식 화장**

문무왕릉(대왕암)

▶ **발해의 고구려적 요소**

발해의 석등
(흑룡강성 영안)

발해의 돌사자상

연화무늬 기와

이불병좌상(석가모니불과 다보부처 표현)

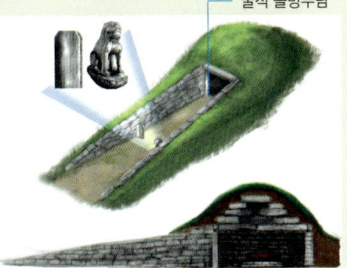

굴식 돌방무덤

모줄임 천장 구조

정혜공주묘

CHAPTER 02
고대사

▶ 당의 영향을 받은 발해의 유물

정효공주묘 / 벽돌무덤

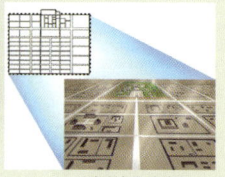
상경의 주작대로

▶ 안학궁 전경(고구려)

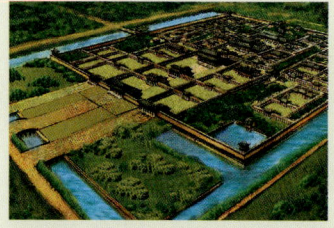

▶ 익산 미륵사(무왕)

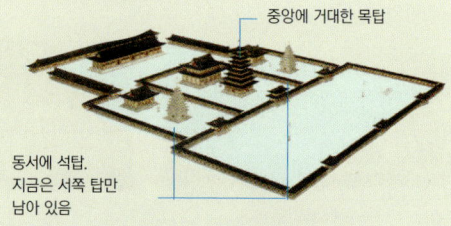
- 중앙에 거대한 목탑
- 동서에 석탑. 지금은 서쪽 탑만 남아 있음

▶ 황룡사 9층 목탑

내부 출입 가능. 계단으로 올라가 활동

80m

▶ 연가 7년명 금동여래입상

강인한 인상과 은은한 미소(고구려의 독창성), 두꺼운 의상과 긴 얼굴 모습(북조양식)

延嘉七年
뒷모습

▶ 서산 용현리 마애삼존불(온화한 미소)

아침에는 은은히 웃고 / 점심에는 활짝 웃고 / 저녁에는 다시 살짝 웃는다.

▶ 감은사지 3층 석탑

삼국통일을 달성한 웅장한 기상을 반영

▶ 불국사 석가탑(무영탑)

전형적인 3층탑 (간소, 날씬) — 무구정광 대다라니경

▶ 불국사 다보탑(이형탑)

3층탑에서 벗어난 특이한 형태의 이형탑(복잡, 화려)

▶ 목판

한 종류를 대량으로 인쇄

▶ 금속활자

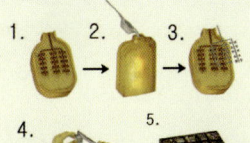

고려시대, 여러 종류를 소량으로 인쇄

▶ 활자 인쇄의 개념

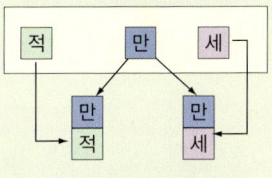

▶ 석굴암의 복원도

석굴암의 불상은 처음에 만들어질 당시에는 그림처럼 색깔로 칠해져 있었음

▶ 불국사 복원도

불국사가 처음 만들어질 당시에는 불국사 내에 연못이 흐르고 있어서 배를 타고 돌아다녔다고 함

▶ 경주 배동 석불 입상

▶ 진전사지 3층석탑

▶ 쌍봉사철감선사승탑

(통일신라 하대, 8각 원당형)

▶ 발해의 영광탑

CHAPTER 02
고대사

06 일본에 문화 전파

(1) 삼국 문화 : 일본의 아스카 문화에 영향
① 백제 : 아직기와 왕인이 유교 전파, 노리사치계의 불교 전파, 백제 가람 양식 전파
② 고구려 : 담징이 호류사 금당 벽화 제작, 다카마쓰 고분 벽화에 영향
③ 신라 : 조선술과 축제술(한인의 연못)
④ 가야 : 일본의 스에키토기에 영향

(2) 통일신라 : 일본의 하쿠호 문화에 영향

▶ 강서 수산리 고분벽화   ▶ 다카마쓰 고분벽화(일본)   ▶ 호류사 금당 벽화(복원도)

담징이 그렸다고 전해지는데, 1949년 불타 버린 것을 복원하였음

자료탐구

■ 삼국의 수취제도

- 세(인두세)는 포목 5필에 곡식 5섬이다. 조(租)는 상호가 1섬이고, 그 다음이 7말이며, 하호는 5말을 낸다(고구려). 〈수서〉
- 세는 포목, 명주실과 삼, 쌀을 내었는데, 풍흉에 따라 차등을 두어 받았다(백제). 〈주서〉
- 2월 한수 북부 사람 가운데 15세 이상 된 자를 징발하여 위례성을 수리하였다(백제). 〈삼국사기〉

■ 귀족의 경제생활

재상가에는 녹(祿)이 끊이지 않았다. 노예가 3,000명이고, 비슷한 수의 호위 군사(갑병)와 소, 말, 돼지가 있었다. 바다 가운데 섬에서 길러 필요할 때에 활로 쏘아서 잡아 먹었다. 곡식을 꾸어서 갚지 못하면 노비로 삼았다.

통일 되면서 왕실과 귀족은 이전보다 풍족한 경제 기반을 가졌다. 귀족은 국각에서 준 토지와 곡물 이외에 물려받은 토지, 노비, 목장, 섬도 가지고 있었다. 서민을 상대로 한 고리대업도 수입원의 하나였다. 귀족은 당이나 아라비아에서 수입한 비단, 양탄자, 유리 그릇, 귀금속 등 사치품을 사용하기도 하였다.

■ 통일신라의 금입택과 숯

통일신라시대의 귀족들은 금입택이라 불리는 저택에서 많은 노비와 사병을 거느리고 살았으며, 밥을 짓는데도 숯을 사용할 정도였다.

CHAPTER 02
고대사

▣ 민정문서

토지는 논, 밭, 촌주위답, 내시령답 등 토지의 종류와 면적을 기록하고, 사람들은 인구, 가호, 노비의 수와 3년 동안의 사망, 이동 등 변동 내용을 기록하였다. 그 밖에, 소와 말의 수, 뽕나무, 잣나무, 호두나무의 수까지 기록하였다. 특히, 사람은 남녀별로 구분하고, 16세에서 60세의 남자의 연령을 기준으로 나이에 따라 6등급으로 구분하여 기록하였다. 호(가구)는 사람의 많고 적음에 따라 상상호(上上戶)에서 하하호(下下戶)까지 9등급으로 나누어 파악하였다. 기록된 4개 촌은 호구 43개에 총인구는 노비 25명을 포함하여 442명(남 194, 여 248)이며, 소 53마리, 말 61마리, 뽕나무 4,249그루 등의 재산을 소유하고 있었다.

일본의 정창원에서 발견된 민정문서는 통일신라시대 서원경(청주) 부근의 4개 촌락에서 작성된 것이다. 민정문서에는 인구와 토지, 소·말의 수, 유실수 등이 자세히 기록되어 있는데 이는 조세 징수와 노동력 징발을 위해 생산자원과 인구가 철저히 관리되고 있었음을 보여준다.

▣ 토지 제도의 변화

- 신문왕 7년(687) 5월에 문무 관료전을 지급하되, 차등을 두었다.
- 신문왕 9년(689) 1월에 내외관의 녹읍을 혁파하고 매년 조(租)를 내리되, 차등이 있게 하여 이로써 영원한 법식을 삼았다.
- 성덕왕 21년(722) 8월에 처음으로 백성에게 정전을 지급하였다.
- 경덕왕 16년(757) 3월에 여러 내외관의 월봉을 없애고 다시 녹읍을 나누어 주었다.
- 소성왕 원년(799) 3월에 청주 거노현으로 국학생의 녹읍을 삼았다.

▣ 정복민을 노비로 만든 사례

고구려왕 사유(고국원왕)가 보병과 기병 2만을 거느리고 와서 치양(황해도 백주)에 주둔하고 군사를 나누어 민가를 약탈하였다. 왕(근초고왕)이 태자에게 군사를 주니 곧장 치양으로 가서 고구려군을 급히 깨뜨리고 5,000명을 사로잡았다. 그 포로를 장사에게 나누어 주었다. 〈삼국사기〉

▣ 정복민을 노비에서 해방한 사례

가야가 배반하니 왕(진흥왕)이 이사부에게 토벌하도록 명령하고, 사다함에게 이를 돕게 하였다. 사다함이 기병 5,000명을 거느리고 들이닥치니 일시에 모두 항복하였다. 공을 논하였는데 사다함이 으뜸이었다. 왕이 좋은 농토와 포로 200명을 상으로 주었다. 사다함은 세 번 사양했으나 … 왕이 굳이 주자, 받은 사람은 놓아주어 양민을 만들고, 농토는 병사에게 나누어 주었다. 이를 보고 나라 사람들이 아름답다고 하였다. 〈삼국사기〉

■ 골품제의 생활 규제

4두품에서 백성에 이르기까지는 방의 길이와 너비가 15척을 넘지 못한다. 느릅나무를 쓰지 못하고, 우물 천장을 만들지 못하며, 당기와를 덮지 못하고, 짐승 머리 모양의 지붕 장식이나 높은 처마 … 등을 두지 못하며, 금은이나 구리… 등으로 장식하지 못한다. 섬돌로는 산의 돌을 쓰지 못한다. 담장은 6척을 넘지 못하고, 또 보를 가설하지 않으며 석회를 칠하지 못한다. 대문과 사방문을 만들지 못하고 마구간에는 말 2마리를 둘 수 있다. 〈삼국사기〉

■ 골품제의 모순

① 설계두(신라 중대의 인물)는 신라의 귀족 자손이다. 일찍이 친구 네 사람과 술을 마시며 각기 그 뜻을 말할 때 "신라는 사람을 쓰는 데 골품을 따져서 그 족속이 아니면 비록 뛰어난 재주와 큰 공이 있어도 한도를 넘지 못한다. 나는 멀리 중국에 가서 출중한 지략을 발휘하고 비상한 공을 세워 영화를 누리며, 높은 관직에 어울리는 칼을 차고 천자 곁에 출입하기를 원한다."라고 하였다. 그는 621년 몰래 배를 타고 당으로 갔다. 〈삼국사기〉

② 최치원(신라 하대의 인물)이 서쪽으로 당에 가서 벼슬을 하다가 고국에 돌아왔는데 전후에 난세를 만나서 처지가 곤란하였으며 걸핏하면 모함을 받아 죄에 걸리겠으므로 스스로 때를 만나지 못한 것을 한탄하고 다시 벼슬할 뜻을 두지 않았다. 그는 세속과 관계를 끊고 자유로운 몸이 되어 숲속과 강이나 바닷가에 정자를 짓고 소나무와 대나무를 심으며 책을 벗하여 자연을 노래하였다. 〈삼국사기〉

골품제도는 신라 사회를 이끌어간 근간이 되는 신분제도였으나 시간이 지남에 따라 진골 귀족의 특권과 지위를 보장하는 독점 이데올로기의 역할을 담당함으로써 신라 사회의 발전을 막는 걸림돌로 작용하였다. 신라에서는 진골 귀족이 아니면 중앙이나 지방의 장관직에 오르지 못했음은 물론 결혼이나 가옥·수레 등의 일상 생활과 사회 활동 역시 골품에 따라 제한되었다. 이에 신라 말 6두품들은 골품제도 대신 새로운 정치 이념을 제시하였으나 진골귀족들에 의해 배척되었다.

■ 미륵 신앙과 화랑

진지왕 때에 와서 흥륜사의 승려 진자가 법당의 미륵상 앞에서 소원을 빌며 말했다. "원컨대 우리 부처님이 화랑으로 변하여 세상에 나타나시면 내가 항상 얼굴을 가까이 뫼시고 받들어 모시겠습니다." 그 정성스럽고 지극한 기원의 심정이 날로 더해 가더니 어느 날 꿈에 한 승려가 나타나 말했다. "웅천의 수원사에 가면 미륵 선화를 볼 수 있으리라." 진자가 꿈에서 깨어 놀랍고도 기뻐서 그 절을 찾아가니 한 소년이 친절하게 맞이하여 자신도 서울 사람이라고 하였다. 진자가 다시 서울로 올라와 마을을 찾아다니면서 그를 찾았다. 그러다가 화장을 하고 장신구를 갖춘 수려한 남자 아이가 영묘사의 동북쪽 길가에서 노는 것을 보았다. 진자는 그가 미륵선화라고 생각하여 가마에 태우고 들어와서 왕에게 보였다. 왕은 그를 공경하고 사랑하여 받들어 국선으로 삼았다. 그는 여러 자제들을 화목하게 했으며, 예의와 가르침이 다른 사람과 다르고, 풍류가 세상에 빛났다. 〈삼국유사〉

CHAPTER 02
고대사

■ 독서삼품과

원성왕 5년 9월, 자옥을 양근현(양평)의 수령으로 삼으니 집사 모초가 반박하여 말하기를 "자옥은 문적(독서삼품과)으로 관직에 나오지 않았으니 수령직을 맡길 수 없다"하였다. 이에 시중이 말하기를 "그가 문적 출신은 아니지만 일찍이 당에 가서 학생이 된 일이 있으니 어찌 등용하지 못하겠는가"하였다. 이에 왕이 좇았다. 〈삼국사기〉

■ 선종 불교

820년대 초에 승려 도의가 서쪽으로 바다를 건너가 당나라 서당 대사의 깊은 뜻을 보고 지혜의 빛이 스승과 비슷해져서 돌아왔으니, 그가 그윽한 이치를 처음 전한 사람이다. …그러나 메추라기의 작은 날개를 자랑하는 무리들이 큰 붕새가 남쪽으로 가려는 높은 뜻을 헐뜯고, 기왕에 공부했던 경전 외우는 데만 마음이 쏠려 선종을 마귀 같다고 다투어 비웃었다. 그래서 도의는 빛을 숨기고 자취를 감추어 서울에 갈 생각을 버리고 마침내 북산에 은둔하였다. 〈봉암사 지증대사적조탑비 비문〉

■ 신라의 향가와 발해의 시

제망매가	다듬이 소리
월명사	양태사

살고 죽는 길이
여기 있기도 두렵고
여기 있고 싶어도 안 되어
간다는 말도 못 하고 가십니까
가을바람에 여기저기 떨어지는 잎처럼
한 가지에 나고도 가는 곳 모르는구나
아아, 미타찰에서 만나리
나, 도 닦으며 기다리리라
〈삼국유사〉

서리 기운 가득한 하늘에 달빛 비치니
은하수도 밝은데
나그네 돌아갈 일 생각하니 감회가 새롭네
홀로 앉아 지새는 긴긴 밤 근심에 젖어 마음 아픈데
홀연히 이웃집 아낙네 다듬이질 소리 들리누나
바람결에 그 소리 끊기는 듯 이어지는 듯
밤 깊어 별빛 낮은데 잠시도 쉬지 네
나라 떠나와서 아무 소식 듣지 못하더니
이제 타향에서 고향 소식 듣는 듯하구나
〈경국집〉

■ 혜초의 〈왕오천축국전〉

통일 신라 시대 승려 혜초가 지은 인도와 중앙아시아의 여행기로서 현재 일부만이 프랑스 국립 도서관에 전해진다. 1908년 프랑스 탐험가였던 펠리오가 중국 둔황의 천불동에서 발견하였는데, 원래는 3권이었던 듯하나 현전본은 그 약본(略本)이며, 앞뒤 부분이 떨어져 나갔다. 혜초의 〈왕오천축국전〉은 8세기의 인도와 중앙아시아에 관해서는 세계 유일무이한 기록이며, 당시 정치 상황 외에도 사회상에 대한 기록이라는 점에서 사료적 가치가 매우 크다.

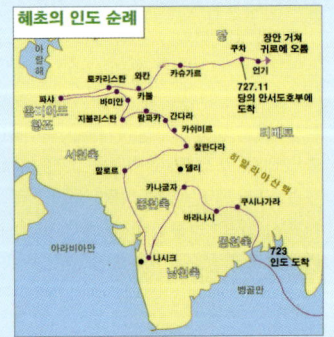

■ 고대의 문화 정리

구분	고대의 문화				
	삼국시대			남북국 시대	
	고구려	백제	신라	통일신라	발해
유학	태학(서울) 경당(지방)		임신서기석 (상대)	신문왕의 국학(중대) 원성왕의 독서 삼품과 (하대)	주자감
역사	유기 → 이문진의 〈신집 5권〉 (영양왕 - 수 침공 격퇴)	고흥의 〈서기〉 (근초고왕 때)	거칠부의 〈국사〉 (진흥왕 때)	〈화랑세기·고승전〉· 〈한산기〉(김대문)	
불교		불교의 전래 및 수용 (미륵신앙)		■ 중대 : 교종(원효, 의상) ■ 하대 : 선종	고구려 불교 계승
도교	사신도	■ 사택지적비 ■ 산수무늬벽돌 ■ 금동대향로 (도교 + 불교)			
고분	돌무지 무덤 ↓ 원인 : 합장 굴식 돌방무덤	■ 한성 : 돌무지무덤 ■ 웅진 : 벽돌무덤 (무령왕릉), 굴식돌방무덤 ■ 사비 : 굴식돌방무덤	돌무지 덧널무덤 원인 : 통일전쟁 →	굴식돌방무덤 대왕암(문무왕릉)	정혜공주묘 (굴식돌방무덤), 정효공주묘 (굴식돌방무덤 + 벽돌무덤)
건축	안학궁(평양)	미륵사(익산)	황룡사, 법주사 쌍자자석등	불국사, 석굴암, 안압지	상경용천부 (주작대로), 석등
탑	(목탑)	■ 미륵사지석탑 (익산) ■ 정림사지5층석탑 (부여)	■ 황룡사9층목탑 ■ 분황사모전 석탑	■ 중대 : 감은사지3층석탑, 석가탑, 다보탑 ■ 하대 : 진전사지3층석탑, 승탑과 탑비	
불상 조각		미륵반가사유상		석굴암의 본존불과 보살상들	부처 둘이 나란히 앉아 있는 불상 (이불병좌상)
	연가7년명 금동여래입상	서산마애삼존불	경주 배리 석불입상		
일본 전수	종이, 먹, 벽화, 불교	한자, 천자문, 불교, 백제가람양식	조선술, 축제술	심상(화엄종), 원효(불교), 강수·설총(유교문화) → 하쿠호문화	

PART 03
중　　　세

01　중세의 정치
02　중세의 경제, 사회, 문화

CHAPTER 03 중세

01 중세의 정치

01 고려 국왕

(1) 태조 왕건
① 후삼국 통일 : 궁예의 실정으로 고려 건국, 발해 유민 흡수, 신라 흡수, 후백제 정복
② 민생 안정 : 흑창(빈민구제, 진대법 → 흑창 → 의창)
③ 호족 통합 정책 : 혼인정책, 사심관(경순왕 김부 최초), 기인(인질, 신라의 상수리제도 계승)제도
④ 북진정책 : 거란 배척, 평양(서경) 개발, 청천강 ~ 영흥만까지 국경 확대(통일신라는 대동강에서 원산만까지)
⑤ 훈요 10조 : 후대 왕에게 정책 방향 제시(연등회와 팔관회 중시)
⑥ 역분전(후삼국 통일에 공을 세운 신하에게 토지 지급) → 이후 전시과로 계승

▶ 후삼국시대   ▶ 태조의 사심관·기인제도(호족견제정책)

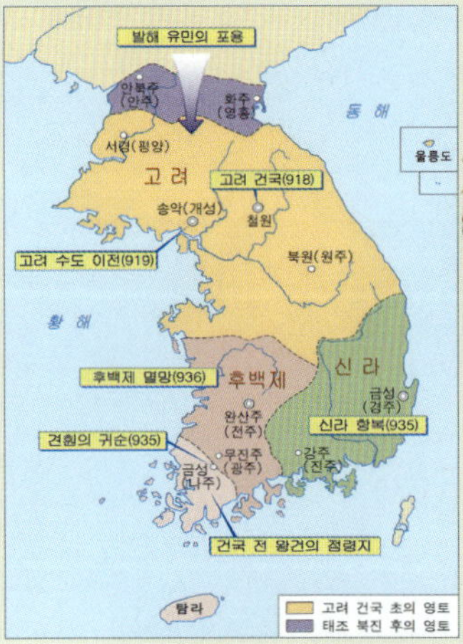

연등회    팔관회

(2) 광종
중국의 쌍기 등용, 과거제도, 승과제도, 관복제, 노비안검법(공신의 경제력, 군사력 약화), 칭제건원(황제를 칭하고 독자 연호 '광덕', '준풍')

(3) 성종
① 특징 : 최승로 시무 28조 건의 → 유교 정치 질서 강화
② 통치 제도 개편 : 2성 6부제의 중앙 관제 마련
③ 지방 제도 : 12목에 지방관 파견, 향리제도 정비
④ 유학교육 장려(국자감 정비, 지방에 경학박사 파견), 연등회 축소, 팔관회 폐지

02 행정 조직

(1) 중앙 정치 조직
① 중서문하성 : 최고 관서, 문하시중이 국정 총괄, 재신과 낭사로 구성
② 상서성 : 정책을 집행하는 6부 관리
③ 중추원 : 군사 기밀(추밀)과 왕명 출납(승선)
④ 삼사 : 송 제도 수용, 화폐와 곡식 출납에 대한 회계 담당
⑤ 도병마사, 식목도감 : 재추기관(재신+추밀, 국가 중대사 결정), 고려 귀족 정치의 특징
⑥ 대간 : 어사대 관원+중서문하성의 낭사로 구성, 간쟁, 서경권(관리 임명에 대한 동의권) 행사

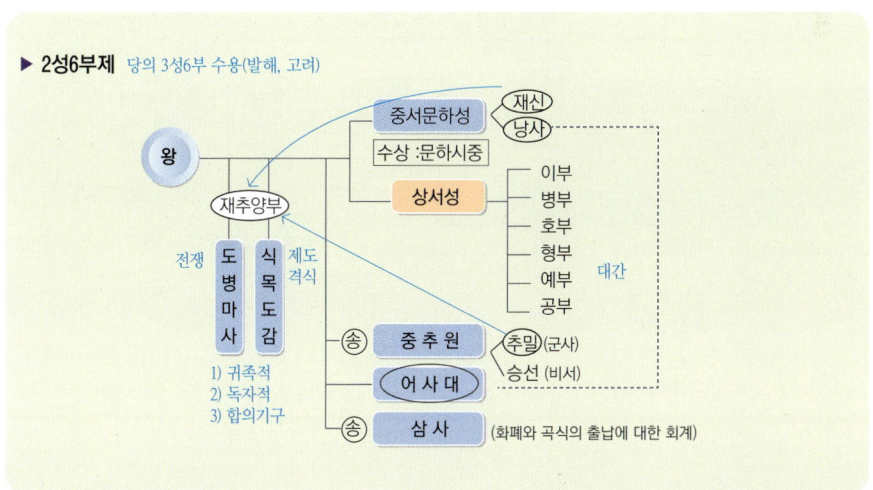

CHAPTER 03
중세

(2) 행정 구역
① 일반 행정 구역 : 5도(안찰사 파견)
② 군사 행정 구역 : 양계(병마사 파견)
③ 속현(관리×)의 수가 주현(관리 O)보다 많음(속현은 주현의 간접적 지배, 향리가 실무 담당)
④ 향, 부곡, 소 : 법적으로 양인이나 사회적으로는 천민
⑤ 3경 : 개경, 서경, 남경(한양)

(3) 군사 제도
① 중앙군 : 2군 6위
② 지방군 : 주현군(5도), 주진군(양계)

(4) 과거 제도
① 특징 : 법제적으로 양인 이상 응시 가능 (실제로 응시×)
② 문과, 무과(×), 잡과(기술관, 농민이 주로 응시), 승과, 음서(5품 이상)

▶ 고려의 지방행정제도

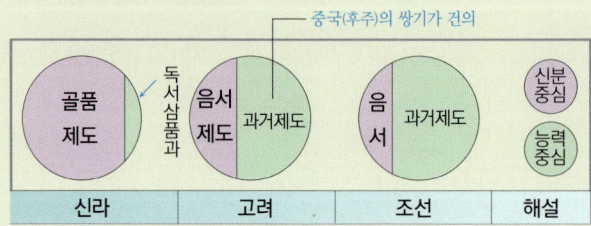

▶ 관리 선발 제도의 변화

03 거란과 여진의 침입

(1) 거란
① 1차 : 서희, 강동 6주 확보
② 2차 : 개경 함락
③ 3차 : 강감찬의 흥화진전투와 귀주대첩
④ 결과 : 개경에 나성 축조, 천리장성 축조

(2) 여진 : 윤관의 별무반, 동북 9성 축조(1107) → 1년 만에 돌려줌

04 문벌 귀족(음서제와 공음전이 토대)의 동요

(1) 이자겸의 난(1126) : 인종 vs 이자겸

(2) 서경 천도 운동(1135)
개경파(김부식, 신라계승주의, 금에 대한 사대 주장) vs 서경파(묘청, 고구려계승주의, 금 정벌 주장, 서경 천도 주장) → 신채호가 긍정적으로 평가

CHAPTER 03
중세

05 무신 정권

(1) 무신정변(1170)
정중부 등의 난, 중방 중심 정치

(2) 최씨 무신 집권(최충헌, 최우)
교정도감, 도방, 정방(인사권), 서방(문신숙위기구)
삼별초, 대농장 기반 → 몽골 침입 → 강화도 천도
(거란 침입 시 만들었던 초조대장경과 의천이 만들었던 교장이 불타 팔만대장경 제작) → 최씨 정권 붕괴

(3) 망이·망소이의 난(공주 명학소), 김사미와 효심의 봉기(경상도, 신라 부흥 운동), 고구려, 백제 부흥 운동, 만적의 난, 전주 관노의 난

▶ 보현원 사건

(4) 삼별초의 저항 : 배중손(강화도와 진도), 김통정(제주도)이 지휘

▶ 몽골침입

▶ 삼별초의 대몽항쟁

06 원 간섭기

(1) **영토 강탈** : 쌍성총관부(철령 이북) → 공민왕 무력 수복

(2) **내정 간섭** : 관제 격하(부마국), 정동행성, 만호부(군사조직), 다루가치(감찰관) 파견

(3) **경제적 수탈** : 공녀(결혼도감), 매(응방설치) 등

(4) **몽골풍과 고려양 유행**

(5) **권문세족** : 친원파, 도평의사사 장악, 대농장

07 공민왕의 개혁

(1) **반원정책** : 정동행정 이문소 폐지, 쌍성총관부 수복, 몽골풍 금지, 관제 회복

(2) **왕권 강화 정책** : 정방 폐지, 전민변정도감(신돈), 신진사대부 등용

(3) **결과** : 홍건적과 왜구의 침입(신흥무인세력 이성계가 황산에서 왜구 격퇴), 공민왕 시해로 실패

CHAPTER 03 중세

▶ 원명교체기(공민왕의 개혁)

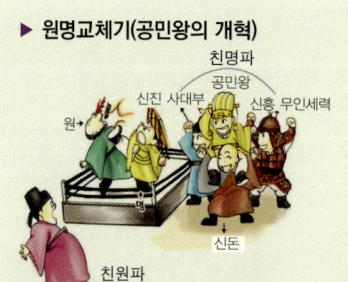

▶ 고려가 멸망한 원인

원이 망하고 명이 등장하면서 친원파는 몰락하고 친명파가 성장하게 된다. 이런 상황 속에서 공민왕은 신돈, 신진사대부, 신흥무인세력과 함께 권문세족을 억압하고 반원정책을 실시하였다.

▶ 공민왕의 영토 수복

▶ 영토 경계선 확장

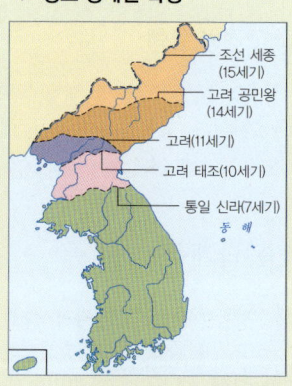

08 고려의 멸망

최영의 요동 정벌 단행 → 이성계의 위화도 회군 성공 → 과전법(권문세족의 대농장 해체) → 조선 건국 (1392)

09 신진사대부

(1) 특징 : 성리학의 수용, 과거로 진출, 불교 비판, 권문세족과 대립

자료탐구

■ 훈요 10조

1조. 우리나라가 대업을 이룬 것은 부처가 지켜 주었기 때문이다. 뒷날 간신이 정치를 하면 승려들이 청탁을 하여 사원 쟁탈이 일어날 것이다. 이를 금지하라.
2조. 모든 사원은 도선이 산수의 순역을 가려 개창한 것이다. 사원이나 부도 등을 함부로 증설하지 말라.
3조. 맏아들에게 왕위를 물려주라. 만약 맏아들이 불초하면 둘째 아들에게 물려주라. 둘째도 불초하면 형제 가운데 신하들이 추대하여 대통을 계승하게 하라.
4조. 중국 제도와 풍속을 배워야 하지만 반드시 똑같게 할 필요는 없다. 거란은 짐승 같은 나라이다. 본받지 말라.
5조. 서경은 우리나라 지맥의 근본이며 만대에 전할 땅이다. 반드시 100일 이상 머물도록 하라.
6조. 연등은 부처를 모시는 것이고, 팔관은 하늘, 산, 강을 섬기는 것이다. 두 행사를 줄이지 말라.
7조. 신하와 백성의 마음을 얻도록 해라. 간언을 따르라. 때를 맞춰 부리고 세금을 가볍게 해라.
8조. 차현 이남 사람은 통합당한 원한을 품고 난을 일으킬 염려가 있다. 벼슬을 주지 말라.
9조. 관료의 녹봉을 함부로 가감하지 말라. 공이 없는 친척이나 친구를 등용하지 말라.
10조. 언제나 마음을 가다듬어 조심하고 널리 경사를 읽어 옛 일을 거울 삼아 오늘날을 경계하도록 해라.

■ 최승로의 시무 28조

1. 태조께서 나라를 통일한 후에 군현에 수령을 두고자 하였으나 대개 초창기에 일이 번다하여 미처 이 일을 시행할 겨를이 없었습니다. 청컨대 외관(外官 : 지방관)을 두소서.
2. 중국의 제도를 따르지 않을 수는 없지만 사방의 풍습이 각기 토성(土性)에 따르게 되니 다 고치기는 어려울 것 같습니다. 그 예악(禮樂), 시서(詩書)의 가르침과 군신, 부자의 도리는 마땅히 중국을 본받아 비루한 것은 고치도록 하고, 그 밖의 거마(車馬), 의복의 제도는 우리의 풍속을 따르게 하여 사치함과 검소함을 알맞게 할 것이며 구태여 중국과 같이 할 필요가 없습니다.
3. 봄에는 연등을 설치하고, 겨울에는 팔관을 베풀어 사람을 많이 동원하고 노역이 심하오니, 원컨대 이를 감하여 백성이 힘 펴게 하소서.
4. 광종께서 말년에 조정의 신하를 죽이고 내쫓아 세가(世家)의 자손이 가계를 계승하지 못하였으니, 여러 차례의 은혜로운 임금의 뜻에 의하여 그 공신의 등제(登弟)에 따라 그 자손을 등용하기를 청합니다.
5. 예(禮)에 '천자는 집 높이를 9자로, 제후는 7자로 한다'라고 했습니다. 그런데 요즘 사람들이 신분을 가리지 않고 다투어 큰 집을 지으니 폐단이 이루 말할 수 없습니다.
6. 불교를 행하는 것이 내생(來生)을 위한 것이며, 유교를 행하는 것은 오늘의 일입니다. 오늘은 지극히 가깝고 내생은 지극히 머니 가까운 것을 버리고 먼 것을 구하는 것은 잘못이 아니겠습니까?

CHAPTER 03
중세

■ 서희의 외교 담판

우리나라는 곧 고구려의 땅이오, 그러므로 국호를 고려라 하고 평양에 도읍하였으니 만일 영토의 경계로 따진다면 그대 나라의 동경이 모두 우리 영토 안에 있거늘 어찌 침략이라 하리요, 그리고 압록강의 내외도 또한 우리 영토인데, 지금 여진이 가로막고 있어 바다를 건너는 것보다 더 심하오. … 만일 여진을 내쫓고 우리 옛 땅을 돌려보내어 도로를 통하게 하면 감히 국교를 맺지 않으리요.

■ 최충헌의 봉사 10조

1. 왕은 새 궁궐로 옮길 것
2. 관리의 수를 줄일 것
3. 농민으로부터 빼앗은 토지를 돌려 줄 것
4. 선량한 관리를 임명할 것
5. 지방관의 공물 진상을 금할 것
6. 승려의 왕궁 출입과 고리대업을 금할 것
7. 탐관오리를 징벌할 것
8. 관리의 사찰을 건립하는 것을 금할 것
9. 함부로 사찰을 건립하는 것을 금할 것
10. 신하의 간언을 용납할 것

이의민을 제거하고 정권을 잡은 최충헌은 무신 정권 초기의 혼란을 극복하기 위하여 봉사 10조와 같은 사회 개혁책을 제시하는 한편, 농민 항쟁의 진압에도 적극적으로 나섰다. 그러나 사회 개혁책은 흐지부지되고 그는 오히려 많은 토지와 노비를 차지하고 사병을 양성하여 권력 유지에 치중하였다.

02 중세의 경제, 사회, 문화

01 중세의 경제

(1) 고려의 수취 체제 : 전세, 공납, 역

(2) 전시과 제도
① 관리에게 전지, 시지 지급(수조권 부여)
② 과전은 세습 불가, 공음전(5품 이상), 군인전(2군6위의 군인), 외역전(향리)은 세습 가능, 구분전(하급관리와 군인의 유가족, 조선시대 수신전과 휼양전으로 계승)
③ 무신정변 이후 대농장 증가로 전시과 체제 붕괴

(3) 농업 : 깊이갈이 일반화(우경), 밭농사에서 2년 3작 윤작법 확산, 고려 말 남부 일부 지역 모내기 실시, 농서 보급(원의 〈농상집요〉 소개), 목화 재배(문익점)

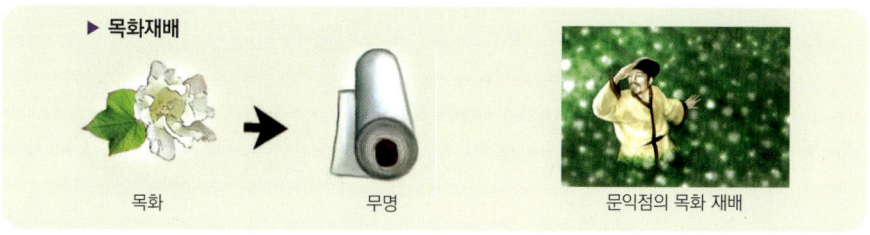

(4) 수공업 : 관청 수공업, 소 수공업 중심(전기) → 민간 수공업, 사원 수공업 발달(후기)

(5) **상업** : 개경에 시전 설치, 경시서 설치, 대도시에 관영 상점 설치, 소금전매제

(6) **화폐** : 성종 때 철전(건원중보), 숙종 때 동전(삼한통보, 해동통보, 해동중보)과 은병(활구) 주조 → 유통 부진(일반적인 거래는 주로 곡식이나 삼베 사용)

▶ 경시서

상인들을 감독하고 사고 파는 물건의 가격을 조절하며, 세금을 거두어 들이는 일을 맡아보는 관아

▶ 은병

고려시대 한반도 모양을 본떠 만든 병 모양의 은화로 입이 넓다 해서 활구라고도 불렸다. 가치가 높아 은병 하나에 포 100여 필이나 되었다.

(7) **국제무역** : 벽란도에 아라비아 상인 왕래(통일신라시대에는 울산항으로 왕래), 송과의 무역이 가장 활발

02 중세의 사회

(1) 신분 구조
① 지배층
- 문벌귀족 : 혼인, 음서, 공음전으로 신분 세습, 귀향형이 큰 형벌
- 무신 : 2군 6위 세습
- 권문세족 : 친원파
- 신진사대부 : 과거로 정계 진출, 성리학 수용, 불교 비판

② 중류층(직역세습) : 서리(중앙 관청의 실무), 남반(궁중 실무), 하급 장교(군반), 향리(지방 행정 실무)

③ 양민
- 백정농민, 향·부곡·소 거주민(신량역천인, 일반 군현민보다 많은 세금 납부, 거주 이전 제한, 과거 응시 금지, 향·부곡의 주민은 주로 농업, 소의 주민은 수공업에 종사)

④ 천민 : 매매, 상속, 증여의 대상, 일천즉천, 공노비와 사노비(솔거노비와 다르게 외거노비는 일반 백정농민과 비슷한 경제적 지위)

▶ 백정

백정	고려시대 - 농민
	고려시대 - 도살업자는 화척(천민)
	조선시대 - 도살업자(천민)

(2) 사회제도
상평창 설치(물가 조절), 의창·제위보·구제도감 설치(빈민 구제), 동·서 대비원(환자 치료, 빈민 구제)과 혜민국(의약품 제공) 설치

(3) 여성의 지위
가족 내에서 남녀의 권리 동등 → 여성이 호주 가능, 나이순 호적 기록, 자녀 균분 상속이 원칙, 여성의 재혼과 이혼이 자유로움

(4) 향도
불교 신앙에 바탕을 둔 농민 공동체 조직, 매향 활동 전개

▶ 호적

17세기 이전 나이순

17세기 이후 남녀순

▶ 고려 전기의 향도(매향하는 모습)

왜구가 자주 침범하는 해안가에서 매향을 하였다.

03 중세의 문화

(1) 유교
① 전기 : 자주적, 주체적, 최승로(성종)
② 중기 : 보수적, 귀족적, 최충, 김부식
③ 후기 : 성리학 수용(원 간섭기 때 안향에 의해 수용, 신진사대부의 사상적 기반, 권문세족의 불법 행위와 불교계의 타락 비판)

(2) 교육기관
① 전기 : 국자감(서울), 향교(지방)
② 중기 : 사학 12도 발달(최충의 문헌공도), 관학진흥책
③ 후기 : 국자감 → 성균관

(3) 역사서
① 중기 : 신라계승의식 - 김부식의 〈삼국사기〉(유교적 합리주의 사관)
② 무신집권기 : 고구려계승의식 - 이규보의 〈동명왕편〉
③ 원 간섭기 : 고조선계승의식 - 일연의 〈삼국유사〉, 이승휴의 〈제왕운기〉
④ 공민왕 : 성리학적 사관 - 이제현의 〈사략〉

(4) 교선통합

① 의천의 해동천태종 : 교종 중심으로 선종 통합, 교관겸수
② 지눌의 조계종 : 선종 중심으로 교종통합, 정혜쌍수, 돈오점수
③ 지눌의 제자 혜심은 유불일치설을 주장 → 성리학 수용의 사상적 토대가 됨

▶ 의천과 지눌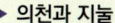

교종(경전 중심)   선종(참선 중심)

교 > 관   (의천의 교관겸수) 교종 중심으로 선종 통합
혜 < 정   (지눌의 정혜쌍수) 선종 중심으로 교종 통합
점수 < 돈오 (지눌의 돈오점수) 선종 중심으로 교종 통합

(5) **신앙결사운동** : 지눌의 수선사(불교의 세속화 비판), 요세의 백련사(참회 수행)

(6) **도교** : 초제(강화도 마니산 참성단)

(7) **과학기술**
① 금속활자 : 상정고금예문(최초의 금속활자), 직지심체요절(최고의 금속활자)
② 화약 : 최무선의 진포대첩(왜구격퇴)
③ 의서 : 〈향약구급방〉(조선은 〈향약집성방〉)

화통도감(최무선)

진포대첩

(8) **청자** : 순수청자(문벌귀족시기) → 상감청자(무신집권시기)

(9) **건축**
① 주심포 양식 : 안동 봉정사 극락전, 영주 부석사 무량수전, 예산 수덕사 대웅전
② 다포 양식 : 사리원 성불사 응진전

청자 상감 운학문 매병
(간송미술관)

(10) **탑** : 개성 불일사 5층 석탑, 평창 월정사 8각 9층 석탑(송의 영향), 개성 경천사지 10층 석탑(원의 영향), 여주 고달사지 승탑(신라의 팔각원당형인 쌍봉사 철감선사 승탑 계승)

(11) **불상** : 대형 철불 제작(하남 하사창동 철조 석가여래 좌상 등), 지역적 특색을 나타낸 석불 제작(논산 관촉사 석조 미륵보살 입상 등), 신라 양식 계승(영주 부석사 소조 아미타여래 좌상)

▶ 고려시대의 건축 양식

▶ 석탑 양식의 변화

사각
삼층
통일 신라의 석탑

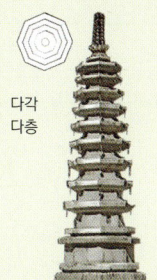
다각
다층
고려시대의 석탑
6각 혹은 8각에 5층 이상의 탑

불일사 5층 석탑
(경기 개성)

월정사 8각9층 석탑
(강원 평창) 송의 영향

경천사지 10층 석탑
(국립중앙박물관)

원각사지 10층 석탑
(서울 종로, 조선 세조)

고달사지 승탑(경기 여주)
몸체와 지붕돌이 모두 팔각인
전형적인 형태의 승탑

관촉사 석조 미륵보살 입상
(충남 논산)

광주 춘궁리 철불(대형철불)
(하남 하사창동 철조석가여래좌상)

부석사 소조 아미타여래 좌상
(걸작. 신라 계승)

자료탐구

■ 전시과의 토지 지급 액수(단위 : 결)

시기	등급		1	2	3	4	5	6	7	8	9	10	11	12	13	14	15	16	17	18
경종 (976)	시정 전시과	전지	110	105	100	95	90	85	80	75	70	65	60	55	50	45	42	39	36	33
		시지	110	105	100	95	90	85	80	75	70	65	60	55	50	45	40	35	30	25
목종 (998)	개정 전시과	전지	100	95	90	85	80	75	70	65	60	55	50	45	40	35	30	27	23	20
		시지	70	65	60	55	50	45	40	35	33	30	25	22	20	15	10			
문종 (1076)	경정 전시과	전지	100	90	85	80	75	70	65	60	55	50	45	4035	30	25	22	20	17	
		시지	50	45	4035	30	27	24	21	18	15	12	10	85						

■ 수리시설과 벼농사의 발달

- 무릇 토지의 등급은 묵히지 않는 토지를 상으로 하고 한 해 묵히는 토지를 중으로 하고 두 해 묵히는 토지를 하로 한다.
  〈고려사〉

- 수리 시설이 이어져 있는 토지는 밭 혹은 논으로 서로 경작하며, 토지의 등급을 헤아려 비옥한 토지는 해마다 돌려 가며 벼를 경작하되, 3월 안에 심을 수 없으면 4월 중순은 넘기지 말아야 한다.
  〈농서집요〉

구분	등급	수취율	1결당 수취량
수전 (水田)	상등	4분의 1	3섬 11말 2되 5홉
	중등	4분의 1	2섬 11말 2되 5홉
	하등	4분의 1	1섬 11말 2되 5홉
한전 (旱田)	상등	4분의 1	1섬 12말 1되 2홉
	중등	4분의 1	1섬 10말 6되 2홉
	하등	4분의 1	(기록 누락)

- 양산의 논밭은 모두 낮고 습하여 가물면 곡식이 익지만 비가 오면 물 때문에 해를 입는 곳이다. 이원윤이 수령으로 부임하여 도랑을 깊이 파는 등 특별한 노력을 기울여 버려진 땅을 거의 모두 개간하였다 한다.
  〈송안양주서〉

■ 전시과

고려의 전제는 대개 당의 제도를 모방하여, 개간된 토지의 넓이를 총괄해서 그 기름지고 메마른 것을 나누어 문무백관에서부터 부병(府兵), 한인(閑人)에게까지 과에 따라 전지를 주지 않음이 없었고, 또 과에 따라 시지를 주었는데, 이를 전시과라 한다. 죽은 후에는 모두 나라에 다시 바쳐야 했다. 그러나, 부병은 나이 20세가 차면 비로소 땅을 받고, 60세가 되면 반환하는데, 자손이나 친척이 있으면 전지를 물려받게 하고, 없으면 감문위에 적을 두었다가 70세 이후에는 구분전을 지급하고, 그 나머지 땅은 환수하였으며, 죽은 다음에 후 없는 자와 전사한 자의 아내에게 모두 구분전을 지급하였다. 또한 공음전시가 있어 과에 따라 땅을 지급하여 자손에게 전하게 되었다.
〈고려사〉

CHAPTER 03 중세

■ 고려의 화폐 정책

내 선대의 조정에서는 이전의 법도와 양식에 따라서 조서를 반포하고 화폐를 주조하니 수년 만에 돈꿰미가 창고에 가득 차서 화폐를 통용할 수 있게 되었다. … 이에 선대의 조정을 이어서 전폐(돈)는 사용하고 추포(발이 굵고 바탕이 거친 베)를 쓰는 것을 금하게 함으로써 세상을 놀라게 하는 일은, 국가의 이익을 이루는 것이 아니라 한갓 백성들의 원성을 일으키는 것이라 하였다. … 문득 근본을 힘쓰는 마음을 지니고서 돈을 사용하는 길을 다시 정하니, 차와 술과 음식 등을 파는 점포들에서는 교역에 전과 같이 전폐를 사용하도록 하고, 그 밖의 백성들이 사사로이 서로 교역하는 데에는 임으로 토산물을 쓰도록 하라.

〈고려사〉

■ 귀족의 생활

- 김돈중 등이 절의 북쪽 산은 민둥하여 초목이 없으므로 그 인근의 백성들을 모아 소나무, 잣나무, 삼나무, 전나무 기이한 꽃과 이채로운 풀을 심고 단을 쌓아 임금의 방을 꾸몄는데 아름다운 색채로 장식하고 대의 섬돌은 괴석을 사용하였다. 하루는 왕이 이곳에 행차하니 김돈중 등이 절의 서쪽 지대에서 잔치를 베풀었다. 휘장, 장막과 그릇이 사치스럽고 음식이 진기하여 왕이 재상, 근신들과 더불어 매우 흡족하게 즐겼다.

〈고려사〉

- 김준은 농장을 여러 곳에 설치하고 가신 문성주로 하여금 전라도를 관리하도록 하였고 지준에게는 충청도를 관리하도록 하였다. 두 사람이 다투어 재물을 탐내어 마구 거둬들이기를 일삼아 백성들에게 벼 종자 한 말을 주고 나중에 으레 쌀 한 섬을 거두었다. 김준의 여러 아들들이 이를 본받아 무뢰배를 다투어 모아 세도를 믿고 횡포를 자행하여 남의 땅을 침탈하니 원성이 매우 높았다.

〈고려사〉

■ 상감 청자만들기

1) 무늬 새기기

우선 물레로 원하는 그릇의 형태를 만들고 다듬은 후 적당히 건조시킨다. 이후 그릇 표면에 상감하고자 하는 무늬를 파내어 조각한다.

2) 백토 바르기

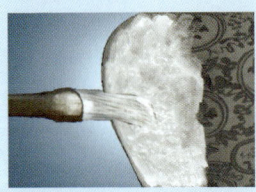

오목하게 파낸 무늬 가운데는 흰색으로 표현되어야 할 부분과 검은색으로 표현될 부분이 있는데. 먼저 흰색으로 표현될 부위와 그 주변에 붓과 같은 도구를 사용하여 흰색 흙을 바른다. 이렇게 바르는 흙을 화장토라고 한다.

3) 백토 긁어내기

무늬가 드러나도록 넓은 칼을 이용하여 백토를 긁어내면 오목한 무늬 부분에 스며들어간 백토만 남게되어 그 무늬가 희게 나타나는데 이처럼 오목한 곳에 화장토를 넣는것을 '감입'이라고 한다.

4) 자토 바르기

학의 눈과 부리, 다리 등과 같이 검게 표현되는 부위를 표현하는 방법이다. 검게 나타내고자 하는 부위와 그 주변에 붉은 자토를 바른다. 이렇게 바른 자토는 가마에서 구워내면 검은 빛을 띠게 된다.

5) 자토 긁어내기

백토를 긁어낼 때처럼 원하는 부위의 색이 나타나도록 덧바른 자토를 긁어내면서 다듬는다.

➡ 완성

6) 번조

고려 초 중국에서 청자제작기술이 전래되던 시기에는 한번 굽는 것이 일반적이었지만, 그후 기술이 토착화되면서 700 ~ 800℃에서 한 번 구운 후, 1150 ~ 1200℃에서 재벌구이를 하여 모두 2차 번조를 하는 것이 일반화되었다.

◼ 고려 시대의 지배층의 성격 비교

구분	문벌귀족	권문세족	신진 사대부
출신배경	호족, 공신, 6두품계열	문벌귀족 · 무신잔류, 친원파 몽고어 역관, 응방관리, 역관출신	하급관리, 향리
정계진출	과거와 음서로 요직 진출	음서로 관직 세습, 도평의사사의 고위 관직 장악	과거로 관직 진출
경제	과전, 공음전의 대토지소유	대농장 소유(부재지주)	중소지주(재향지주)
사상	훈고학적 유학과 불교숭상	훈고학, 불교숭상(조계종)	성리학 수용(불교배척)
대외정책	친송정책이후 정치적안정을 위해 금의 사대 수용	친원외교주장	친명외교주장

◼ 노비의 신분 상승

- 평량은 평장사 김영관의 집안 노비로 경기도 양주에 살면서 농사에 힘써 부유하게 되었다. 그는 권세가 있는 중요한 길목에 뇌물을 바쳐 천인에서 벗어나 산원동정의 벼슬을 얻었다. 그의 처는 소감 왕원지의 집안 노비인데, 왕원지는 집안이 가난하여 가족을 데리고 가서 위탁하고 있었다. 평량이 후하게 위로하여 서울로 돌아가기를 권하고는 길에서 몰래 처남과 함께 원지의 부처와 아들을 죽이고 스스로 그 주인이 없어졌으므로 계속해서 양민으로 행세할 수 있음을 다행으로 여겼다. 〈고려사〉

- 고종 45년 2월에 최의가 집안 노비인 이공주를 낭장으로 삼았다. 옛 법제에 노비는 비록 대공이 있다 하더라도 돈과 비단으로 상을 주었을 뿐 관직을 제수하지는 않게 되어 있다. 그런데 최항이 집정해서는 인심을 얻고자 처음으로 집안 노비인 이공주와 최양백·김인준을 별장으로 삼고, 섭장수는 교위로 삼았다. 〈고려사〉

CHAPTER 03
중세

■ 왜구에 의한 피해

조령을 넘어 동남쪽으로 바닷가까지 수백 리를 가면 홍해라는 고을이 있다. 땅이 가장 궁벽하고 험하나 어업, 염업이 발달하고 비옥한 토지가 있었다. 옛날에는 주민이 많았는데 왜란을 만난 이후 점점 줄다가 경신년(1380) 여름에 맹렬한 공격을 받아 고을은 함락되고 불탔으며 백성들이 살해되고 약탈당해 거의 없어졌다. 그중에 겨우 벗어난 사람들은 사방으로 흩어져 마을과 거리는 빈터가 되고 가시덤불이 길을 덮으니, 수령으로 온 사람들이 먼 고을에서 가서 움츠리고 있고 감히 들어오지 못한 지 여러 해가 되었다. / 〈양촌집〉

■ 권문세족

이제부터 만약 종친으로서 같은 성에 장가드는 자는 황제의 명령을 위배한 자로서 처리할 것이니 마땅히 여러 대를 내려오면서 재상을 지낸 집안의 딸을 취하여 부인을 삼을 것이며 재상의 아들은 왕족의 딸과 혼인함을 허락할 것이다. 만약 집안의 세력이 미비하면 반드시 그렇게 할 필요는 없다. … 철원 최씨, 해주 최씨, 공암 허씨, 평강 채씨, 청주 이씨, 당성 홍씨, 황려 민씨, 횡천 조씨, 파평 윤씨, 평양 조씨는 다 여러 대의 공신 재상의 종족이니 가히 대대로 혼인할 것이다. 남자는 종친의 딸에게 장가가고 딸은 종비(宗妃)가 됨직하다
〈고려사〉

■ 고려시대 여성의 지위

박유가 왕에게 글을 올려 말하기를 "우리나라는 남자가 적고 여자가 많은데 지금 신분의 높고 낮음을 막론하고 처를 하나 두는 데 그치고 있으며 아들이 없는 자들까지도 감히 첩을 두려고 생각하지 않고 있습니다. …… 그러므로 청컨대 여러 신하, 관료들로 하여금 여러 처를 두되 품위(品位)에 따라 그 수를 점차 줄이도록 하여 보통 사람에 이르러서는 1처 1첩을 둘 수 있도록 하며 여러 처에서 낳은 아들들도 역시 본처가 낳은 아들처럼 벼슬을 할 수 있게 하기를 원합니다. 이렇게 한다면 나라 안에 원한을 품고 있는 남자와 여자들이 없어지고 인구도 늘게 될 것입니다"라고 하였다. 부녀자들이 이 소식을 듣고 원망하고 두려워하지 않는 자가 없었다. 때마침 연등회 날 저녁 박유가 왕의 행차를 호위하여 따라갔는데 어떤 노파가 그를 손가락질하면서 "첩을 두고자 요청한 자가 저 놈의 늙은이다"라고 하니, 듣는 사람들이 서로 전하여 서로 가리키니 거리마다 여자들이 무더기로 손가락질하였다. 당시 재상들 가운데 그 부인을 무서워하는 자들이 있었기 때문에 그 건의를 정지하고 결국 실행되지 못하였다.

> 고려 시대의 혼인 형태는 일부일처제가 일반적인 현상이었다. 여성의 재가는 비교적 자유로운 편이었으며 그 소생 자식의 사회적 진출에도 차별을 두지 않았다.

■ 만적의 난

"국가에서 경계(庚癸) 이래 고관이 천민 계급에서 많이 나왔으니, 장상(將相)이 어찌 씨가 따로 있으랴. 때가 오면 누구나 할 수 있는 것이다. 우리는 힘써 일하고도 매만 맞고 살아야 하는가? 주인을 죽이고 노비문서를 불살라서 삼한으로 하여금 천민이 없게 하면 공경장상(公卿將相)은 모두 우리가 얻어야 할 것이다"

■ 승려의 상공업 활동

- 고려는 도선비기에 의거하여 국가의 비보 사찰을 정하여 국가와 왕실의 안녕을 기원하도록 하고, 그 절에는 사원전과 노비를 지급하였다. 그리고 귀족들도 자기 가문의 절을 짓고 토지와 노비를 기증하는 것이 일반화되었다. 국가적으로 연등회와 팔관회를 개최하고, 국립여관의 구실을 하던 원을 절에서 관리하게 하였다.

- 승려들이 심부름꾼을 시켜 절의 돈과 곡식을 각 주군에 장리를 놓아 백성을 괴롭히고 있다.
〈고려사절요〉

- 지금 부역을 피하려는 무리들이 부처의 이름을 걸고 돈놀이를 하거나 농사, 축산을 업으로 삼고 장사를 하는 것이 보통이 되었다. … 어깨에 걸치는 가사는 술 항아리 덮개가 되고, 범패를 부르는 장소는 파, 마늘의 밭이 되었다. 장사꾼과 통하여 팔고 사기도 하며, 손님과 어울려 술 먹고 노래를 불러 절간이 떠들썩하다.
〈고려사〉

■ 중세의 문화재 지도

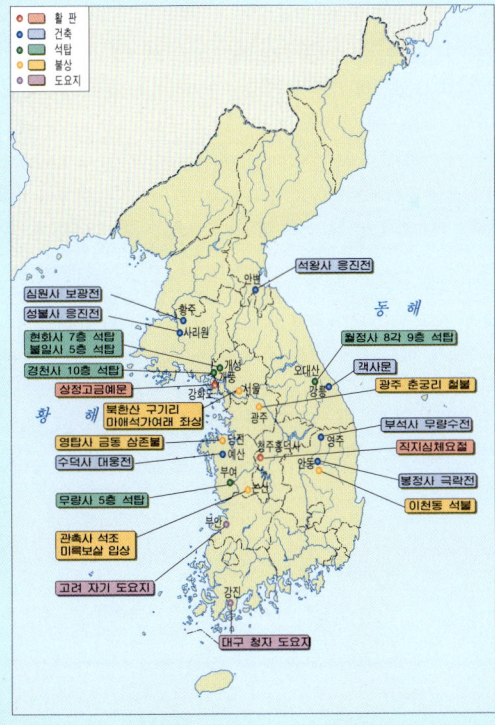

CHAPTER 03
중세

◼ 삼국사기를 올리는 글

성상 전하께서 … "또한 그에 관한 옛 기록은 표현이 거칠고 졸렬하며, 사건의 기록이 빠진 것이 있으므로, 이로써 군주와 왕비의 착하고 악함, 신하의 충성됨과 사특함, 나랏일의 안전함과 위태로움, 백성의 다스려짐과 어지러움을 모두 펴서 드러내어 권하거나 징계할 수 없다. 그러므로 마땅히 재능과 학문과 식견을 겸비한 인재를 찾아 권위 있는 역사서를 완성하여 만대에 전하여 빛내기를 해와 별처럼 하고자 한다"라고 하였습니다. 〈삼국사기〉

◼ 일연의 〈삼국유사〉

대체로 옛날 성인(聖人)은 예절과 음악을 가지고 나라를 세웠고, 인(仁)과 의(義)를 가지고 백성들을 가르쳤다. 때문에 괴상한 일이나 힘이나 어지러운 일, 귀신에 대해서는 말하지 않았다. 하지만 제왕(帝王)이 일어날 때에는 반드시 부명(符命)을 얻고 도록(圖錄)을 받게 된다. 때문에 보통 사람과는 다른 점이 있게 마련이다. 그런 뒤에라야 큰 변의 틈을 타서 대기(大器)를 잡아 대업을 이룩할 수가 있었던 것이다.

◼ 성리학의 수용과 발전

- 안향은 학교가 날로 쇠퇴함을 근심하여 양부(兩府)에 의논하기를 "재상의 직무는 인재를 교육하는 것보다 우선하는 것이 없습니다. … "하고, … 만년에는 항상 회암 선생(주자)의 초상화를 걸어놓고 경모하였으므로 드디어 호를 회헌이라고 하였다. 〈고려사〉

- 성균관을 다시 짓고 이색을 판개성부사 겸 성균관 대사성으로 삼았다. … 이색이 다시 학칙을 정하고 매일 명륜당에 앉아 경전을 나누어 수업하고, 강의를 마치면 서로 더불어 논란하여 권태를 잊게 하였다. 이에 학자들이 많이 모여 함께 눈으로 보고 마음으로 느끼는 가운데 정자와 주자의 성리학이 비로소 흥기하게 되었다. 〈고려사〉

고려 후기에는 성리학이 전래되어 사상계뿐만 아니라 정치, 경제, 사회, 문화의 각 부분에 걸쳐 큰 영향을 주었다. 남송의 주희가 집대성한 성리학은 종래 자구의 해석에 힘쓰던 한·당의 훈고학이나 사장 중심의 유학과는 달리 인간의 심성과 우주의 원리 문제를 철학적으로 탐구하는 신유학이었다. 고려에 성리학을 처음 소개한 사람은 충렬왕 때 안향이었다. 안향은 고려에 성리학을 처음 들여온 공로로 16세기 우리나라 최초의 서원인 백운동서원(소수서원)에 모셔졌다.

■ 이규보의 〈동명왕편〉

지난번에 〈구삼국사〉의 동명왕본기를 보니 신이한 사적이 세상에서 얘기하는 것보다 더했다. 처음에는 믿지 못하고 귀(鬼)나 환(幻)으로만 생각하였는데, 세 번 되풀이 읽어 점점 근원에 들어가니, 환이 아니고 성(聖)이며 귀가 아니고 신(神)이었다. 김부식이 국사를 편찬하면서 자못 그 사실을 생략하였다. 동명왕의 사적은 변화와 신이로 여러 사람의 눈을 현혹시키려는 것이 아니라 실로 나라를 창업하는 신령스런 자취이니 이를 기술하지 않으면 후세에 무엇을 보여주리요.

■ 이승휴의 〈제왕운기〉

요하 동쪽 땅에 따로 한 천지가 있으니 뚜렷이 중국과 구획을 지어 나누어져 있도다. 큰 파도 만경에 걸쳐 삼면을 에워싸고 북쪽에 육지가 줄처럼 이어져 있네. 가운데 땅덩이 천 리가 바로 조선이니 강산의 아름다운 경치, 그 이름 천하에 퍼졌구려.

■ 각훈의 〈해동고승전〉

(먼 옛날) 세상을 떠돌며 살던 백성들은 / 그 성정이 대체로 거칠어 / 임금의 명을 거스르거나 / 나라의 영을 따르지 않는 일이 많았다 / 듣지 못하고 보지도 못한 것(부처님의 가르침)을 / 비로소 만나고서는 / 그 거친 성정이 바뀌어 선하게 되고 / 참다운 가르침에 따라 안으로 닦으니 / 이는 곧 불법(佛法)을 만난 인연에 따른 까닭이로다.

■ 의천의 사상(삼국시대 승려 30명의 전기)

(가) 진수 대법사가 말하였다. "관(觀)을 배우지 않고 경(經)만 배우면 비록 오주(五周)의 인과(因果)를 들었더라도 감중(三重)의 성덕(性德)에는 통하지 못한다. 경을 배우지 않고 관만 배우면 비록 삼중의 성덕을 깨쳤으나 오주의 인과를 분별하지 못한다, 따라서 관도 배우지 않을 수 없고 경도 배우지 않을 수 없다" 내가 이 말에 감복하였다. 〈대각국사의 문집〉

(나) 교리를 배우는 이는 내적(마음)인 것을 버리고 외적인 것을 구하는 일이 많고, 참선하는 이는 밖의 인연을 잊고 내적으로 밝히기를 좋아한다. 둘다 편벽된 집착이고 양극단에 치우친 것이므로, 양자를 골고루 갖추어(내외겸전) 안팎으로 모두 조화를 이루어야 한다.

(가)는 이론과 실천을 함께 강조하는 교관겸수(敎觀兼修),(나)는 내적인 공부(선종)와 외적인 공부(교종)를 모두 갖추자는 내외겸전(內外兼全)으로 대각국사 의천의 핵심 사상이다.

CHAPTER 03
중세

■ 지눌의 〈정혜결사문〉

지금 불교계를 보면, 아침 저녁으로 행하는 일들이 비록 부처의 법에 의지하였다고 하나. 자신을 내세우고 이익을 구하는 데 열중하며, 세속의 일에 골몰한다. 도덕을 닦지 않고 옷과 밥만 허비하니, 비록 출가 하였다고 하나 무슨 덕이 있겠는가?

하루는 같이 공부하는 사람 10여 인과 약속하였다. 마땅히 명예와 이익을 버리고 산림에 은둔하여 같은 모임을 맺자. 항상 선을 익히고 지혜를 고르는 데 힘쓰고, 예불하고 경전을 읽으며 힘들여 일하는 것에 이르기까지 각자 맡은 바 임무에 따라 경영한다. 인연에 따라 성품을 수양하고 평생을 호방하게 고귀한 이들의 드높은 행동을 좇아 따른다면 어찌 통쾌하지 않겠는가? 〈권수정혜결사문〉

지눌은 서울을 중심으로 권문세족의 원당으로 전락한 불교계의 폐단을 바로잡고 신앙 본연의 자세를 회복하기 위하여 수선사를 조직하여 순수 신앙 운동을 전개하였다. 그는 승려 본연의 자세로 돌아가 독경과 선 수행, 노동에 고루 힘쓰자는 개혁운동인 수선사 결사를 제창하였다. 송광사에 중심을 둔 수선사 결사 운동은 개혁적인 승려들과 지방민들의 적극적인 호응을 얻어 매우 흥성하였다.

■ 목판인쇄술과 활판인쇄술

목판인쇄술은 한 가지의 책을 다량으로 인쇄하는 데는 적합하지만, 여러 가지의 책을 소량으로 인쇄하는 데에는 한계가 있었다. 따라서 고려에서는 일찍부터 활판 인쇄술의 개발에 힘을 기울였으며, 후기에는 금속 활자 인쇄술을 발명하였다. 고려시대에 세계에서 최초로 금속 활자 인쇄술이 발명된 것은 목판 인쇄를 통해 얻어진 기술, 청동 주조 기술의 발달, 인쇄에 적합한 먹과 종이의 제조 등이 어우러진 결과였다.

■ 유불일치설

'기세계경'에서 말하였다. "부처님이 말씀하시기를 나는 두 성인을 중국에 보내어 교화를 펴리라 하셨다. 한 사람은 노자로, 그는 가섭보살이요, 또 한 사람은 공자로 그는 유동(儒童)보살이다." 이 말에 의하면 유(儒)와 도(道)의 종(倧)은 부처님의 법에서 흘러나온 것이다. 방편은 다르나 진실은 같은 것이다. 공자는 "삼(參)아, 내 도는 하나로 꿰었다" 하였고, 또 "아침에 도를 들으면 저녁에 죽어도 좋다" 하였다.

〈진각국사 어록〉

진각국사 혜심에 의해 주창된 유불일치설은 유교와 도교의 뿌리는 모두 부처의 법에서 흘러나온 것이 므로 그 본질은 같은 것이라는 학설이다. 그러나 불교를 국교로 하고 있는 고려에서 유교를 인정한다 는 것은 곧 불교가 그만큼 쇠퇴하고, 이미 유교가 새로운 질서로 뿌리내리기 시작했다는 것을 의미한다. 따라서 유불일치설은 고려 말 성리학을 수용하는 데 중요한 실마리를 제공하게 된다.

■ **팔만대장경**

현종 2년에 거란 왕이 크게 군사를 일으켜 쳐들어와 현종은 남쪽으로 피난하였습니다. 거란 군사가 송악에 주둔하면서 물러가지 않자 현종은 여러 신하들과 함께 대장경을 완성할 것을 맹세하였습니다. 이 간절한 소원이 이루어지자 거란 군사가 스스로 물러갔습니다. 그 때나 지금이나 같은 대장경을 판각하였으며 간절한 소원도 다르지 않습니다. 그런데, 거란군사는 스스로 물러갔는데 달단(몽고)은 그렇지 않은 까닭은 무엇입니까?

여러 부처님과 신들이 얼마나 보살펴 주시느냐에 달려 있는 것입니다 … 엎드려 바라옵니다. 여러 부처님과 성현 및 모든 신들은 이 간절한 소원을 깊이 헤아려 신총한 힘을 빌려주십시오. 완강하고 추한 오랑캐가 멀리 도망가서 다시는 우리 땅을 밟지 못하게 하여 주십시오. 〈동국이상국집 25〉

■ **한국에서 금속활자가 지속적으로 발전하지 못한 이유**

서양의 알파벳은 활자 인쇄술의 급속한 보급에는 기여하였으나 고려의 금속활자는 이후 크게 발전하지 못하였다. 그 이유는 알파벳은 20여 글자에 부호까지 동원해도 100자를 넘지 않는 반면 한자는 글자 수가 너무 많기 때문에 한번 주조하면 수만 자 또는 수십만 자씩 만들어야 했기 때문이다. 또한 우리나라에서는 활판을 확실하게 고정시키는 기술이 발달하지 못하였으나 서양에서는 활판을 죄어 주는 장치가 사용되어 다량 인쇄를 가능하게 하였다.

■ **인쇄술의 발달과 영향**

우리나라에서는 활판을 확실하게 고정시키는 기술이 발달하지 못하였으나 서양에서는 활판을 조여 주는 프레스가 사용되어 대량 인쇄를 가능하게 하였다. 서양은 르네상스 시대에 인쇄술이 보급되면서 책의 수요가 증가하였으나, 고려 말에는 인쇄술 때문에 지식층의 수가 급격하게 증가하지는 못하였다.

■ **송나라 사람이 본 고려청자**

도자기의 빛깔이 푸른 것을 고려 사람들은 비색이라 부른다. 근년에 와서 만드는 솜씨가 교묘하고 빛깔도 더욱 예뻐졌다. 술 그릇의 모양은 오이 같은데 위에 작은 뚜껑이 있어서 엎드린 오리 형태를 이루고 있다. 또한 주발, 접시, 술잔, 사발, 꽃병, 옥으로 만든 술잔 등도 만들 수 있지만 모두 일반적으로 도자기를 만드는 법을 따라 한 것들이므로 생략하고 그리지 않는다. 단 술 그릇만은 다른 그릇과 다르기 때문에 특히 드러내 소개해 둔다. 사자 모양을 한 도제 향로 역시 비색이다.… 여러 그릇들 가운데 이 물건이 가장 정밀하고 뛰어나다. 〈고려도경〉

자료는 고려에 사신으로 온 송나라 서긍이 〈고려도경〉에서 고려 청자의 우수성을 묘사하고 있는 부분이다. 고려 청자는 신라와 발해의 전통과 기술을 토대로 중국의 자기 기술을 받아들여 11세기에 독자적인 경지를 개척하였다. 남송의 태평 노인이 〈수중금〉에서 천하 제일의 것들을 언급하는 가운데 '고려 비색'이라 하여 청자를 언급하고 있는 데에서도 고려 청자의 뛰어남을 짐작할 수 있다.

CHAPTER 03
중세

▣ 몽골 침입 시 백성의 생활

고종 42년(1255) 3월 여러 도의 고을들이 난리를 겪어 황폐해지고 지쳐 조세, 공부, 요역 이외의 잡세를 면제하고, 산성과 섬에 들어갔던 자를 모두 나오게 하였다. 그때 산성에 들어갔던 백성들로서 굶주려 죽은 자가 매우 많았고, 늙은이와 어린이가 길가에서 죽었다. 심지어는 아이를 나무에 붙잡아 매고 가는 자가 있었다..

4월, 도로가 비로소 통하였다. 병란과 흉년이 든 이래로 해골이 들을 덮었고, 포로가 되었다가 도망하여 서울로 들어오는 백성이 줄을 이었다. 도병마사가 날마다 쌀 한 되씩을 주어 구제하였으나 죽는 자를 헤아릴 수가 없었다.

몽고의 침입에 대항하고자 최씨 무신정권은 개경에서 강화도로 서울을 옮기고 장기 항전을 도모하였다. 또한 지방의 백성들은 산성이나 섬으로 들어가 오랜 전쟁에 대비하게 하였다. 하지만 이런 전술은 산성이나 섬에서의 생활 대책이 마련되지 않은 상태에서 강행되었으므로 백성들은 막대한 희생을 당하였고, 식량을 구하지 못해 굶어죽는 일이 많았다.

▣ 몽골풍

공민왕이 원의 제도를 따라 변발을 하고 호복(胡服 : 몽고의 차림)을 입고 전상(殿上)에 앉아 있었다. 이연종이 간하려고 문 밖에서 기다리고 있었더니 왕이 사람을 시켜 물었다.(이연종이) 말하기를 "임금 앞에 나아서 직접 대면해서 말씀 드리기를 바라나이다"라고 하였다. 이미 들어와서는 좌우(左右 : 왕의 측근)를 물리치고 말하기를, "변발과 호복은 선왕(先王)의 제도가 아니오니 원컨대 전하께서는 본받지 마소서"라고 하니, 왕이 기뻐하면서 즉시 변발을 풀어 버리고 그에게 옷과 요를 하사하였다.

원과 강화를 맺은 이후 두 나라 사이에는 자연히 사람과 물자의 왕래가 많아졌고, 문물 교류가 활발하였다. 따라서 고려 사회에는 몽고풍이 유행하여 변발, 몽고식 복장, 몽고어가 궁중과 지배층을 중심으로 널리 퍼졌다. 이에 반원 자주정책을 시행하던 공민왕은 몽고풍을 모두 없애고 몽고의 간섭으로부터 벗어나려 하였다.

고려사 한눈에 보기

	고려 전기			고려 후기		
	10세기	11세기	12세기	13세기		14세기
	고려건국 (918)	거란격퇴 (1018)	무신정변 (1170)	강화천도 (1232)	개경환도 (1270)	공민왕 즉위 조선건국 (1351) (1392)

시대 구분	고려 초기	고려 중기	고려 후기		
			무신집권기	원 간섭기	고려말기
특징		보수성 [문벌귀족사회 확립 : 성종(음서제) - 문종(공음전)]	신분해방운동 (망이.망소이의 난 = 공주명학소의 난, 만적의 난)		권문세족 VS 신진사대부 - 능문능리
외교	북진정책/친송정책 거란침입(격퇴)/ 1차 - 서희, 2차 - 양규, 3차 - 강감찬	여진정벌(윤관) 금에 대한 사대외교 (이자겸, 김부식)	대몽항쟁 (1232~1270)	원의 내정간섭	홍건적·왜구 침입 (신흥무인세력성장 - 이성계) 공민왕의 북진정책
유학	독자적, 자주적 (최승로)	보수적, 사대적 (최충, 김부식)	신진사대부등장 - 능문능리 (이규보)	성리학수용 (안향, 이제현)	성리학의 실천적 기능강조 - 소학 주자가례 (정몽주, 정도전)
한문학	독자적	중국모방			
학교	관학중심 (국자감, 향교)	사학중심 /관학진흥책	교육활동위축	관학진흥책(국자감 → 성균관 → 공민왕 때 기술학 분리)	
역사	자주적 사관 〈고구려 계승의식〉 〈고려왕조 실록〉 〈7대실록〉	보수적 유교 사관 (신라 계승의식) 〈삼국사기(김부식)〉	자주적 사관 (고구려 계승의식) 〈동명왕편(이규보)〉	자주적 사관 (고조선 계승의식) 〈삼국유사(일연)〉 〈제왕운기(이승휴)〉	성리학적 사관 〈사략(이제현)〉 정통+대의명분
문학	향가(균여의 보현십원가 11수)	당·송 문학숭상	경기체가	장가	
목판 인쇄술		초조대장경/교장	팔만대장경		
활판 인쇄술			상정고금예문 (현존X)	직지심체요절(현존최고)	
자기		순수청자	상감청자		
불교	교종 [화엄종(균여) 법상종] 선종	해동 천태종 성립(의천) 교종>선종 교관겸수/내외겸전 의천 사후 분열	신앙결사운동 (지눌, 요세) 조계종 설립(지눌) 선종>교종 돈오점수/정혜쌍수 혜심 - 유불일치설 (성리학 수용의 사상적 토대)	불교타락	

PART 04
조　　　선

01　조선의 정치
02　조선의 경제, 사회, 문화

CHAPTER 04
조선

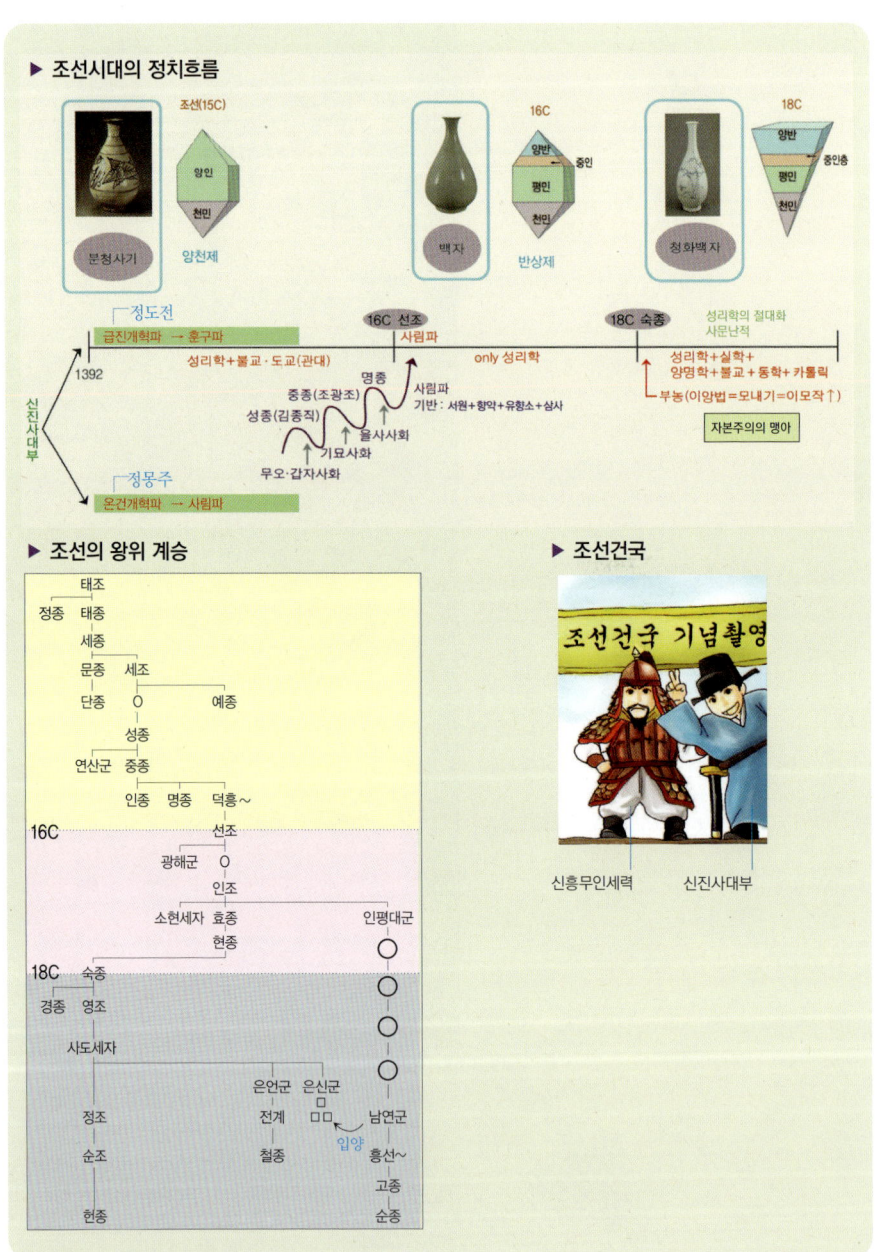

84 • 한국사능력검정시험 심화 (초·중등용)

01 조선의 정치

01 조선 국왕

(1) **태조** : 정도전 - 재상 중심의 정치 주장, 불교 비판(불씨 잡변)

(2) **태종** : 왕자의 난, 6조직계제, 사병 혁파, 호패법, 사원전 몰수, 신문고 설치, 사간원의 독립(대신 견제)

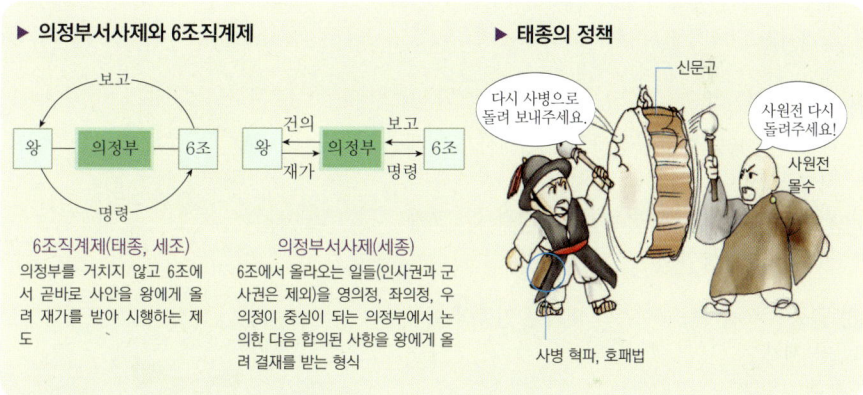

(3) **세종** : 의정부서사제 시행(왕권과 신권의 조화), 집현전(경연), 4군 6진 개척, 대마도 정벌(이종무), 삼포 개항, 훈민정음 창제(용비어천가)

▶ 세종대왕의 집현전

세종이 집현전 지나가다가 자고 있는 신숙주를 곤룡포로 덮어주는 장면이다. 세종은 즉위 초기에 상왕인 태종 때문에 힘을 발휘하지 못하고 있었다. 이런 상황 속에서 자신의 친위세력을 형성하기 위해 집현전을 만들었다.

▶ 4군 6진 개척(세종대왕)

CHAPTER 04
조선

(4) 세조 : 6조직계제, 집현전(경연) 폐지

(5) 성종 : 홍문관(집현전 계승, 경연 부활), 〈경국대전〉

> ▶ **훈구파와 사림파**
> - 훈구파 : 고려 말 급진적 사대부(정도전) 계승
> - 사림파 : 고려 말 온건적 사대부(정몽주)

(6) 연산군 : 두 차례 사화
① 무오사화 : '김종직'의 조의제문
② 갑자사화 : '폐비 윤씨' 사건

(7) 중종
① 배경 : 중종반정의 공신세력을 견제하기 위해 사림 등용
② 기묘사화 : 조광조(현량과 주장, 소격서와 초제 혁파, 위훈삭제 요청)

주초위왕

(8) 명종 : 을사사화, 명종의 외척이 인종의 외척을 제거

(9) 선조 : 붕당정치의 전개(척신정치의 잔재 청산, 이조전랑 문제로 분화)
① 서인 : 기성사림, 이이·성혼 학파
② 동인 : 신진사림, 이황·조식·서경덕 학파 → 정여립 모반사건을 계기로 남인(온건파), 북인(강경파)으로 분화
③ 임진왜란과 정유재란 발생(이후 여진족이 후금 건국)

(10) 광해군 : 북인정권, 중립외교(강홍립에게 상황에 따른 대처 지시), 대동법, 〈동의보감〉(허준)

서인과 동인의 대립

중립외교

(11) **인조** : 서인 집권, 남인 일부 참여(상호 비판적 공존 체제 형성), 이괄의 난(인조반정 때의 공신 이괄이 적절한 대우를 받지 못하자 일으킨 반란), 정묘호란과 병자호란

(12) **효종** : 북벌운동(서인 송시열 중심), 나선정벌(청과 함께 러시아 정벌)

효종의 북벌

나선정벌

(13) **현종** : 예송논쟁(효종과 효종비 사후 자의 대비가 상복 입는 기간을 두고 서인과 남인이 벌인 논쟁)

(14) **숙종**
① 환국(일당 전제화)의 발생, 서인과 남인이 번갈아 집권, 상대 붕당에 대한 탄압과 보복 단행 → 남인 몰락, 서인이 노론과 소론으로 분화, 노론이 정국 주도
② 안용복 사건 : 울릉도와 독도가 우리 땅임을 인정받음
③ 백두산 정계비 : 청과 국경선 확정(서쪽으로는 압록강, 동쪽으로는 토문강을 경계로 함)

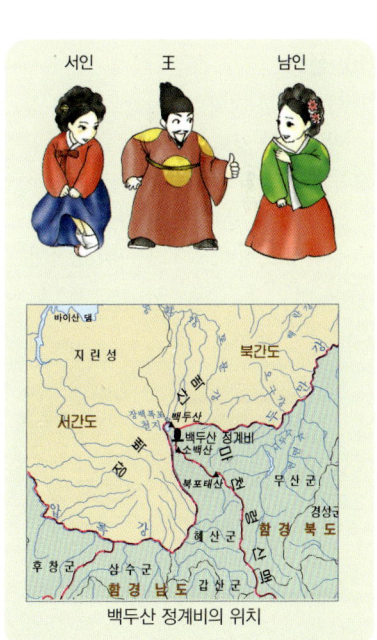

백두산 정계비의 위치

(15) 영조
① 탕평파(각 붕당의 인물을 고루 등용)
② 산림(서원을 대표하는 인물)의 존재 부정, 서원 정리
③ 균역법, 가혹한 형벌 폐지, 사형수 삼심제, 신문고 부활
④ 〈속대전〉 편찬, 〈동국문헌비고〉(한국학 백과사전)

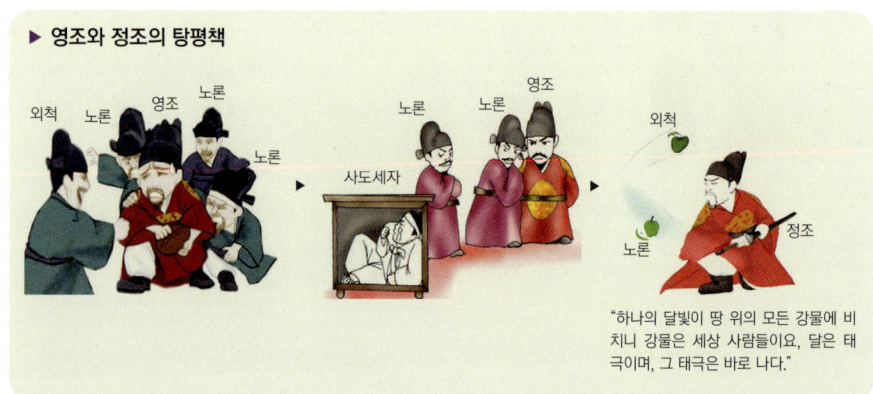

▶ 영조와 정조의 탕평책

"하나의 달빛이 땅 위의 모든 강물에 비치니 강물은 세상 사람이요, 달은 태극이며, 그 태극은 바로 나다."

(16) 정조
① 왕권 강화 정책 : 규장각·장용영 설치, 초계문신제 실시(경연의 반대), 수원에 화성 건설, 수령의 권한 강화
② 민생 안정책 : 신해통공 실시(시전상인들의 금난전권 폐지, 육의전 제외), 서얼 등용(유득공, 박제가, 이덕무 등이 규장각 검서관으로 기용)
③ 문물제도 정비 : 〈대전통편〉(경국대전과 속대전 통합)

▶ 화성
방어와 공격이 동시에 가능

▶ 신해통공
정조는 사상활동 추진을 위해 금난전권을 철폐하였는데 노론벽파의 자금줄을 대던 시전상인에게 타격을 주어 노론벽파의 힘을 약화시키려 한 목적도 있다.

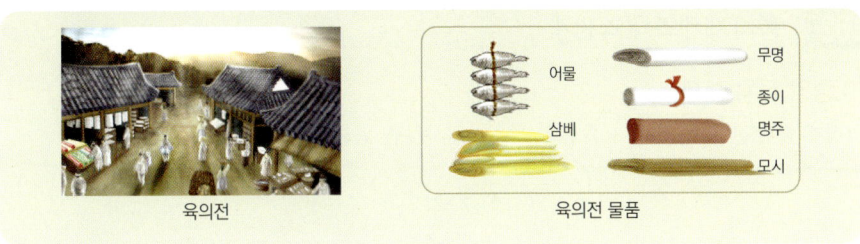

| 육의전 | 육의전 물품 |

(17) 세도정치 : 순조, 헌종, 철종 시기 안동 김씨와 풍양 조씨의 삼정의 문란 → 미륵신앙, 예언사상(정감록) 유행, 천주교와 동학 확산

① 순조 : 홍경래의 난(세도정치의 삼정의 문란, 서북지역 차별 → 청천강 이북 지역 점령)
② 철종 : 임술농민봉기(진주민란으로 시작 → 함흥에서 제주까지 전국적 확대), 삼정이정청 설치(실패)

▶ 세도정치

▶ 19세기의 농민봉기

▶ 조선의 왕권

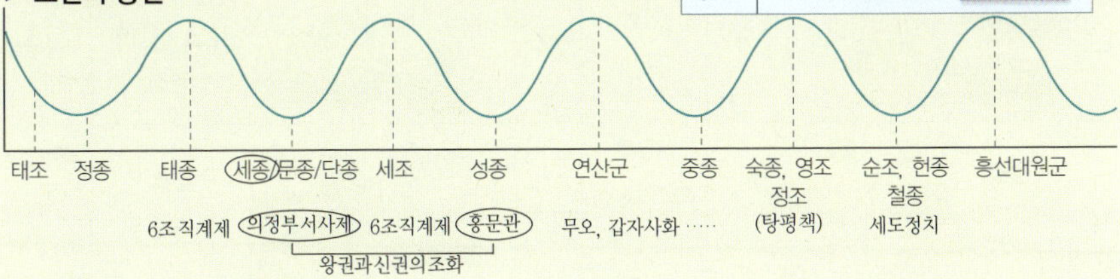

CHAPTER 04
조선

02 통치 체제와 대외 관계

(1) 중앙 정치 체제

의정부 중심(전기) → 비변사 중심(처음에는 임시기구, 임진왜란 이후 국정 최고 기구)

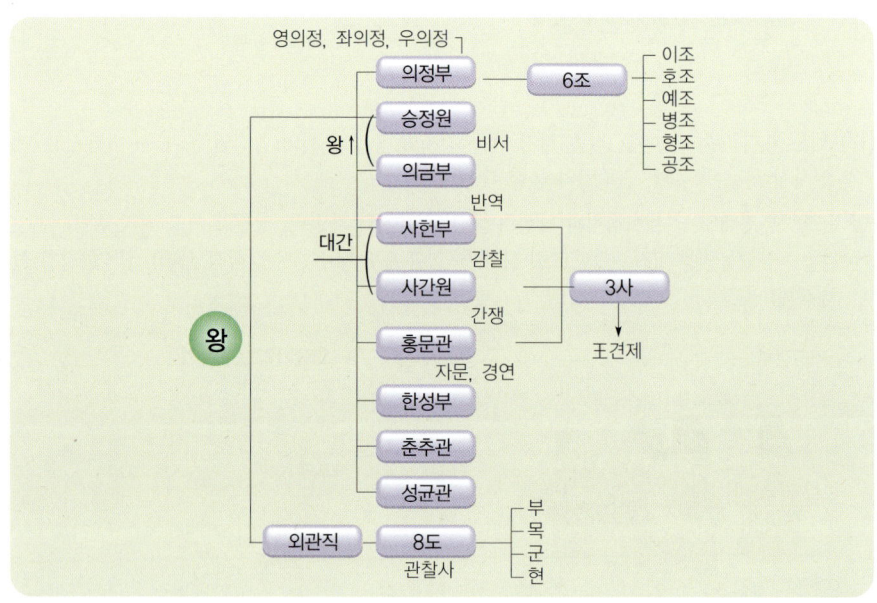

▶ 6조

구분	업무	현재	구분	업무	현재
이조	문관의 인사 및 행정 담당	행정□ 안전부	병조	국방, 무관의 인사 및 무과(과거) 주관	국방부
호조	호구, 조세, 공부 관할	기획 재정부	형조	법률 소송과 노비 문서의 관장	법무부
예조	교육, 문과(과거), 외교	교육부 과학기술정 보통신부, 외교부	공조	토목, 건축 담당	국토교통부, 해양수산부

▶ 삼사

사헌부(감찰) / 사간원(간쟁) / 홍문관(왕의 정책에 자문)

(2) 지방 행정 조직 : 모든 군현에 지방관 파견(속현과 향, 부곡, 소 소멸)
① 관찰사(8도) : 수령 감독
② 향리 : 수령의 실무 보좌하는 세습 아전

(3) 관리 등용
① 종류 : 문과, 무과, 잡과(기술관), 승과 ×
② 원칙 : 양인 이상이면 응시 가능
③ 음서 : 고려에 비해 혜택을 받는 대상 축소, 과거에 합격해야 고관으로 승진 가능
④ 천거 : 중종 때 조광조의 건의로 실시된 현량과, 기존 관리를 대상으로 함
⑤ 상피 : 형제끼리 같은 부서에서 근무 불가능, 고향에서 수령이 될 수 없음

(4) 교육기관
① 중앙 : 성균관(국립), 사부학당(국립)
② 지방 : 향교(국립) → 16세기 이후에는 서원(사립)

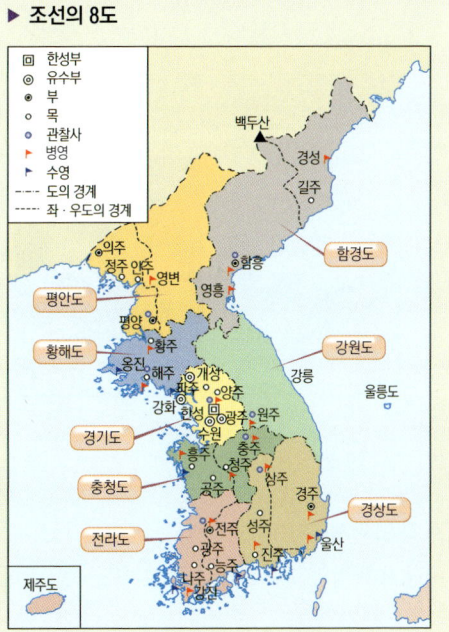

▶ 조선의 8도

(5) 군사조직
① 중앙군 : 5위 → 임진왜란 이후 5군영(훈련도감, 어영청, 총융청, 수어청, 금위영)
② 지방군 : 진관 체제(조선 초기) → 제승방략 체제(16세기 후반) → 속오군 체제(진관 복구, 양반부터 노비까지 편성)

CHAPTER 04
조선

③ 예비군 : 잡색군

▶ **삼수병** 임진왜란 때 왜군의 조총에 대항하기 위하여 기존의 활과 창으로 무장한 부대 외에 조총으로 무장한 부대를 만들었다. 이에 훈련도감은 포수, 사수, 살수의 삼수병으로 편제되었다.

포수

사수

살수

(6) 교통, 통신 체제 : 봉수제, 역참제

▶ **봉수제**
횃불인 봉(烽)과 연기인 수(燧)로 급한 소식을 알리던 통신제도

▶ **역참제**
국가의 명령과 공문서의 전달, 사신 왕래에 따른 영송(迎送)과 접대 등을 위하여 마련된 교통통신기관

낮

밤

(7) 대외관계 : 사대교린정책
① 명(사대 정책) : 태조 때 요동 문제(정도전)로 마찰, 태종 때 사대외교, 자주적 실리 외교
② 여진(교린 정책)
  • 강경책 : 4군 6진(세종 때 김종서) 개척(압록강 ~ 두만강 국경 확립)
  • 회유책 : 귀순 장려, 국경 무역 허용(무역소), 토착민을 토관으로 임명

③ 일본(교린 정책)
- 강경책 : 세종 때 이종무의 대마도 정벌
- 회유책 : 세종 때 3포 개항과 계해약조(제한된 범위에서의 교역 허용) → 3포 왜란 발발, 을묘왜변

④ 시암, 자와와 교류

▶ 조선 초기의 대외관계

(8) 임진왜란과 정유재란

① 선조의 의주 피난 → 이순신의 한산도대첩 → 김시민의 진주대첩(의병 활동) → 조·명 연합군의 평양성 탈환 → 권율의 행주대첩 → 이순신의 명량대첩

② 결과 : 훈련도감(직업적 상비군, 5군영의 하나)과 속오군 체제, 불국사, 궁궐, 사고 등 소실, 담배와 고추 전래(감자와 고구마는 조선후기에 전래), 일본에 성리학과 도자기 문화 전파, 여진족이 후금 건국

③ 이후 : 에도 막부와 국교 재개, 무역 재개(기유약조), 일본에 통신사 파견

▶ 관군과 의병의 활동

▶ 일본의 조총부대

CHAPTER 04
조선

▶ 임진왜란의 결과

명나라는 조선에 군사를 파견하면서 만주의 관리가 소홀해졌다. 이틈을 타 여진족이 후금을 세웠다.

▶ 임진왜란으로 인한 신분제 변화

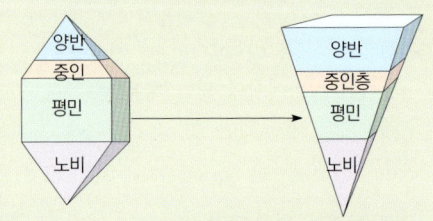

임진왜란으로 재정이 궁핍해진 정부는 납속책과 공명첩을 이용해 양반의 지위를 농민들에게 팔아 재정 위기를 극복하려고 하였다. 또한 조선 후기 이앙법을 통해 부농이 된 이들은 양반이 되면 군역이 면제되는 등 여러 이점이 많았기 때문에 납속책, 공명첩 등을 이용해 양반의 신분을 사서 조선 후기에는 양반 수가 급증하게 되었다. 이에 따라 군역을 부담하는 농민의 수가 줄어 군역의 문란을 가져왔다.

▶ 통신사의 행로

(9) 정묘호란과 병자호란
① 광해군의 중립 외교 : 강홍립이 후금에 항복, 명과의 관계를 유지하면서 후금과 친선을 꾀함
② 인조반정 : 친명배금정책 → 정묘호란(후금) → 주화론과 주전론 대립 → 병자호란(청) → 남한산성 항쟁 → 항복, 삼전도 굴욕
③ 효종 때 북벌운동(서인 송시열 중심) → 이후 북학운동

▶ 삼전도의 굴욕 상상도

▶ 정묘호란과 병자호란의 전개

CHAPTER 04
조선

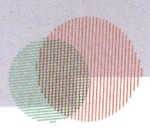

자료탐구

구분	정치세력			성격
고려 왕조 유지	권문세족			보수적
새 왕조 건설	신진사대부	온건개혁파		점진적 개혁
		급진개혁파	혁명파	혁신적 개혁
	이성계(신흥 무인)			

권문세족과 신진 사대부

구분	권문세족	신진 사대부
경제	대농장 소유(부재 지주)	중소 지주(재향 지주)
정계진출	음서	과거
사상	불교(조계종)	성리학
외교	친원적	친명적
성향	보수적	진취적

■ 훈구파와 사림파의 비교

구분	기원	토지개혁 (고려 말)	정치	학풍	교육 기관	사상	사관	남여의 지위	출신 지역
관학파 (훈구파)	혁명파 사대부 계승 (정도전, 권근, 조준, 하륜 등 소수)	전면적인 토지 개혁 추구	조선 개창 주도 '주례' 중시 중앙 집권 부국 강병 패도 정치 인정	사장 (한문학) 중심 (경세적 기능 중시)	성균관 집현전	성리학 이외의 사상에 관대 (도교, 불교포용)	자주 사관 (단군 중시)	남=여	주로 기호 지방 출신
사학파 (사림파)	온건파 사대부 계승 (이색, 정몽주, 길재 등 다수)	전면적인 토지 개혁에는 반대	고려 말에 역성혁명 반대 향촌자치 (서원+향약+유향소) 도덕과 의리숭상 건국 후 왕도정치추구	경학 중심 (유교경전) (관념적인 이기론 중심)	서원	성리학 이외의 학문 배척	사대적 = 존화 주의적 (기자 중시)	가부 장제	영남 일대에 세력 형성 →기호 지방에까지 확대

■ 동인과 서인

구분	동인	서인
분류	김효원 지지 세력(신진사림)	심의겸 지지 세력(기성사림)
성향	척신정치 개혁에 적극적	척신정치 개혁에 소극적
학파적 성향	이황(남인 : 서인에 대한 온건파), 조식·서경덕(북인 : 서인에 대한 강경파, 정여립의 난 때 피해↑)학파	이이(노론 : 송시열, 남인에 대한 강경파 – 기사환국 때 송시열 사약)와 성혼 학파(소론 : 윤증, 남인에 대한 온건파)
발전	정여립의 난 이후 남인과 북인으로 분화	인조반정 이후 집권/경신환국 이후 노론과 소론으로 분화

■ 정도전의 불씨잡변

석씨가 그 최초에는 걸식(乞食)하면서 먹고 살 뿐이어서, 군자는 이것을 의(義)로써 책망하여 조금도 용납함이 없었는데도, 오늘날에는 저들이 화려한 전당(殿堂)과 큰 집에 사치스러운 옷과 좋은 음식으로 편안히 앉아서 향락하기를 왕자처럼 하고, 넓은 농장과 많은 노비를 두어 문서가 구름처럼 많아 공문서를 능가하고, 분주하게 공급하기는 공무보다도 엄하게 하니, 그의 도(道)에 이른바 번뇌를 끊고 세간에서 떠나 청정(淸淨)하고 욕심 없이 한다는 것은 도대체 어디에 있다는 말인가? 가만히 앉아서 옷과 음식을 소비할 뿐만 아니라, 좋은 불사(佛事)라고 거짓 칭탁(稱托)하여 갖가지 공양에 음식이 낭자(狼藉)하고 비단을 찢어 불전(佛殿)을 장엄하게 꾸미니, 대개 평민 열 집의 재산을 하루 아침에 온통 소비한다. 아이! 의리를 저버려 이미 인륜의 해(害)가 되었고, 하늘이 내어주신 물건을 함부로 쓰고 아까운 줄을 모르니 이는 실로 천지에 큰 악(惡)이로다.

■ 조선 초기 왕권과 신권의 관계(6조 직계제와 의정부 서사제)

- 의정부의 서사를 나누어 6조에 귀속시켰다. … 처음에 왕(태종)은 의정부의 권한이 막중함을 염려하여 이를 혁파할 생각이 있었지만, 신중하게 여겨 서두르지 않았는데, 이 때에 이르러 단행하였다. 의정부가 관장한 것은 사대 문서와 중죄수의 심의뿐이었다. 〈태종실록〉

- 6조 직계제를 시행한 이후 일의 크고 작음이나 가볍고 무거움이 없이 모두 6조에 붙여져 의정부와 관련을 맺지 않고, 의정부의 관여 사항은 오직 사형수를 논결하는 일뿐이었다. 그러므로 옛날에 재상에게 위임하던 뜻과 어긋남이 있고 … 6조는 각기 모든 직무를 먼저 의정부에 품의하고, 의정부는 가부를 헤아린 뒤에 왕에게 아뢰어(왕의) 전지를 받아 6조에 내려 보내어 시행한다. 다만 이조·병조의 제수, 병조의 군사 업무, 형조의 사형수를 제외한 판결 등은 종래와 같이 각 조에서 직접 아뢰어 시행하고 곧바로 의정부에 보고한다. 만약 타당하지 않으면 의정부가 맡아 심의 논박하고 다시 아뢰어 시행토록 한다. 〈세종실록〉

- 상왕(단종)이 어려서 무릇 조치하는 바는 모두 대신에게 맡겨 논의 시행하였다. 지금 내(세조)가 명을 받아 왕통을 계승하여 군국 서무를 아울러 모두 처리하며 조종의 옛 제도를 모두 복구한다. 지금부터 형조의 사형수를 제외한 모든 서무는 6조가 각각 그 직무를 담당하여 직계한다. 〈세조실록〉

의정부 서사제는 의정부가 주요 사항을 의정부에서 논의한 후 왕에게 올려 결재를 받는 방식이고, 6조 직계제는 왕이 의정부를 배제하고 직접 6조로부터 업무를 보고 받아 결정하는 체제이다. 왕권이 비교적 강하던 태종이나 세조 시기에는 6조 직계제가 시행되었고, 신권을 보장하던 세종 시기에는 의정부서사제가 시행되었다.

CHAPTER 04
조선

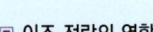

■ 이조 전랑의 역할

무릇 내외의 관원을 선발하는 것은 3공에게 있지 않고 오로지 이조에 속하였다. 또한 이조의 권한이 무거워질 것을 염려하여 3사 관원의 선발은 판서에게 돌리지 않고 낭관(郎官)에게 오로지 맡겼다. 따라서 이조의 정랑과 좌랑이 또한 3사의 언론권을 주관하게 되었다. 3공과 6경의 벼슬이 비록 높고 크나, 조금이라도 마음에 차지 않는 일이 있으면 전랑(銓郎)이 3사의 신하들로 하여금 논박하게 하였다. 이 때문에 전랑의 권한이 3공과 견줄 만하였다. 이것이 바로 크고 작은 벼슬이 서로 엮이고 위와 아래가 서로 견제하여 300년 동안 큰 권세를 농간하는 신하가 없었고, 신하의 세력이 커져서 임금이 제어하기 어려웠던 근심이 없었던 까닭이다. 〈택리지〉

조선의 인사는 고급 관료들의 회의에서 3명을 추천하여 그중 한 사람을 왕이 낙점하는 것이었는데, 이조 전랑이 인사 회의에서 추천자 명단을 기록하게 되어 있어 자신의 마음에 들지 않는 사람의 추천을 거부할 수 있었다. 따라서 3사 관리의 추천권을 가진 이조 전랑이 의견 일치가 쉽지 않은 3사의 의견을 통일하는 데 중요한 역할을 하면서 사림 전체의 의견을 대변할 정도로 큰 영향력을 발휘하였다.

■ 유향소

국가가 향소(鄕所)를 설치하고 향임(鄕任)을 둔 것은 수령을 중히 생각해서였다. 수령이란 임금의 나랏일에 대한 걱정을 나누어 어떤 지역의 사람을 다스리는 자이다. 그러나 수령은 임기가 정해져 있어 늘 바뀌고 있다. 늘 새 사람이라는 것은 일을 함에 잘못을 저지르기 쉽다. 비록 백성의 일에 뜻을 둔다 하여도 먼 곳까지 상세히 살필 겨를이 없다.

따라서 각 고을에 명령을 내려 충성스럽고 부지런하며 일을 잘 처리할 수 있는 사람을 골라 한 고을의 기강을 바르게 하고 일정한 임무를 주어 일을 하도록 한다. 그런 뒤에야 왕은 수령을 눈과 귀로 삼고 백성들의 기둥으로 삼아 의지하게 만든다. 〈여헌선생문집〉

■ 대간의 역할

대간은 마땅히 위엄과 명망이 우선되어야 하고 탄핵은 뒤에 하여야 한다. 왜냐하면 위엄과 명망이 있는 자는 비록 종일토록 말하지 않더라도 사람들이 스스로 두려워 복종할 것이요, 이것이 없는 자는 날마다 수많은 글을 올린다 하더라도 사람들은 더욱 두려워하지 않기 때문이다. 대개 강한 뜻과 정직한 지조가 본래 사람들에게 알려지지 못한 채 한갓 탄핵만으로 여러 신하들을 두렵게 하고 안과 밖을 깨끗이 하려 한다면 기강은 떨쳐지지 못하고 원망과 비방이 먼저 일어날까 두렵다. …천하의 득실과 백성들을 이해하고 사직의 모든 일을 간섭하고 일정한 직책에 매이지 않는 것은 홀로 재상만이 행할 수 있으며 간관만이 말할 수 있을 뿐이니, 간관의 지위는 비록 낮지만 직무는 재상과 대등하다.

조선은 유교의 왕도정치를 이상으로 삼고 민본주의를 정치의 핵심과제로 중시하였으며, 특정한 권신의 횡포나 국왕의 전제를 방지하기 위해 삼사(사간원, 사헌부, 홍문관)를 두어 서경과 간쟁의 기능을 담당하게 하였다. 삼사의 관원들 중에서도 사간원과 사헌부 양사의 관원들을 대간이라고 하였는데 이들은 청렴하고 성품이 강직한 사람들 중에서 골라서 임명되었으며, 재상이나 판서의 정치적 간섭을 받지 않았다. 따라서 정치권력 간에 균형과 견제의 원리가 지켜질 수 있었다.

■ **양반 지배층의 시대 상황 인식이 문화에 끼친 영향**

- 주화(主和) 두 글자가 신의 일평생에 허물이 될 줄 압니다. 그러나 신은 아직도 오늘날 화친하려는 일이 그르다고 생각하지 않습니다. … 자기의 힘을 헤아리지 아니하고 경망하게 큰소리를 쳐서 오랑캐의 노여움을 사고 끝내 백성을 도탄에 빠뜨리며 종묘와 사직에 제사 지내지 못하게 된다면 그 허물이 이보다 클 수 있겠습니까. 〈지천집〉

- 화의가 나라를 망친 것은 어제오늘의 일이 아닙니다. 옛날부터 그러하였으나 오늘날처럼 심한 적은 없었습니다. 명은 우리나라에게는 부모의 나라입니다.(신하된 자로서) 부모의 원수와 형제의 의를 맺고 부모의 은혜를 저버릴 수 있겠습니까. 〈인조실록〉

최명길 등 주화론자의 사상은 청의 군신 관계 요구에 명분보다는 국제 정세의 현실과 국가의 실질적인 이득을 중요시한 것이었다. 반면 윤집 등이 주장한 척화론은 성리학적 명분론(화이론적 세계관)과 명에 대한 의리에 입각하여 청과의 전쟁도 불사하자는 주장이었다. 주화론자의 주장은 훗날 서울 출신 집권 노론의 일부 학자들에 의해 북학론으로 이어지고, 척화론자의 주장은 병자호란 후 청을 정벌하여 임진왜란 때 우리를 도와 준 명에 대해 의리를 지키고 병자호란 때 당한 수치를 씻자는 북벌론으로 이어지게 된다.

■ **붕당정치의 올바른 이해**

- 타율적 권위에 의존하여 자기를 주장하는 정신은 독립성이 없고, 그 곳에서 사람들이 서로 의존하는 당파적 성격이 길러지는 것은 자연스런 일이다. 유력한 권위 아래 모이고, 혹은 특수한 사회 결합에 의존하여 당파를 맺는 것은 조선의 두드러진 국민성으로서, 정치, 사회의 대립에서부터 다 같이 두드러지게 나타나고 있다. 붕당의 다툼은 스스로의 생활 의식의 대립에서부터 일어나는 것이 아니다. 주자학의 원리, 특히 예론에 따른 일종의 의존적 대립인 까닭에 종합되어 앞으로 나아가는 때는 없고, 언제까지나 의미 없는 대립으로서 성과 없는 항쟁을 계속한다. 그 항쟁의 길이에 있어서는 세계적 기록이라고 하여도 과언이 아니다. 〈조선사 개설〉

- 붕당 정치는 상대 세력과의 공존을 특색으로 하여 학파에 토대를 두고 형성된 각 붕당 사이의 공론에 입각한 상호 비판과 견제를 원리로 하는 정치 운영 형태를 말한다. 즉, 붕당 정치는 공론에 입각하여 몇 개의 붕당이 공존하면서 서로 비판하고 견제하는 정치 체제이다.

양난을 겪으면서 양반들은 지배 체제 유지에 대한 위기감으로 양반 지배층 내의 결속을 강화할 필요성을 느끼게 되었다. 이에 상대 붕당의 존재를 인정하고 정권 참여를 허용하는 공존의 정권 참여를 허용하는 공존의 정치 원리를 지켜 나갔다. 붕당은 학파적 성격과 정파적 성격을 동시에 가진다. 조정에서는 어떤 정책을 논의할 경우, 각 붕당은 그 정책이 이론적으로 타당한지 검토하고, 여론을 광범위하게 수렴하면서 토론을 벌였다. 이렇게 수렴된 여론을 공론이라 하는데, 공론이 중시되는 정치가 전개되었던 것이다.

하지만 일본은 식민통치를 합리화하기 위하여 붕당정치 본래의 긍정적인 기능은 외면한 채 우리 역사의 부정적인 부분만을 강조하여 열등감을 조성하고자 하였다. 이러한 과정에서 만들어진 것이 정체성론, 타율성론, 당파성론과 같은 것이었다.

CHAPTER 04
조선

■ 붕당 정치의 전개

시기	서인 세력		중요 사건	동인 세력	
선조	서인(심의겸, 소극적)		• 척신 정치의 잔재 청산 문제 • 을해당론(이조전랑 문제)	동인(김효원, 적극적)	
	열세		• 정여립의 난(서인 정철 승리) • 건저의 사건(동인 승리)	남인 (이황학파, 서인에게 온건)	북인 (조식·서경덕학파, 서인에게 강경)
				우세	열세
	열세		• 영창대군(소북) • 광해군(대북)	열세	소북 | 대북
					우세 | 열세
광해군	열세		북인의 중립 외교, 대동법	열세	열세 | 우세
인조	우세		서인의 친명배금	열세	
효종	우세		서인의 북벌 운동	열세	
현종	우세		기해예송(효종 사망)	열세	
	열세		갑인예송(효종비 사망)	우세	
숙종	우세 – 서인의 분열		경신환국(허적, 윤휴 사사)	열세	
	노론 (송시열, 이이학파, 남인에게 강경)	소론 (윤증, 성혼학파, 남인에게 온건)			
	열세		기사환국(송시열 사사)	우세	
	열세	우세	갑술환국(장희빈 후궁 강등)	열세	
	우세	열세	무고의 옥(장희빈 사사)	열세	
경종	열세	우세	신임사화(소론이 노론 공격)	열세	
영조	우세	열세	이인좌의 난, 임오화변	열세	
정조	노론벽파		시파(노론, 소론, 남인) 임오화변으로 벽파와 시파 형성		
	열세		우세		
순조	우세		열세, 정순왕후(노론 벽파)의 신유박해		
	열세		우세, 김조순(안동 김씨), 조선교구		
헌종	우세		열세, 풍양 조씨(벽파) 집권, 기해박해		
철종	열세		우세, 안동 김씨 집권		

상호공존체제 (인조~현종)

일당 독재화 (붕당 정치 변질) (숙종~영조)

세도 정치 (순조~철종)

■ 붕당정치의 폐해

신축·임인년(1721·2)이래로 조정에서 노론, 소론, 남인의 삼색(三色)이 날이 갈수록 더욱 사이가 나빠져 서로 역적이란 이름으로 모함하니 이 영향이 시골에까지 미치게 되어 하나의 싸움터를 만들었다. 그리하여 서로 혼인을 하지 않을 뿐만 아니라 다른 당색(黨色)끼리는 서로 용납하지 않는 지경에까지 이르렀다. 대체로 당색이 처음 일어날 때에는 미미하였으나 자손들이 그 조상의 당론을 지켜 200년을 내려오면서 마침내 굳어져 깨뜨릴 수 없는 당이 되고 말았다. 근래에 와서는 사색(四色)이 모두 진출하여 오직 벼슬만 할뿐, 예부터 저마다 지켜온 의리는 쓸모없는 물건처럼 되었고, 사문(斯文:유학)을 위한 시비와 국가에 대한 충역은 모두 과거의 일로 돌려 버리니 …

〈택리지〉

정치 기강이 문란해지면서 그 대립과 분열이 격화되었다. 나라나 백성보다는 자기 당파의 이익을 앞세우고, 이념보다는 학벌·문벌·지방의식과 연결되어 발전에 지장을 주기도 하였다.

CHAPTER 04
조선

■ **독도의 역사**

① 삼국시대 : 신라 지증왕 13년(512)에 이사부가 우산국을 복속한 이래 우리의 영토였다.

② 고려시대 : 고려 태조 13년(930)에 "고려가 개창하자 우산국은 토산물을 바쳤다."고 하며 고려에 귀속되어 조공 관계를 유지하였다.

③ 조선시대

　㉠ 태종 17년(1417) : 공도(空島) 정책을 실시하여 섬 주민을 본토로 옮겨 살게 하면서 관리가 소홀해졌다.

　㉡ 세종 7년(1425) : '우산도(于山島)'로 호칭하였다.

　㉢ 단종 2년(1454) : 〈세종실록지리지〉에 강원도 울진현조에 소속되어 있으며 무릉도(울릉도)와 우산도(독도)를 형제섬으로 처음 기록하였다.

　㉣ 중종 25년(1530) : 〈신증동국여지승람〉에 첨부된 '팔도총도'에 우산도(독도)가 울릉도 안쪽에 별개의 섬으로 그려져 있다.

　㉤ 숙종 26년(1699) : 부산 어민 안용복이 일본에까지 건너가 울릉도와 독도가 우리 영토임을 확인시켰으며, 일본 막부는 울릉도와 부속 도서를 우리 영토로 인정하는 문서를 조선 조정에 보내 왔다.

　㉥ 고종 18년(1881) : 공도(空島) 정책을 중단하였으며 '독도(獨島)'라는 호칭이 출현하였다. 일본 어민들의 침범이 계속되자, 이듬해에는 개척령을 공포하여 주민의 이주를 장려하였고, 1895년부터 도장(島長)을, 1898년부터 도감(島監)을 중앙에서 파견하였다.

④ 대한 제국 시기

　㉠ 울릉도의 독도 관할(1900) : '대한 제국 칙령 제41호'로 독도가 대한 제국의 영토임을 세계에 공표하였으며, 울릉도를 울도군으로 승격시키고 관할 구역에 석도(독도)를 함께 규정해 놓았다.

　㉡ 일본의 독도 강탈

　　• 1904년 2월 : 러·일 전쟁 당시에 불법 점령하였다.

　　• 1905년 2월 22일 : 독도를 다케시마(竹島)라 개칭하고 일본 시마네 현(島根縣) 고시(告示) 40호로 일본 영토에 강제 편입시켰다.

　　• 1906년 3월 : 일본이 울릉군수 심흥택에게 독도의 시마네 현 편입을 통보하였다.

　㉢ 대한 제국의 대처

　　• 일본이 독도의 시마네 현 편입을 통보하자 대한매일신보와 황성신문 등에서 크게 항의하였으며, 당시 의정부 참정대신 박제순은 독도가 대한 제국의 영토임을 지령 제3호(1906. 5. 20)로 분명히 밝혀 놓았다.

　　• 정부는 울릉도와 독도의 소속을 강원도에서 경상북도로 편입시키고 남면·서면·북면으로 개편하였다(1906).

02 조선의 경제, 사회, 문화

01 조선의 경제

(1) 조세제도
조운으로 경창에 운송(평안도, 함경도는 잉류지역으로서 군사비와 사신접대비로 사용)

(2) 토지제도
① 과전법 : 전현직 관리에 지급
② 직전법(세조) : 토지부족으로 현직 관리에게만 지급, 수신전(과부)과 휼양전(고아) 폐지, 관리들이 1/10 이상 징수
③ 관수관급제(성종), 현물녹봉제(명종) : 국가가 경작자에게 조를 받아 현직 관리에게 지급

(3) 수취체제
① 전세 : 세종 때 전분6등법과 연분9등법(20두 ~ 4두) 시행 → 인조 때 영정법(풍흉 고려 ×)
② 공납 : 방납의 폐단 발생 → 광해군 때 대동법 시행(경기도)

CHAPTER 04
조선

㉠ 대동법
- 토지 결수에 따라 쌀(1결당 12두)·삼베·면포·동전 등 징수
- 공인(왕실에 물품 조달, 독점도매상인인 도고로 발전) 등장
- 상품화폐경제 발달

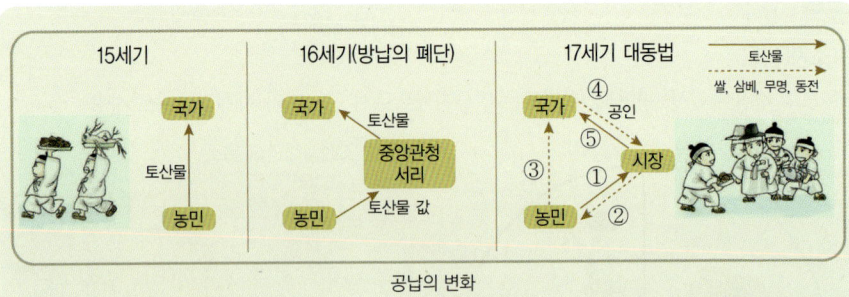

공납의 변화

③ 군역 : 양인개병제(보법) → 군역의 문란으로 대립·방군수포 성행(1인당 2필) → 영조 때 균역법(1인당 1필)
  ㉠ 양인개병제 : 16 ~ 59세의 양인남자에게 군역 부과, 양반과 학생 등은 면제
  ㉡ 보법 : 정군(군역 담당)과 보인(정군 비용 부담)으로 구성
  ㉢ 균역법
  - 농민들의 군포 부담을 1년에 2필에서 1필로 줄여 줌
  - 지주(결작, 토지 1결당 쌀 2두), 부농(선무군관포), 왕실(어장세, 염세, 선박세)에게 부족분 보충

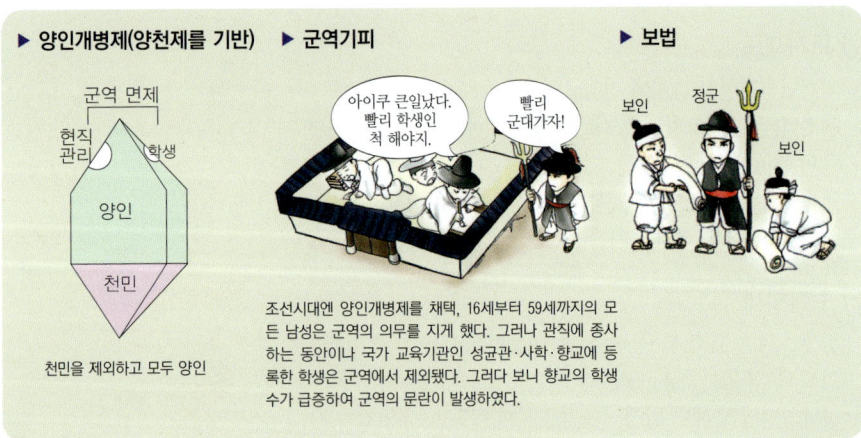

대립제
15세기 무렵부터 다른 사람에게 군복무를 대신하게 하고 대가를 지불했다.

방군수포제
현역 복무를 하지 않고 국가에 군역세를 내면 국가가 군사를 모집해 국방의 의무를 지게 했다.

▶ 균역법의 재정 보충

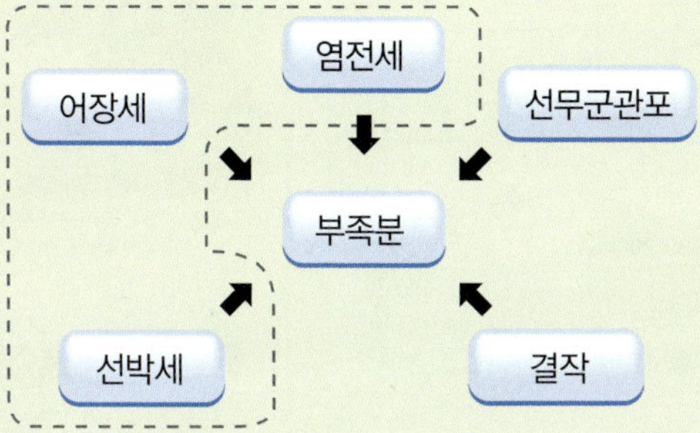

- 어장세
- 염전세
- 선무군관포
- 선박세
- 부족분

▶ 결작

농민은 군역 부담을 2필에서 1필로 줄여주고 그 대신 지주에게 결작이란 이름으로 1필당 2두를 징수하였다.

(4) 농업
① 조선 후기에 이앙법과 견종법 확산, 상품화폐작물 재배 확산(쌀, 담배, 채소 등)
② 지대 : 타조법(정률지대, 지주와 소작인이 신분적 종속 관계) → 도조법(정액지대, 지주와 소작인이 경제적 계약 관계, 자유로운 영농 가능)

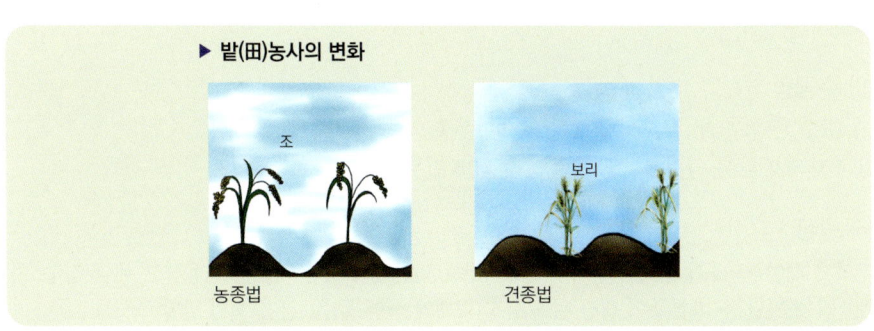

▶ 밭(田)농사의 변화

농종법 / 견종법

▶ **영농 기술 발달의 영향**

저수지↑

직파법 → 이양법 →
농종법 → 견종법 →
생산력 증대, 노동력 절감 → 광작 출현 → 소수 농민 : 부농 / 다수 농민 : 토지이탈 → 농민의 계층 분화 심화

▶ **논농사의 변화**

1. 직파법(直播法)

조선 전기까지는 대개 논에 직접 볍씨를 뿌리고 재배하는 직파법이었다.

직파법은 수확할 때까지 3~4차례 김을 매야 하는 등 이양법에 비해 힘이 많이 들었다.

2. 이양법

5월 하순~6월 중순

벼와 보리는 생육기간이 겹치는 시기(5월 하순~6월 초순)가 있어 한 농경지에서 재배할 수 없다. 그러나 이양법은 그림처럼 작은 면적의 못자리에서 벼를 키우기 때문에 벼와 보리를 같이 재배할 수 있다. 보리를 거둔 후 모판의 벼를 옮기는데 보리를 수확할 때 잡초도 같이 제거되어 노동력 절감에도 큰 효과가 있다.

이양법은 김매기(잡초 제거)가 편해 일손이 많이 필요하지 않으나 이앙할 때는 많이 필요하므로 두레가 발달했다.

- 이앙법
  전래(고려 말), 확대(18세기)
- 저수지 · 두레
  시작(삼한), 확대(18세기)

3. 이앙법의 결과

① 상품화폐경제의 발달

이앙법은 벼와 보리를 같이 생산할 수 있어 상품화폐경제가 발달했다.

② 농민의 계층화

이앙법은 생산력 증대뿐 아니라 잡초를 제거하는 데 유리해 노동력이 절감되었다. 이에 소수 농민은 광작으로 경영형 부농이 되었으나 많은 농민은 소작지를 잃고 상인·임노동자·광부가 되었다.

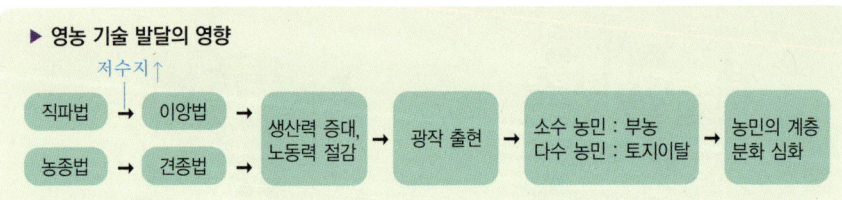

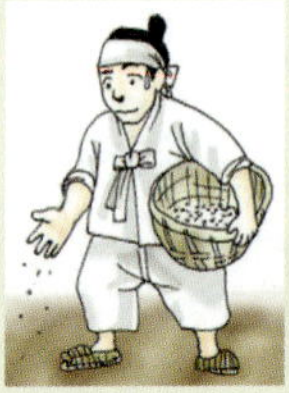

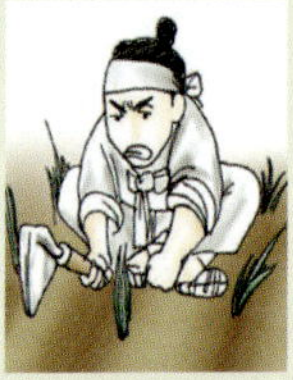

(5) 수공업

① 관영수공업(전기) → 부역제 해이 → 민영수공업(후기)

② 선대제가 다수, 공장제 수공업(독립 수공업) 일부 발달

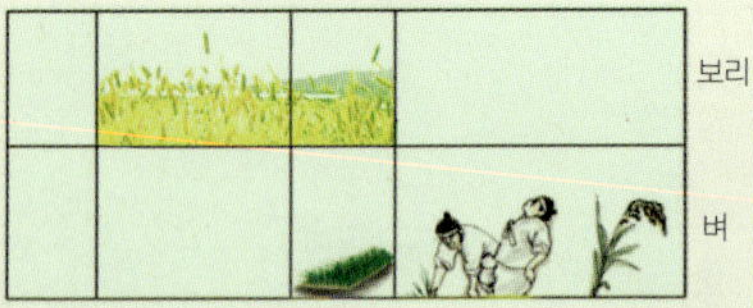

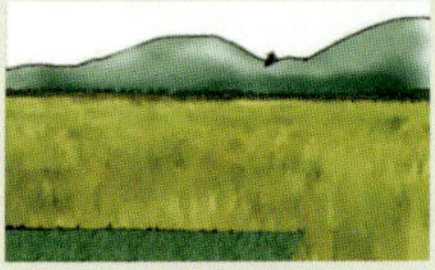

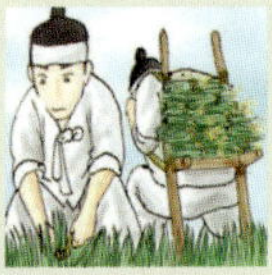

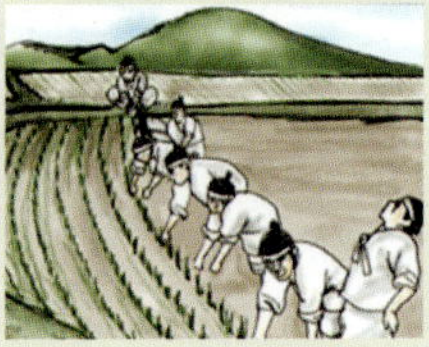

(6) 광산

부역제 해이 → 조선 후기에 설점수세제(정부가 민간인의 광산 채굴을 허용하고 세금 징수, 사채), 잠채 발달 → 자본주의 생산 관계 등장(덕대와 상인 물주), 분업·협업 발달

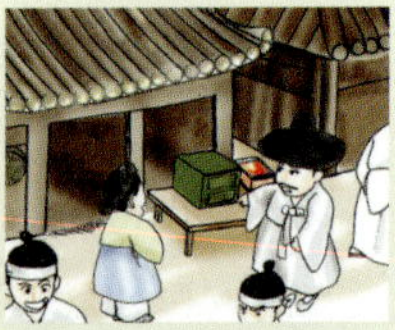

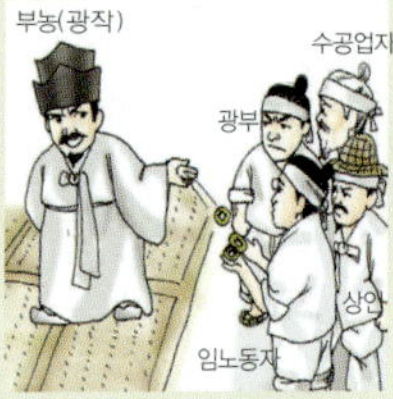

(7) 상업
조선 초기에는 시전 중심(경시서에서 감독), 조선 후기에 장시(보부상) 발달, 사상(종루, 칠패, 이현) 발달, 포구 무역 발달
① 만상(의주, 대청무역) , 내상(동래, 대일무역), 송상(개성, 전국에 송방 설치)
② 선상 : 선박으로 세곡선 운반 → 선박 제조업 등에도 진출
③ 객주, 여각 : 상품 매매, 보관, 숙박, 금융업

(8) 화폐
① 상평통보의 전국적 유통, 대규모 상거래에 환·어음 등 신용 화폐 사용
② 전황 : 화폐가 고리대나 재산 축적에 이용되면서 유통 화폐가 부족해짐

02 조선의 사회

(1) 조선의 신분제도

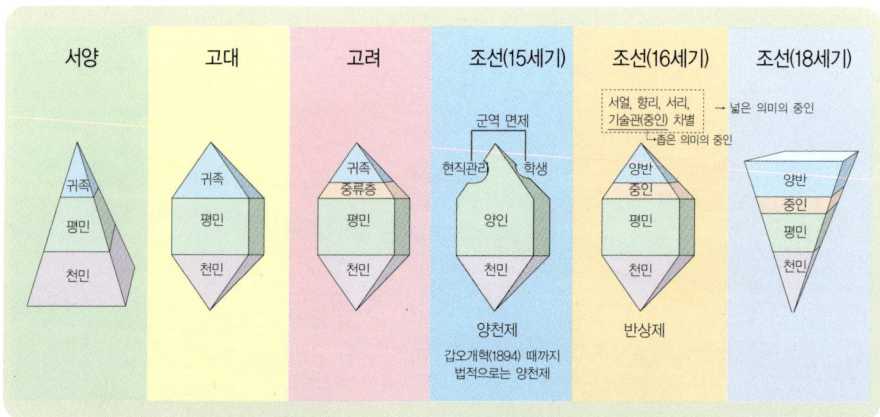

(2) 서원, 향약, 유향소
① 유향소 : 향촌 양반들의 모임, 수령을 견제, 자문(서울의 경재소에서 유향소 견제)
② 서원 : 중종 때 주세붕이 백운동 서원(최초의 사액서원으로 소수서원이 됨) 건립
③ 향약 : 중종 때 조광조의 건의로 실시

▶ 사림파의 기반

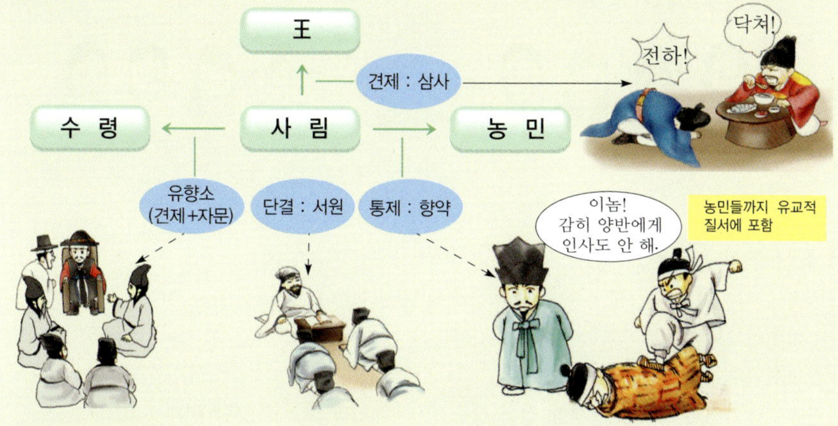

향음주례  / 향사례

(3) 17세기 성리학적 질서 강화

가묘, 족보, 예학의 발달 그리고 부계 중심의 가족 제도 강화

▶ 예학과 보학의 발달

▶ 가묘(내부모습)

▶ 양반의 주택

17C부터 안채와 사랑채가 구분 되었다.

CHAPTER 04
조선

(4) 조선 후기 신분제의 동요
① 양반 : 중앙 권력을 장악한 양반과 중앙에서 밀려난 향반, 잔반으로 분화
② 중인층의 신분 상승 운동 : 정조 때 서얼들이 규장각 검서관으로 진출 → 중인(기술관)들의 대규모 소청운동(실패)
③ 평민 : 납속책과 공명첩을 통해 신분 상승, 족보 매입과 위조로 양반 행세
④ 노비 : 노비종모법(아버지가 천인이라도 어머니가 양인이면 그 자식이 양인이 될 수 있도록 한 조치), 일부 공노비 해방

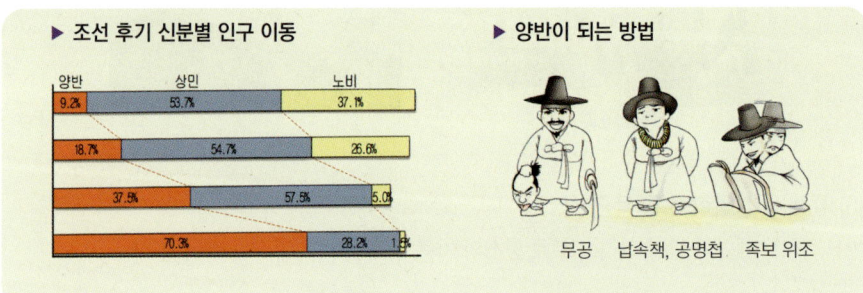

(5) 향전
① 향전 발생 : 신향과 구향이 향촌 지배권(유향소)을 놓고 대립 → 구향 약화, 수령과 향리의 권한 강화
② 유향소(향회)의 역할 변화 : 구향의 이익 대변 → 수령의 부세자문 기구

03 조선의 문화

(1) 역사서
① 조선 전기 : 〈고려사〉, 〈고려사절요〉, 〈동국통감〉, 〈조선왕조실록〉
② 조선 후기 : 안정복의 〈동사강목〉(중국 중심의 사관 탈피), 이종휘의 〈동사〉(고구려사와 발해사 연구), 유득공의 〈발해고〉(발해사 연구, 남북국시대 강조), 이긍익의 〈연려실기술〉(조선의 정치와 문화 정리), 한치윤의 해동역사(중국과 일본 사서 참고), 김정희의 〈금석과안록〉(진흥왕 순수비 고증)

(2) 법전 : 〈조선경국전〉, 〈경제육전〉(조선 초기) → 〈경국대전〉(성종) → 〈속대전〉(영조) → 〈대전통편〉(정조) → 〈대전회통〉, 〈육전조례〉(흥선대원군)

(3) 윤리서 : 〈소학〉, 〈주자가례〉, 〈삼강행실도〉, 〈국조오례의〉

(4) 지리서
① 조선 전기 : 〈동국여지승람〉
② 조선 후기 : 한백겸의 〈동국지리지〉, 정약용의 〈아방강역고〉, 이중환의 〈택리지〉(각 지방의 자연환경과 인물, 풍속, 물산 등 수록)

(5) 지도
① 조선 전기 : 혼일강리역대국도지도
② 조선 후기 : 정상기의 동국지도(최초로 100리척 사용), 김정호의 대동여지도, 마테오리치의 곤여만국전도(중화사상이 약해지는 계기)

혼일강리역대국도지도의 우리나라와 중국 부분(일본 류코큐 대학 소장)

곤여만국전도
마테오리치가 그린 세계지도이다. 이 지도는 중국이 세계의 중심이라는 중국인들의 인식에 충격을 주었다.

(6) 과학기술

천상열차분야지도, 혼천의·간의(천체 관측), 앙부일구·자격루(시간측정) 제작, 측우기, 신기전, 인지의·규형(토지 측량)

간의

자격루

천상열차분야지도 각석(태조)
(국립 중앙 박물관 소장)

앙부일구

신기전 상상도

인지의, 규형(세조)

측우기

(7) 농서
① 조선 전기 : 〈농사직설〉(우리 풍토에 맞는 자주적 농서, 세종), 〈금양잡록〉
② 조선 후기 : 〈농가집성〉, 〈산림경제〉

(8) 의서
① 조선 전기 : 〈향약집성방〉(세종), 〈의방유취〉(의학백과사전, 세종)
② 조선 후기 : 허준의 〈동의보감〉, 이제마의 〈동의수세보원〉(사상 의학)

(9) 건축
① 15세기 : 궁궐, 성곽, 원각사지 10층 석탑
② 16세기 : 서원
③ 17세기 : 법주사 팔상전, 화엄사 각황전, 금산사 미륵전
④ 18세기 : 화성

법주사 팔상전(보은)

(10) 문학
① 15세기 : 〈동문선〉(성종 대 서거정 등이 우리나라의 역대 시문 중 뛰어난 작품을 모아 만든 책)
② 16세기 : 황진이
③ 18세기(서민문화) : 한글소설과 사설시조, 판소리와 탈춤 유행, 중인층의 시사 조직

한글 소설을 읽어주는 사람

가면극의 유행

(11) 그림
① 15세기 : 안견의 몽유도원도, 강희안의 고사관수도
② 16세기 : 사군자(선비의 지조와 절개를 상징하는 대나무, 매화, 난초, 국화를 그린 그림, 신사임당의 초충도)
③ 18세기 : 진경산수화(정선의 인왕제색도), 풍속화(김홍도와 신윤복), 민화(무명작가, 생활 공간 장식)

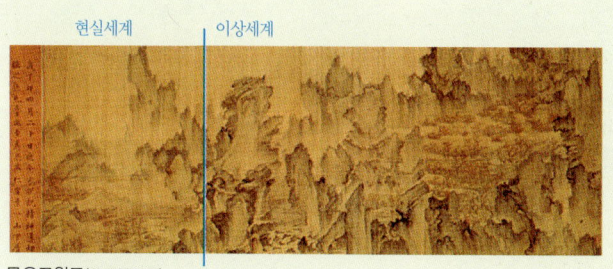

몽유도원도(夢遊桃源圖)
→ 안견(화원 출신)에게 안평대군이 꿈속에 본 도원을 그리게 한 것(일본 덴리 대학 소장) 자연스러운 현실 세계와 환상적인 이상 세계를 능숙하게 처리하고 대각선적인 운동감을 활용하여 구현한 걸작이다.

고사관수도(高士觀水圖)
→ 강희안(문인 출신)
간결하고 과감한 필치로 인물의 내면세계를 느낄 수 있게 표현하였다.

초충도(신사임당)

인왕제색도(정선)

까치와 호랑이(민화)

단오풍정(신윤복)

자리짜기(김홍도)

(12) 자기
① 15세기 : 분청사기
② 16세기 : 백자
③ 18세기 : 청화 백자

분청 사기 조화 어문 편병(15세기)

분청 사기 철화 어문 병
15세기(청자에 백토의 분을 칠한 것/구김살 없는 멋 표현)

순백자 병
16세기(순백의 고상함 표현/선비의 취향)

청화 백자 죽문 각병
18세기(흰 바탕에 푸른색 그림/청아한 한국의 정취)

(13) 음악
① 세종 : 정간보라는 악보 제작
② 성종 : 악학궤범(음악백과사전)

(14) 서예
① 18세기 : 이광사의 동국진체

② 19세기 : 추사 김정희의 추사체

김정희의 추사체
죽로지실(竹爐之室)이란 글자로 친구에게 써 준 다실(茶室)의 명칭

조선의 서예를 망친 것은 바로 이광사라고 갈파한 것은 그의 심정을 단적으로 표현한 것이라 하겠다. 추사의 글씨는 예서에서 출발하고 있으면서 예서의 변형인 한대의 필사체를 충분히 익혀 부조화스러운 듯하면서 조화되는 글씨의 아름다움을 천성으로 터득하고 있다.

(15) 달력
① 조선 전기 : 칠정산(우리나라에 맞는 달력, 세종)
② 조선 후기 : 시헌력(서양 역법)

(16) 성리학의 발달
① 이황 : 이(理)중시, 도덕적 행위의 근거로 심성을 중시, 근본적·이상주의적 성격, 〈성학십도〉, 〈주자서절요〉 저술, 영남 학파 형성에 영향, 일본 성리학 발전에 영향('동방의 주자'라고 불림)
② 이이 : 기(氣)중시, 이황에 비해 현실적·개혁적 성격 〈동호문답〉(통치 체제의 정비와 수취 제도의 개혁, 즉 수미법 주장), 〈성학집요〉(신하의 적극적인 역할 중시)저술, 기호 학파 형성에 영향

(17) 성리학의 절대화 : 숙종 때 윤휴와 박세당이 사문난적으로 몰림

(18) 양명학 : 지행합일 강조, 숙종 때 정제두가 강화학파 형성

양명학

(19) 실학 : 중농학파(토지 분배)와 중상학파(상업 발달)

(20) 중농학파
① 유형원 : 균전론 주장, 관리, 선비, 농민 등에게 신분에 따라 토지 차등 지급 → 자영농 육성, 〈반계수록〉 저술

CHAPTER 04
조선

② 이익 : 한전론 주장, 영업전을 설정하여 매매 제한, 〈성호사설〉 저술
③ 정약용 : 여전제(토지의 공동 소유·공동 경작, 노동량에 따른 수확량 분배) → 정전제, 〈목민심서〉와 〈경세유표〉 저술, 거중기 제작(화성건설), 실학을 집대성

▶ 균전론(유형원)에서 토지 분배(차등분배)
- 관리
- 선비
- 농민

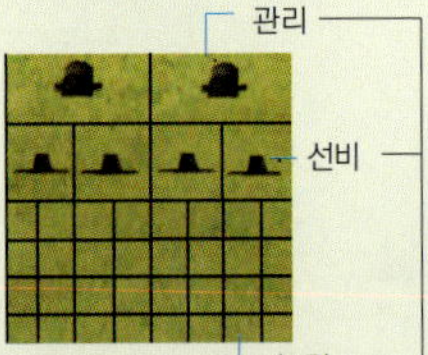

균전론
관리와 선비가 농민보다 더 많이 토지를 분배받으므로 성리학적 한계성을 크게 벗어나지 못했다.

▶ 한전론(이익)상의 토지 분배
- 영업전(매매 금지)
- 하한선
- 매매 허용

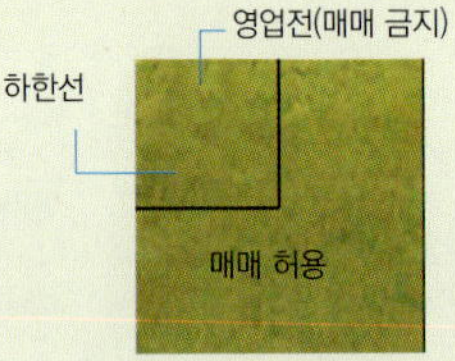

한전론
cf) 박지원(중상학)파의 한전론은 상한선

▶ 주나라의 정전제 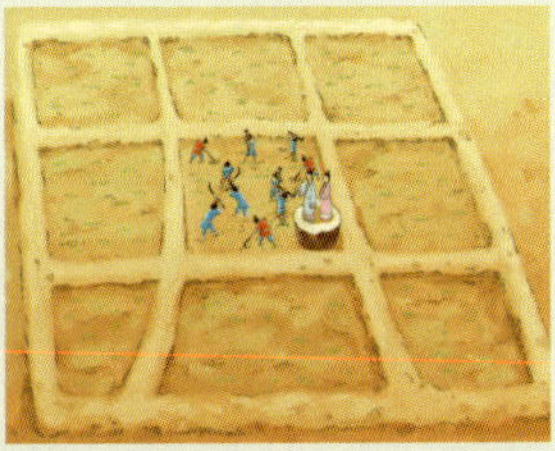
정전제는 주나라의 토지제도로 토지를 우물 정(井) 자로 9등분하여 여덟 농민에게 분배하고 나머지 1은 공동으로 경작하여 국가에 조세로 납부하게 하는 제도이다.

거중기

(21) 중상학파(북학파)
① 유수원 : 사농공상의 직업적 평등과 전문화 주장, 〈우서〉 저술
② 홍대용 : 문벌제도 철폐, 지전설 주장, 〈의산문답〉 저술

▶ 홍대용의 혼천의

▶ 지전설
지구는 둥그니 청은 지구의 중심이 아니야. (김석문)
물론이지, 지구도 우주의 중심이 아니지 (무한 우주론) (홍대용)

③ 박지원 : 수레·선박의 이용과 화폐 유통의 필요성 강조, 〈양반전〉과 〈열하일기〉 저술
④ 박제가 : 수레·선박의 이용과 소비 강조(우물론), 〈북학의〉 저술

(22) 천주교

① 전래 : 17세기 중국을 왕래한 사신들에 의해 서학으로 전래
② 확산 : 18세기 후반 경기 남인들이 신앙으로 수용, 인간 평등, 내세 사상으로 하층민과 부녀자들 사이에 확산
③ 박해 : 순조 초기 노론 벽파의 탄압(신유박해) → 백서사건(황사영이 신유박해 이후 청의 베이징 주교에게 조선에 군대를 보내달라는 청원서를 보내려다 발각된 사건)

(23) 동학

① 창시 : 1860년 경주에서 최제우가 창시
② 특징 : 유교+불교+도교(주문과 부적)
③ 내용 : 시천주, 인내천 강조(신분제 폐지), 후천개벽, 여성과 어린아이의 인격 강조
④ 확산 : 2대 교주 최시형의 〈동경대전〉과 〈용담유사〉 편찬

CHAPTER 04
조선

자료탐구

대립제
15세기 무렵부터 다른 사람에게 군복무를 대신하게 하고 대가를 지불했다.

방군수포제
현역복무를 하지 않고 국가에 군역세를 내면 국가가 군사를 모집해 국방의 의무를 지게 했다.

■ 성리학적 경제관

- 검소한 것은 덕(德)이 함께 하는 것이며, 사치는 악(惡)이 큰 것이니 사치스럽게 사는 것보다는 차라리 검소해야 할 것이다.
- 농사와 양잠은 의식(衣食)의 근본이니, 왕도 정치에서 우선이 되는 것이다.
- 우리나라에는 이전에 공상(工商)에 관한 제도가 없어, 백성들 중 게으르고 놀기 좋아하는 자들이 수공업과 상업에 종사하였기 때문에 농사를 짓는 백성이 줄어들었으며, 말작(末作 : 상업)이 발달하고 본실(本實 : 농업)이 피폐하였다. 이것을 염려하지 않을 수 없다. 〈조선경국전〉

자료의 성리학적 경제관은 크게 세 가지이다. 검약 중시, 농사와 양잠 중시 그리고 상업 천시이다. 한 마디로 상공업을 억제하고 중농정책을 실시하여 자급자족 경제구조를 유지하는 것이 성리학적 질서와 부합한다고 보았던 것이다. 이러한 지배층의 경제관념이 현실 경제 정책에 영향을 미쳐 조선 전기까지는 상공업과 화폐 유통은 전반적으로 부진했다.

■ 과전법의 시행

공양왕 3년 5월, 도평의사사가 글을 올려 과전을 지급하는 법을 정할 것을 요청하니 왕이 따랐다.… 경기는 사방의 근본이니 마땅히 과전을 설치하여 사대부를 우대한다. 무릇 경성에 거주하는 자는 시산(時散)을 막론하고 과에 따라 과전을 받는다.… 무릇 수전자가 죽은 후, 그의 아내가 자식이 있고 수신하는 자는 부의 과전 모두를 전수받고, 자식이 없이 수신하는 자의 경우는 반을 감하여 전해 받으며,… 부모가 모두 사망하고 그 자손이 유약한 자는 마땅히 휼양하여야 하니 그 아버지의 과전 전부를 전해 받고, 20세가 되는 해에 본인의 과에 따라 받는다. 〈고려사〉, 식화지

고려 말의 문란해진 토지제도를 개선하여 신진사대부의 경제기반 확보와 농민들의 생활을 안정시켜 국가 재정을 회복하기 위하여 공양왕 3년(1391)에 과전법이 실시되었다. 이로써 경제적 실권은 이성계와 신진사대부들에게 넘어가게 되었고, 조선 건국의 경제적 기반이 되었다.

■ 조선의 농업장려 정책

성세창이 아뢰기를 "임금이 나라를 다스리는 데 백성을 교화시키는 것이 중요합니다. 그러나 먼저 살게 한 뒤 교화시키는 것이 옳습니다. 세종 임금이 농상(농업과 뽕나무 심기)에 적극 힘쓴 까닭에 수령들이 사방을 돌면서 살피고 농상을 권하였으므로 들에 경작하지 않은 땅이 없었습니다. 요즘에는 백성 중에 힘써 농사짓는 사람이 없고, 수령도 들에 나가 농상을 권하지 않습니다. 감사 또한 권하지 않습니다. 특별히 지방에 타일러 농상에 힘쓰도록 함이 어떻습니까?"라고 하였다. 왕이 8도 관찰사에게 농상을 권하는 글을 내렸다. 〈중종실록〉

조선은 고려 말의 파탄된 국가 재정과 민생 문제를 해결하고 재정 확충과 민생 안정을 위한 방안으로 농본주의 경제 정책을 내세웠다. 특히 위민, 애민을 중요하게 여기는 왕도 정치 사상에서 민생안정은 가장 먼저 해결해야 하는 과제였다. 이러한 정책으로 농경지가 확대되고 농업생산력이 증가되었으며, 새로운 농업 기술과 농기구가 개발되어 민간에 보급되었다.

■ 조선의 수취 제도

각도의 수전(水田)·한전(旱田)의 소출 다소를 자세히 알 수가 없으니 공법(貢法)에서의 수세액을 규정하기가 어렵다. 지금으로부터는 전척(田尺)으로 측량한 매 1결에 대하여 상상(上上)의 수전에는 몇 석을 파종하고 한전에서는 무슨 곡종 몇 두를 파종하며, 상상년에는 수전은 몇 석, 한전은 몇 두를 수확하며, 하하년에는 수전은 몇 석, 한전은 몇 두를 수확하는지, 하하(下下)의 수전에서는 역시 몇 두를 파종하고 한전에서는 무슨 곡종을 몇 두를 파종하며 상상년에는 수·한전 각기의 수확이 얼마며, 하하년에는 수·한전 각기의 수확이 얼마인지를, …… 각 관의 관둔전(관청의 비용이나 군비를 마련하기 위한 땅)에 대해서도 과거 5년간의 파종 및 수확의 다소를 위와 같이 조사하여 보고토록 합니다.

공법이란 전분6등법과 연분9등법의 다른 이름이다. 조선의 조세제도는 1결의 최대 생산량을 300두로 정하고 매년 풍흉을 조사하여 그 수확량에 따라 납부액을 조정하는 것이었다. 하지만 세종 때에 조세 제도를 좀 더 체계적으로 운영하기 위하여 토지비옥도와 풍흉의 정도에 따라 전분6등법, 연분9등법으로 바꾸고 조세 액수를 1결당 최고 20두에서 최저 4두로 인하하였다.

CHAPTER 04
조선

■ 조선의 수취 제도 변화

	초기	중기	후기	대원군 때
전세	**과전법** 공양왕/30두 / **전분6등 연분9등** 세종/20~4두	임진왜란, 병자호란	**영정법(인조)** 1결당 4두 → 풍년, 흉년 고려 x	
공납	호 기준 빈부차이 고려 없음	**방납 폐단** 불산과세 (수미법 주장) 조광조, 이이, 유성룡	**대동법** • 광해군(시작) – 숙종(전국적으로 확대) • 토산물 → 쌀, 베, 돈(공납의 금납화) • 토지 기준 – 1결 12두(공납의 전세화) • 공인 – 상품 화폐 경제 발달 • 한계 : 상공만 적용, 별공과 진상은 여전히 현물, 상납미의 증가, 지주의 대동세가 소작농에서 전가 방납의 폐단 부활 X	
군역	요역은 성종 때 : 호기준 → 토지 8결당 1인 / 1년중 6일이내 동원 **양인 개병제(보법, 세조)** 양천제/정군 · 보인 군역면제 현직/학생 관리 양인 천민	**군역의 요역화** → **군적 수포제** 농민 –1인당 2필 반상제(양반 면제) 양반 중인 평민 천민	**균역법** 영조 농민 : 2필→1필 • 일부 양반 군포 부담(선무군관포) • 결작(일부 전세화, 1결 2두) • 어장세 · 염세 · 선박세로 보충 → 왕실의 경비 본래 양반이 아니면서 양반 행세를 하였는데, 이들은 대체로 지방의 토호나 부유한 집안의 자제들이었다. 양반 중인층 평민 천민	**호포제** 전체 양반에 징수/ 흥선대원군
환곡	의창 → 무이자	**원곡 부족** **상평창** → 이자 고려시대 상평창은 물가조절기구		**사창제로 전환** 양반이 빈민 구제

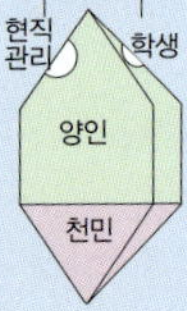

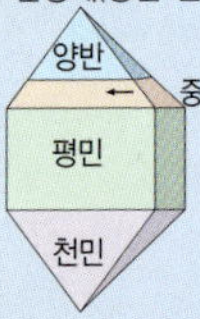

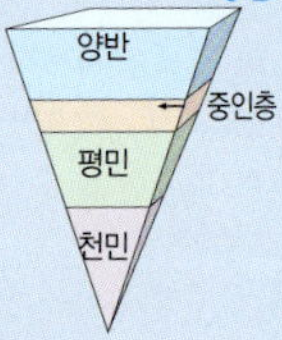

■ 18세기 황씨 가문의 토지 집적과 추수기(충남 부여)

위치	논/밭	원소유주	면적(두락)	면적(평)	수취방식	계약량	수취량	작인
도장동	논	송득매	8	1,600	도지	4석	4석	주 서방
도장동	논	자근노음	7	1,400	도지	4석	4석	검금
불근보	논	이풍덕	5	1,000	도지	2석 5두	1석 3두 5승	막산
소삼	논	이풍덕	12	2,400	도지	7석 10두	6석	동이
율포	논	송치선	7	1,400	도지	4석	1석 10두	주적
부야	논	홍서방	6	1,200	도지	3석 5두	2석 10두	주적
잠방평	논	쾌득	7	1,400	도지	4석	2석 1두	명이
석을고지	논	수양	10	2,000	도지	7석	4석 10두	수양
/	합계		62	12,400		36석 5두	26석 4두 5석	

■ 근대의 태동

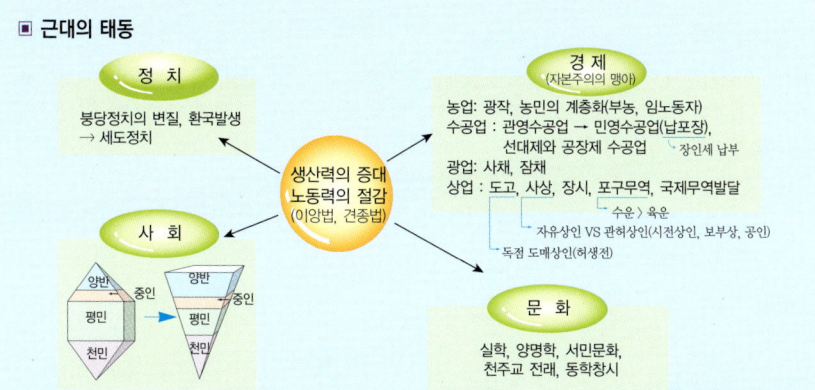

■ 상품 경제의 발전과 자본주의적 관계의 발생

조정에서 은이 나는 곳에 은점 설치를 허가만 내주면 돈 많은 장사꾼은 각자 재물을 내어 일꾼을 모집할 것입니다. 땅이 없어 농사짓지 못하는 백성들은 점민이 되기를 원하게 될 것입니다. 그곳에 모여 살며 은을 캐어 호조와 각 영, 고을에 세를 바치고, 남는 대로 물주에게 돌릴 것입니다. 땅 없는 백성들도 그것에 의지해서 살아나갈 수 있으니 공사 간에 유익한 일입니다. 어찌 백성들에게 폐단이 되겠습니까. 〈경제야언〉

■ 균역법의 폐단

이 법이 시행된 후 바닷가 백성의 원성이 하늘까지 이르고 여러 사람들의 원망이 들끓었기 때문에 신이 몇 차례 상소하여 말씀드린 바 있습니다. 이 법의 시행으로 부족해진 경비를 여기저기에서 긁어모아 충당하느라 오히려 그 폐단이 심합니다.

■ 농민층의 분화

부농층은 땅이 넓어서 빈민을 농업 노동에 고용함으로써 직접 농사를 짓지 않고서도 향락을 누릴 수 있으며, 빈농층 중의 어떤 농민은 지주의 농지를 빌려 경작함으로써 살아갈 수 있으며, 그들 가운데 어떤 자는 농지를 얻을 수 없으므로 임노동자가 되어 타인에게 고용됨으로써 생계를 유지한다. 그리고 그것도 할 수 없는 농민은 농촌을 떠나 유리걸식하게 된다.

> 이앙법의 보급과 상품작물의 재배는 농민층의 분화를 촉진하였다. 일부 농민은 소득을 증대시켜 부자가 될 수 있었던 반면에 토지를 잃고 몰락해 가는 농민도 증가하였다. 광작이 가능해지면서 대부분의 농토를 소작시키고 일부 농토만 직접 경영하던 지주들도 소작지를 회수하여 노비를 늘리거나 머슴을 고용하여 직접 경영하였다. 이 때문에 소작 농민들은 소작지를 잃기는 더욱 쉬워지고 얻기는 더욱 어려워졌다. 이런 농민은 농촌을 떠날 수밖에 없었고 농촌에 그대로 머물러 있더라도 품팔이로써 생계를 유지해야 했다.

CHAPTER 04
조선

▣ 방납의 폐해

김개가 아뢰기를 "신이 지난번 전라도에 있을 때 들은 바로는 '사다새의 살을 약으로 사용하므로 전라도 바닷가 7읍에서 번갈아 진상한다.'하였습니다. 당초 생산되었는지 아닌지는 알 수 없지만 지금은 생산되지 않은 지 오래되었습니다. 진상할 차례가 돌아오면 백성들에게 그 값을 징수하여 평안도 산지에 가서 사옵니다. 또는 서울 상인이 가지고 있으면 먼저 바치고 그 고을에서 값을 받기도 합니다"하였다.

〈명종실록〉 4권 원년 12월 임진

▣ 밭(田)농사의 변화

■ 밭(田)

농종법

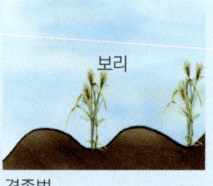

견종법

■ 영농 기술 발달의 영향

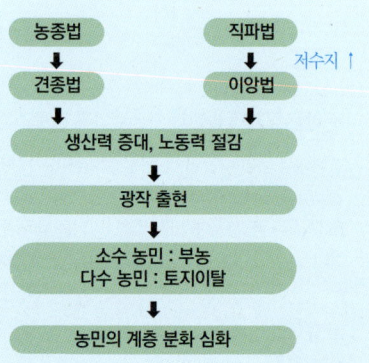

견종법 이전에는 농종법이 행해졌다. 농종법은 밭두둑에 작물을 심는 방법이고 견종법은 농종법과는 반대로 밭고랑에 심는 방법이다. 견종법은 씨앗이 겨울바람을 덜 타 추위에 잘 견디게 한다. 작물이 수분을 쉽게 확보하여 가뭄에 잘 견딜 수 있을 뿐 아니라 유기질의 침전물을 손쉽게 거름으로 흡수할 수 있다. 또한 이앙법과 마찬가지로 김매기가 편리하여 노동력이 절약된다.

▣ 조선후기 광산촌의 모습

황해도 관찰사의 보고에 의하면, 수안에는 본래 금광이 다섯 곳이 있었다. 두 곳은 금맥이 다하였고, 세 곳만은 금맥이 풍성하였다. 그런데 지난해 장마가 심해 작업이 중지되어 광군들이 흩어졌다. 금년(1799년) 여름에 새로이 39개소의 금혈(금을 캐는 광산)을 팠는데, 550여 명의 광군들이 모여 들었다. 이들은 일부가 도내의 무뢰배들이지만, 대부분은 사방에서 이득을 쫓아 몰려온 무리이다. 그리하여 금점 앞에는 700여 채의 초막이 세워졌고, 광군과 그 가족, 좌고(상가를 가지고 장사하는 사람), 행상(물건을 가지고 다니며 파는 사람), 객주(물자의 보관, 금융, 중개 등을 통해 이익을 얻는 대상인) 등 인구도 1500여 명에 이른다. 갑자기 많은 사람이 모여들어 그 곳에서는 생필품의 가격이 폭등하는 사태가 종종 일어나고 있다고 한다.

〈비변사등록〉

민영 수공업의 발달에 따라 그 원료인 광물의 수요가 급증하게 되면서 금, 은, 구리 등의 채굴을 촉진시켰다. 특히, 청과의 무역으로 은의 수요가 늘어나면서 은광의 개발이 활기를 띠었다. 17세기 말에는 거의 70개소의 은광이 개발되었고, 18세기 말에는 상업 자본이 채굴과 제련이 쉬운 사금 채굴에 몰리면서 금광의 개발도 활발해졌다. 이앙법의 보급으로 광작이 유행하면서 소작지를 잃고 광산으로 모여든 농민들의 노동력이 이러한 현상을 가능하게 하였다.

■ 상품작물의 재배

농민이 밭에 심는 것은 곡물만이 아니다. 모시, 오이, 배추, 도라지 등의 농사도 잘 지으면 그 이익이 헤아릴 수 없이 크다. 도회지 주변에는 파밭, 마늘밭, 배추밭, 오이밭 등이 많다. 특히 서도 지방의 담배밭, 북도 지방의 삼밭, 한산의 모시밭, 전주의 생강밭, 강진의 고구마밭, 황주의 지황밭에서의 수확은 모두 상상등전의 논에서 나는 수확보다 그 이익이 10배에 이른다.

상품작물은 작물 재배의 목적이 판매에 있었다. 따라서 상품작물의 재배는 농민층의 소득을 이전보다 높여주었다. 당시 널리 인기 있고 높은 이윤을 보장해 주는 작물은 담배, 목화, 약재, 채소 등이었는데 논이나 밭농사보다 수배의 이익이 있었다고 한다. 16세기에 전래된 담배는 경상도, 전라도, 평안도 지방에서 많이 재배되었으며, 채소는 주로 도시 주변에서 재배·판매되었다.

■ 도고의 활동

그(허생)는 안성의 한 주막에 자리잡고서 밤, 대추, 감, 배, 귤 등의 과일을 모두 사들였다. 허생이 과일을 도거리(되사거나 되팔지 않기로 약속하고 도매로 물건을 거래함)로 사두자, 온 나라가 잔치나 제사를 치르지 못할 지경에 이르렀다. 따라서 과일값은 크게 폭등하였다. 허생은 이에 10배의 값으로 과일을 되팔았다. 이어서 허생은 그 돈으로 곧 칼, 호미, 삼베, 명주 등을 사가지고 제주도로 들어가 말총을 모두 사들였다. 말총은 망건의 재료였다. 얼마 되지 않아 망건값이 10배나 올랐다. 이렇게 하여 허생은 50만 냥에 이르는 큰 돈을 벌었다.

조선 후기에는 상품을 매점매석하여 가격 상승과 매매 조작을 노리는 허생과 같은 도고라는 상인이 등장하였다. 도고라는 말은 본래 공인들이 공납품을 미리 사서 쌓아두던 창고를 뜻하는 말이었는데, 뒤에는 독점적인 도매상인이라는 뜻의 도고라는 말과 혼용되어 사용되었다. 공인, 시전상인, 사상, 여각, 객주 등이 모두 도고로 이익을 얻었다.

■ 조선 후기 사회의 근대적 맹아(= 내재적 발전론)

근대 사회의 의미를 구체적으로 살펴보면, 정치적으로는 국민의 참정권이 전제되는 민주 정치가 구현되는 사회를 말한다. 참된 민주 정치가 실현되기 위해서는 개인의 권리가 신장되고 국민 각자가 공동체 구성원의 하나로서 자신의 역할을 충실히 수행해야 한다. 사회적으로는 사회 각 계층이 평등한 사회를 뜻한다. 평등 사회의 출현은 지난날의 사회 체제를 붕괴시키고 피지배층이 속박으로부터 벗어나게 하여 자유로운·인간이 되게 하는 것이다. 경제적으로는 자본주의 사회의 성립을 뜻한다. 즉, 산업 활동이 다양해지고 활발해지면서 누구나 자유로이 생산 활동에 참여하고, 풍부한 자본력과 전문적 경영 방식에 의하여 생산력의 증대가 추구되는 사회를 말한다. 사상적으로는 과학적이고 논리적인 사고에 바탕을 둔 합리화의 추구를 뜻한다. 즉, 절대적인 가치 체계에 의한 불합리한 구질서에서 인간을 해방시켜, 개인의 존엄성과 개인적 경험을 존중하는 사회를 말한다.

CHAPTER 04
조선

■ 우리나라 신분제도의 변화

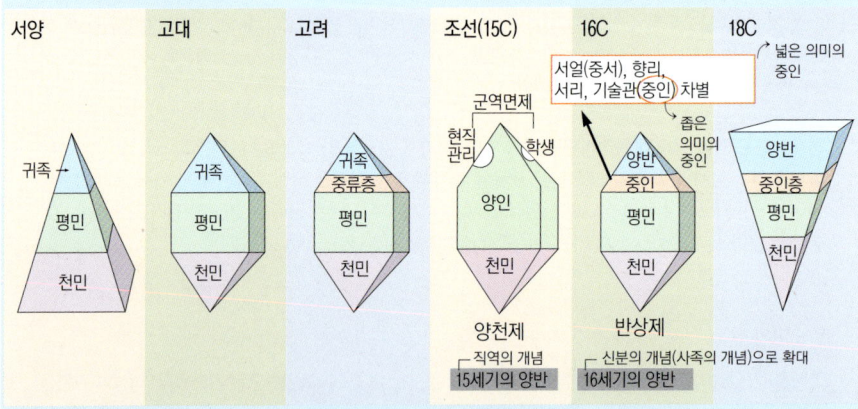

■ 유교적 지배 질서의 확립과정

성종 13년 4월 신해 사헌부 대사헌 채수가 아뢰었다. "어제 전지를 보니 통역관, 의관을 권장하고 장려하고자 능통하고 재주가 있는 자는 동서 양반에 발탁하여 쓰라고 특별히 명령하셨다니 듣고 놀랐습니다. 무릇 벼슬에는 높고 낮은 것이 있고 직책에는 가볍고 무거운 것이 있습니다. 약사, 통역관은 사대부의 반열에 낄 수 없습니다. … 의관, 역관 무리는 모두 미천한 계급 출신으로서 사족이 아닙니다."

〈성종실록〉

■ 족보의 의미

내가 생각건대 옛날에는 종법이 있어 대수(代數)의 차례가 잡히고 적자와 서자의 자손이 구별지어져 영원히 알 수 있었다. 종법이 없어지고서는 족보가 생겨났는데 무릇 족보를 만듦에 있어 반드시 그 근본을 거슬러 어디서부터 나왔는가를 따지고 그 이유를 자세히 적어 그 계통을 밝히고 친함과 친하지 아니함을 구별하게 된다. 이로써 종족 간의 의리를 두터이 하고 윤리를 바르게 할 수 있었다.

종법이란 중국 주나라 때 성립된 종족의 조직규정이다. 대종(본가)과 소종(분가)으로 이루어지는 종법은 조선 가족제도의 토대였으며 가족 윤리를 중시하는 조선 사회를 지탱한 중요 원리의 하나였다. 이를 구체적으로 문서화한 것이 족보이다. 족보는 종족 간의 종적 관계를 명확히 하고 종족 간의 내부 결속력을 강화시키는 역할을 하였다.

■ 굶주린 사람을 구휼하는 법
- 굶주린 사람 중 나이가 많거나 병이 들어 관아에 나와 환곡을 직접 받아갈 수 없는 사람은 가져다 줄 것
- 모자라는 구휼의 곡식을 보충하기 위해서 산나물 등을 많이 캐어 먹도록 할 것
- 여러 날 굶주린 사람에게 간장 물을 마시게 하면 즉사하므로, 먼저 죽 물을 식혀서 천천히 먹여 허기를 면하게 한 다음 밥을 줄 것
- 깊은 산골과 외떨어진 곳의 굶주린 사람을 먼저 살필 것

농민의 몰락은 곧 국가의 안정과 재정 근간을 위협하는 요소였으므로 국가는 농민의 생활을 안정시키기 위한 여러 가지 방안을 강구하였다. 이에 정부는 구황방법을 제시하고 구황촬요와 같은 서적을 편찬하여 보급하였다.

■ 신문고 제도
고할 데가 없는 백성으로 원통하고 억울한 일을 품은 자는 나와서 등문고(登聞鼓)를 치라고 명하였다. 의정부에서 상소하기를 "서울과 외방의 고할 데 없는 백성이 억울한 일을 소재지의 관청에 고발하여도 소재지의 관청에서 이를 다스려 주지 않는 자는 나와서 등문고를 치도록 허락하소서." 또한 법을 맡은 관청으로 하여금 등문한 일을 추궁하여 밝히고 아뢰어 처결하여 억울한 것을 밝히게 하였다. "그 중에 사사롭고(남에게) 원망을 품어서 감히 무고를 행하는 자는 반좌율(反坐律)을 적용하여 참소하고 간사하게 말하는 것을 막으소서." 하여 그대로 따르고, 등문고를 고쳐 신문고(申聞鼓)라 하였다.

조선의 사법기관은 행정기관과 명확히 구분되지 않았다. 이에 수령이나 관찰사가 주로 재판을 맡았는데, 그 결과가 만족스럽지 못하면 상급 기관에 항소하거나 신문고를 쳐서 억울한 일을 호소할 수 있었다.

■ 조선 전기의 상업
- 장사꾼이 의복 등속을 판매하며, 심지어는 신·갓끈·빗·바늘·분(粉) 같은 물품을 가지고, 무지한 백성에게 교묘하게 말하여 미리 그 값을 정하고 주었다가 가을이 되면 그 값을 독촉해서 받는다. 〈세종실록〉
- 경인년(1470) 흉년 때 전라도 백성들이 서로 모여들어 점포를 열어 장문(場門 : 시장)이라 칭하고, 사람들이 이에 의지하여 목숨을 유지하였다. 〈성종실록〉
- 임진왜란 이후 백성들은 정해진 곳 없이 교역으로 생활하는 것이 마침내 풍속이 되었다. …… 각 읍에서 장시가 서는 것이 적어도 3~4곳이 되어 …… 한 달 30일 이내에 시장이 열리지 않는 날이 없다. 〈선조실록〉

농촌의 장시가 처음 등장한 것은 15세기 말이었다. 정부는 농민들이 농업을 버리고 상업에 몰릴 것을 우려하여 장시를 막았으나 일부 장시는 정기시로 정착되어 갔으며, 16세기 중엽에는 전국으로 확산되기에 이르렀다.

CHAPTER 04
조선

■ 16세기 농민들의 처지

- 백성으로 농지를 가진 자가 없고 농지를 가진 자는 오직 부유한 상인들과 사족(士族)들의 집뿐입니다.
 〈중종실록〉

- 근래에 도적이 벌떼처럼 일어나 공공연하게 노략질을 하며 양민을 죽이고 방자한 행동을 거리낌 없이 하여도 주현에서 막지 못하고 병사(兵使)도 잡지 못하니 그 형세가 점점 커져서 여러 곳으로 퍼지고 있습니다. 심지어 서울에서도 떼로 일어나 빈집에 진을 치고 밤이면 모였다가 새벽이면 흩어지고 칼로 사람을 다치게 합니다. 〈명종실록〉

- 지방에서 토산물을 공물로 바칠 때(중앙 관청의 서리들이) 공납을 일체 막고 본래 값의 백배가 되지 않으면 받지도 않습니다. 백성들이 견디지 못하여 세금을 못 내고 도망하는 자가 줄을 이었습니다.
 〈선조실록〉

16세기에 이르러 조선의 조세제도는 근본을 잃고 흔들리기 시작하였다. 양반들의 농장 확대로 농민들은 토지를 잃고 유망하거나 소작농으로 전락하였고, 방납의 폐단이 발생하면서 부담도 갑절 이상 증가하였다. 이에 토지를 버리고 떠도는 농민들이 증가하였고, 일부 유망민들이 도적이 되어 양반가를 습격하거나 공물을 빼앗기도 하는 사건이 벌어졌다. 그 중에서도 대표적인 인물이 임꺽정이었다.

■ 조선 후기 신분제도의 문란

- 옷차림은 신분의 귀천을 나타내는 것이다. 그런데 어찌된 까닭인지 근래 이것이 문란해져 상민·천민들이 갓을 쓰고 도포를 입는 것이 마치 조정의 관리나 선비와 같이 한다. 진실로 한심스럽기 짝이 없다. 심지어 시전 상인들이나 군역을 지는 상민들까지도 서로 양반이라 부른다. 〈일성록〉

- 근래 아전(보통 중인들을 일컫는 말)의 풍속이 나날이 변하여 하찮은 아전이 길에서 양반을 만나도 절을 하지 않으려 한다. 아전의 아들·손자로서 아전의 역을 맡지 않은 자가 고을 안의 양반을 대할 때 맞먹듯이 너 나 하며 자(字)를 부르고 예의를 차리지 않는다. 〈목민심서〉

경제의 변동과 신분제의 동요 속에서 사족 중심의 향촌 질서도 변화하였다. 평민과 천민 중에 재산을 모아 부농층으로 등장하는 사람도 있었으며, 양반 중에는 토지를 잃고 몰락하여 전호가 되거나 심한 경우에는 임노동자로 전락하는 경우도 있었다. 따라서 향촌에서 양반의 지위는 점차 약화되었고, 이로써 중인들은 물론 하층민들로부터도 도전받게 되었다.

■ 향촌질서(향전 : 영조)의 변화

(가) 근래 사족들이 향교에 모여 의논하여 수령을 쫓아내는 것이 고질적인 폐단입니다.

〈영조실록〉, 영조 7년

(나) 영덕의 구향(舊鄕)은 사족이며, 소위 신향(新鄕)은 모두 향리와 서리의 자식입니다. 근래 신향들이 향교를 주관하면서 구향들과 서로 마찰을 빚고 있습니다. 〈승정원일기〉, 영조 23년

(다) 요사이 수령들은 한 고을을 제멋대로 다스려 다른 사람이 그 잘못을 고칠 수가 없습니다. 수령이 옳다고 하면 좌수 이하 모두 그렇다고 합니다. 〈비변사등록〉, 영조 36년

(가) 시기에는 사족들이 똘똘 뭉쳐 수령을 쫓아낼 만큼 향촌 사회에서 막강한 영향력을 행사하고 있다.

(나) 시기에는 향촌 사회를 지배하였던 사족들이 신향(새로운 세력으로 성장한 부농층)의 도전을 받고 있다. 부농층은 관권과 결탁하여 성장하면서 양반의 명단인 향안에 참여하고 향회를 장악하고자 하였다.

(다) 구향과 신향의 싸움으로 결국 관권이 강화되고 아울러 관권을 실질적으로 장악하고 있던 향리 세력의 강화를 초래하게 되었다.

■ 후천개벽과 보국안민을 주장한 동학 사상

•사람이 곧 하늘이라. 그러므로 사람은 평등하며 차별이 없나니 사람이 마음대로 귀천을 나눔은 하늘을 거스르는 것이다. 우리 도인은 차별을 없애고 선사의 뜻을 받들어 생활하기를 바라노라.

〈최시형의 최초 설법〉

•때가 왔네 때가 왔네 다시 못 올 때가 왔네 / 뛰어난 장부에게 오랜만에 때가 왔네 용천검 드는 칼을 아니 쓰고 무엇하리 / 무수 장삼 떨쳐 입고 이 칼 저 칼 넌줏 들어 호호망망 넓은 천지 한 몸으로 비켜서서 / 칼노래 한 곡조를 때여 때여 불러내니 용천검 날랜 칼은 해와 달을 놀리고 / 게으른 무수 장삼 우주에 덮여 있네 만고 명장 어디 있나 장부 앞에 장사 없네 / 좋을시고 좋을시고 이내 신명 좋을시고

〈용담유사〉

•서양은 싸우면 이기고 치면 빼앗아 이루지 못하는 일이 없으니 천하가 멸망하면 또한 입술이 떨어지는 탄식이 없지 않을 것이나 보국안민의 계책이 장차 어디서 나올 것인가.

〈동경대전〉

CHAPTER 04
조선

▣ 홍경래의 격문

평서대원수는 급히 격문을 띄우노니 관서의 부로(父老)와 자제와 공 ·사천민들은 모두 이 격문을 들으라. 무릇 관서는 성인 기자의 옛 터요 단군 시조의 옛 근거지로서 의관(衣冠 : 유교 문화를 생활화하는 사람)이 뚜렷하고 문물이 아울러 발달한 곳이다. … 그러나 조정에서는 관서를 버림이 분토(糞土)와 다름 없다. 심지어 권세있는 집의 노비들도 서토의 사람을 보면 반드시 '평안도 놈'이라고 말한다. 어찌 억울하고 원통하지 않는 자 있겠는가. … 지금, 임금이 나이가 어려 권세 있는 간신배가 그 세를 날로 떨치고, 김조순·박종경의 무리가 국가 권력을 오로지 갖고 노니, 어진 하늘이 재앙을 내린다. 이제 격문을 띄워 먼저 여러 고을의 군후(君侯)에게 알리노니, 절대로 동요하지 말고 성문을 활짝 열어 우리 군대를 맞으라. 만약 어리석게 항거하는 자가 있으면 철기 5,000으로 남김없이 밟아 무찌르리니, 마땅히 속히 명을 받들어 거행함이 가하리라.

대원수 〈패림〉

평안도는 일찍부터 대청 무역과 상업으로 부를 축적한 상인들이 많은 지역이었다. 또한 이 지역에는 조선 후기 광산개발의 활성화로 많은 몰락 농민들이 몰려들었다. 이러한 사회·경제적 배경 하에서 홍경래는 평안도가 정치권력으로부터 소외되어 지역민들의 불만이 커진 점과 당시 세도 정권의 부패를 이용하여 봉기하였다. 이에 영세농민, 중소상인, 광산 노동자들이 그를 적극 지원하였다. 그리하여 한때 그들은 청천강 이북 지역을 장악하고 크게 위세를 떨치기도 하였다.

▣ 한양지도

■ 의궤가 만들어지는 과정　　　　　　　　■ 사고의 위치

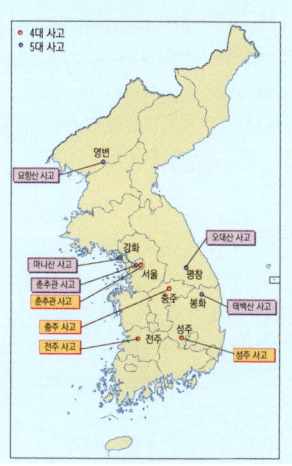

■ 향약집성방 서문

예전에 판문하 권중화가 여러 책을 뽑아서 향약간이방을 짓고, 그 후 평양 백조준 등과 함께 약국(藥局) 관원에게 명하여 다시 여러 책을 상고하고 또 우리나라 사람들이 경험하였던 처방을 취하여 분류해서 편찬한 다음, 인쇄하여 발행하였다. 이로부터 약재를 구하기 쉽고 질병을 치료하기 쉽게 되어 사람들이 모두 편하게 여겼다. 그러나 방서(方書 : 약방문을 적은 책)가 중국에서 나온 것이 아직 적고 약 이름이 중국과 다른 것이 많기 때문에 의술을 전공하는 자들이 미비하다는 탄식을 면치 못하였다. 이에 우리 주상 전하(세종)께서 특별히 유의하시어 의관을 골라 매양 사신을 따라 북경에 가서 방서를 널리 구하게 하였다.… 세종 13년 가을 집현전 직제학 유효통, 전의 노중례, 부정 박윤덕에게 명하여 다시 향약방에 대해 여러 책에서 빠짐없이 찾아 낸 다음 분류하여 중보하게 해서 한 해가 지나 완성되었다.… 합하여 85권으로 바치니 이름을 향약집성방이라 하였다.

〈동문선〉

향약집성방은 세종 15년(1433)에 왕명으로 편찬된 향약과 한방에 관한 책이다. 이 책에서는 중국 약재에 의존하던 약방문에 대하여 조선의 풍토에 적합하고, 조선에서 생산되는 약재가 더 적합할 것이라는 생각에서 약의 토착성을 강조하고 있다. 중국과 고려 후기 이후에 발전되어 온 향약 방서들이 거의 인용되고 있다. 성종 때 마지막 부분인 향약본초를 발췌하여 한글로 번역, 출판하였다. 미신적이고 비과학적인 내용도 있지만 민간에서 우리나라 약재를 가지고 쉽게 약을 쓸 수 있게 했다는 점에서 높이 평가된다. 이와 함께 의학 백과사전인 의방유취도 간행되어 15세기에는 조선 의약학의 자주적 체계가 마련되어 민족 의학이 크게 발전하였다.

CHAPTER 04
조선

▣ 음악의 기능

악(樂)은 하늘이 내서 사람에게 보낸 것이니 허(虛)에서 나와 자연히 이루어진 것이다. 이 때문에 사람 마음을 움직이고 맥박을 뛰게 하여 정신을 막힘없이 흐르게 한다. … 다른 소리를 합하여 하나로 하는 것은 임금이 위에서 어떻게 이끄느냐에 달려 있다. 바르게 이끄는 것과 거짓되게 이끄는 것에 따라 커다란 차이가 나며, 풍속이 번영하고 쇠퇴하는 것도 모두 여기에 달려 있다. 따라서 악이야말로 백성을 다스리고 교화하는 큰 문이라고 할 수 있다.
〈악학궤범〉

유교에서의 음악은 백성을 교화시키는 중요한 수단이다. 또한 음악은 국가의 각종 의례와 밀접한 관련이 있기 때문에 다른 무엇보다도 중시되었다. 악학궤범은 성종 때 성현 등이 의궤와 악보를 정리하여 엮은 악서이다. 그 내용은 12율의 결정과 여러 제향에 쓰이는 악조에서부터 악기의 진설, 의물(儀物), 관복(冠服)에 이르기까지 음악연주에 필요한 사항들을 빠짐없이 수록하였으며, 당시의 아악·당악·향악 등 음악 전반을 포함하였다.

▣ 관동별곡 정철 16세기

강호에 병이 깊어 죽림에 누웠더니, 관동 팔백리에 방면(관찰사)을 맡기시니, 어와 성은이야 갈수록 망극하다. 연추문 들이달아 경회 남문 바라보며, 하직하고 물러나니 옥절(옥으로 만든 신표)이 앞에 섰다. 평구역 말을 갈아 흑수로 돌아 드니, 섬강은 어디메오, 치악이 여기로다. 소양강 느린 물이 어디로 돈단 말고 …
〈송강가사〉

▣ 시조 황진이 16세기

동짓달 기나긴 밤을 한 허리를 베어내어 / 춘풍 이불 아래 서리서리 넣었다가
어룬님 오신 날 밤이어든 구비구비 펴리라
〈청구영언〉

■ 유교

국가	유교변천사	특징		한국사 관련	
한	훈고학	해석		삼국 → 통일신라	훈고학
당		훈고학 진시황 때 분서갱유(焚書坑儒)로 인하여 없어진 경서의 복원과 그 내용에 대한 주석을 닮. 분서 갱유 해석			
송·원		풀 한 포기에서 광대한 우주까지... 어느 세월에 그 이치를 궁구할 수 있을까... 철학 강조		고려	호족, 문벌귀족 권문세족 – 훈고학
					신진사대부 – 성리학
명	성리학		도덕적 실천 강조	조선 전기, 중기	성리학
	양명학				
청	고증학		실증	조선 후기	양명학, 고증학
	공양학	실천			

CHAPTER 04
조선

▣ 정약용의 여전론

이제 농사짓는 사람은 토지를 갖고 농사짓지 않은 사람은 토지를 갖지 못하게 하려면 여전제를 실시해야 한다. 산골짜기와 시냇물의 지세를 기준으로 구역을 획정하여 경계를 삼고, 그 경계선 안에 포괄되어 있는 지역을 1여(閭)로 한다. …

1여마다 여장(閭長)을 두며 무릇 1여의 인민이 공동으로 경작하도록 한다. … 여민들이 농경하는 경우 여장은 매일 개인의 노동량을 장부에 기록하여 두었다가, 가을이 되면 오곡의 수확물을 모두 여장의 집에 가져온 다음 분배한다. 이때 국가에 바치는 세와 여장의 봉급을 제하며, 그 나머지를 가지고 노동 일수에 따라 여민(閭民)에게 분배한다.

〈여유당전서〉

정약용은 농가 30호를 1여로 하고, 여장의 지휘하에 공동 경작하고, 세납을 공제한 수확을 여민의 노동력에 따라 분배해야 한다고 주장하였다. 그는 사(士)의 경우 농업 개선에 기여하는 경우에만 농민의 10배 정도의 토지를 주고, 그렇지 않으면 사·농·공·상 등 생업에 종사시켜야 한다고 생각하였다. 여전제가 보급되면 전국 농민의 자산이 비슷해 져서 토지 겸병이 일어나지 않으며, 노동량에 따라 보수가 책정되므로 근로의 습관도 좋아질 것이라고 보았다.

▣ 17, 18세기 조선과 중국 문화의 공통적인 특징

양반 : 나는 사대부의 자손인데.
선비 : 아니, 나는 팔대부의 자손인데.
양반 : 팔대부는 또 뭐야?
선비 : 아니, 양반이란 게 팔대부도 몰라? 팔대부는 사대부의 갑절이지 뭐.…
양반 : 첫째, 지식이 있어야지. 나는 사서삼경을 다 읽었네.
선비 : 뭣이, 사서삼경? 나는 팔서육경도 읽었네.
양반 : 도대체 팔서육경이 뭐냐?
초랭이 : 나도 아는 육경, 그걸 몰라? 팔만대장경, 중의바라경, 봉사 안경, 처녀 월경, 약국 길경(도라지)

〈하회 탈춤 대사〉

교양이나 심성 수련이 목표였던 조선 전기의 문화가 정적이고 소극적이었다면 조선 후기의 문화는 감정을 적나라하게 표현하는 경향이 강하였다. 이러한 경향은 자연히 양반의 위선적인 모습을 비판하고, 사회의 부정과 비리를 풍자하고 고발하는 경향을 보였다. 특히 춤과 노래 및 사설로 서민의 감정을 그대로 드러내어 표현한 판소리와 탈춤은 서민문화를 확대하는 데 크게 기여하였다.

■ 유수원의 상공업론

지금 양반이 명분상으로는 상공업에 종사하는 것을 부끄러워하지만 그들의 비루한 행동은 상공업자보다 심한 자가 많다. 학문이 없어도 세력만 있으면 부정하게 과거에 합격하고 그렇지 않으면 음직을 바라거나 공물 방납과 고리대를 하거나 노비를 빼앗기 위한 소송을 벌여 생활한다.(중략)

상공업을 두고 천한 직업이라 하지만 본래 부정하거나 비루한 일은 아니다. 그것은 스스로 재간 없고 덕망 없음을 안 사람이 관직에 나가지 않고 스스로의 노력으로 물품 교역에 종사하면서 남에게서 얻지 않고 자기 힘으로 먹고 사는 것이다. 어찌 천하거나 더러운 일이겠는가.   〈우서〉

중상학파 실학의 선구자 유수원은 부국강병의 방안으로 상공업 진흥론과 화폐유통론을 주장했다. 그는 산업의 피폐를 과도한 농본사상에서 연유하는 것으로 규정하고, 농업과 함께 상업도 균등하게 진흥시킬 것을 주장, 전통적인 말업관념(末業觀念)을 불식시키고자 하였다.

■ 홍대용의 지전설

천체가 운행하는 것이나 지구가 자전하는 것은 그 세가 동일하니 분리해서 설명할 필요가 없다. 다만 9만 리의 둘레를 한 바퀴 도는 데 이처럼 빠르며, 저 별들과 지구와의 거리는 겨우 반경(半徑)밖에 되지 않는데도 몇 천만억의 별들이 있는지 알 수 없는데 하물며 천체들이 서로 의존하고 상호 작용하면서 이루고 있는 우주 공간의 세계 밖에도 또 다른 별들이 있다.… 칠정(七政:태양, 달, 화성, 수성, 목성, 금성, 토성)이 수레 바퀴처럼 자전함과 동시에 맷돌을 돌리는 나귀처럼 둘러싸고 있다. 지구에서 가까이 보이는 것을 사람들은 해와 달이라 하고 지구에서 멀어 작게 보이는 것을 사람들은 오성(五星 : 수성, 금성, 화성, 목성, 토성)이라 하지만 사실은 모두가 동일한 것이다.   〈담헌집〉

조선시대 성리학적 세계관은 지구 방형설과 천동설을 기본으로 하면서 중화주의에 기초하고 있었다. 그러나 조선 후기에 이익, 김석문, 홍대용 등은 서양 과학의 영향을 받아 지구 구형설과 지전설을 주장하여 성리학적 세계관을 비판하였다. 특히 홍대용은 사신을 따라 중국에 간 후 독일 선교사들로부터 천문학을 비롯한 서양 과학 기술에 관한 지식을 얻었다. 〈담헌집〉에 실려 있는 [의산문답]은 실옹과 허자 사이에 대화 형식으로 이루어진 글로 그의 과학사상이 담겨 있다. 여기서 그는 서양 과학 기술을 적극 수용하여 지전설과 무한우주론 등을 주장하였다. 또한 천문 연구를 위해 혼천의를 만들고 사설 천문대인 농수각을 세우기도 했다.

CHAPTER 04
조선

▣ 박제가의 소비관

비유하건대, 재물은 대체로 샘과 같은 것이다. 퍼내면 차고, 버려두면 말라 버린다. 그러므로 비단옷을 입지 않아서 나라에 비단 짜는 사람이 없게 되면 여공(女紅)이 쇠퇴하고, 쭈그러진 그릇을 싫어하지 않고 기교를 숭상하지 않아서 공장(工匠 : 수공업자)이 도야(陶冶 : 기술을 익힘)하는 일이 없게 되면 기예가 망하게 되며, 농사가 황폐해져서 그 법을 잃게 되므로, 사농공상의 사민이 모두 곤궁하여 서로 구제할 수 없게 된다. 〈북학의〉

박지원의 실학사상은 그의 제자인 박제가에 의해 더욱 체계화되었다. 박제가는 청에 다녀온 후 〈북학의〉를 지어 청의 문물을 적극적으로 수용할 것을 주장하는 한편, 상공업의 발달, 수레와 선박의 이용 등을 역설하였다. 또한 생산과 소비와의 관계를 우물물에 비유하면서 생산을 자극하기 위해서는 절약보다 소비를 권장해야 한다고 주장하였다.

▣ 양명학

마음이 곧 이(理)이다. 천하에 마음 밖의 일이 있고 마음 밖의 이가 있겠는가? … 아버지를 섬기는 일 같은 것은 아버지에게서 효의 이치를 구할 수 있는 것이 아니다. 임금을 섬기는 일은 임금에게서 충의 이치를 구할 수 있는 것이 아니다… 모두가 다만 자기의 마음에 달려 있는 것이다. 마음이 곧 이(理)인 것이다. 이 마음이 사사로운 욕심에 의해 가려진 것이 없다면 곧 그것이 천리(天理)인 것이니, 밖으로는 조금도 더 보탤 것이 없다. 이 천리에 순종하는 마음을 가지고서 그것을 발휘하여 아버지를 섬기면 곧 그것이 효며, 임금을 섬기면 충이다… 오직 자기 마음에 있어서 인욕(人慾)을 버리고 천리를 보존하려는 노력만 하면 되는 것이다. 〈전습록〉

▣ 박지원의 〈한민명전의〉

한전법을 만들어 모년 모일 이후 이 법보다 많은 자는 더 이상 사들이지 못하게 하고 법령 공포 이전에 사들인 것은 비록 산천을 경계로 할 정도로 넓어도 불문에 붙입니다. 그들의 자손이 있으면 분배해 주는 것을 허락합니다. 그 중에 혹은 숨기고 실제로는 법을 지키지 않는다든지 법령 공포 후에 법의 제한을 넘어서 땅을 더 점유하는 자는 백성들이 적발하면 백성에게 주고, 관에서 적발하면 몰수합니다. 이렇게 하면 수십 년이 못되어 나라의 토지는 균등하게 될 것입니다.

〈한민명전의〉는 중상학파 실학자 박지원이 〈과농소초〉와 함께 조정에 바친 저술이다. 박지원은 면천 군수로 있으면서 〈한민명전의〉를 지었는데, 면천의 경우를 예로 들어 토지개혁론을 제시하였다. 그는 호당 토지소유 상한을 제시하여 토지소유의 균등화를 꾀하였다.

■ 조선 후기의 역사 인식

1. 안정복의 삼국인식 : 삼국사에서는 신라를 으뜸으로 한 것은 신라가 가장 먼저 건국되었고, 뒤에 고구려와 백제를 통합하였으며, 고려는 신라를 계승하였으므로 편찬한 것이 모두 신라의 남은 문적(文籍)을 근거로 하였기 때문이다. 그러므로 편찬한 내용에 신라에 대하여는 약간 자세히 갖추어져 있고, 백제에 대하여는 겨우 세대만을 기록했을 뿐 없는 것이 많다. …고구려의 강대하고 현저함은 백제에 비할 바가 아니며 신라가 자처한 땅의 일부는 남쪽에 불과할 뿐이다. 그러므로 김씨(김부식)는 신라사에 쓰여진 고구려 땅을 근거로 했을 뿐이다. 〈동사강목〉

2. 유득공의 발해 인식 : 부여씨가 망하고 고씨(고구려)가 망한 다음 … 김씨(신라)가 남방을 차지하고 대씨(발해)가 북방을 차지하고는 발해라 하였으니 이것을 남북국이라 한다. 당연히 남북국을 다룬 역사책이 있어야 하는데, 고려가 편찬하지 않은 것은 잘못이다. 저 대씨가 어떤 사람인가? 바로 고구려 사람이다. 그들이 차지하고 있던 땅은 어떤 땅인가? 바로 고구려 땅이다. 〈발해고〉

동사강목은 안정복이 고조선에서 고려 말까지의 역사를 서술한 사서이다. 안정복은 우리나라의 정통 왕조를 단군조선 – 기자조선 – 마한 – 통일신라 – 고려로 보고 삼국시대를 정통 국가가 없는 시대로 파악하였다.

PART 05
근대정치의 전개

01 근대정치의 전개(1)
02 근대정치의 전개(2)

CHAPTER 05
근대정치의 전개

01 근대정치의 전개(1)

01 흥선 대원군(1863~1873)

(1) 국내외 정세

① 국내
- 홍경래의 난(1811년), 임술농민봉기(진주민란, 1862년), 천주교와 동학(1860, 경주잔반 최제우가 경주에서 창시)의 확산

② 국외
- 서양 세력의 접근 : 이양선 출몰, 서양의 통상 요구

(2) 통치 체제 정비

① 과감한 인사 정책 : 당파의 구별 없이 인재 등용
② 정치 기구 재정비 : 비변사 축소(폐지), 의정부와 삼군부 기능 부활
③ 통치 체제 정비 : 대전회통, 육전조례 편찬
④ 사창제 실시 : 환곡의 폐단을 개혁하기 위해 사창제를 실시
⑤ 서원 정리 : 국가 재정 확충과 양반의 횡포 방지 → 양반의 반대
⑥ 호포법 실시 : 양반에게서도 군포 징수
⑦ 경복궁 중건 : 원납전 징수, 당백전 남발로 물가 상승 → 백성들의 원성

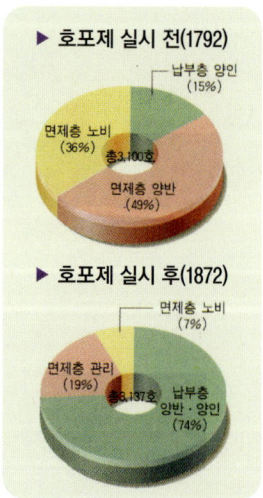

(3) 대외 정책

① 병인박해(1866) : 천주교 박해
② 제너럴셔먼호 사건 : 미국 제너럴셔먼호가 평양에 와서 통상수교를 요구
③ 병인양요 : 병인박해가 원인이 되어 프랑스가 침범, 강화도에서 한성근과 양헌수가 프랑스 격퇴
④ 오페르트 도굴사건 : 독일인 오페르트가 흥선대원군 아버지인 남연군의 묘를 도굴
⑤ 신미양요 : 제너럴셔먼호 사건이 원인이 되어 미국이 침범, 강화도에서 어재연이 격퇴
⑥ 척화비 건립

▶ **병인양요와 신미양요**

병인양요, 신미양요 모두 조선의 문호 개방 목적보다는 병인박해와 제너럴셔먼호 사건에 대한 보복적 성격이 강했다.

▶ **통상 수교 거부 정책(쇄국정책)과 양요**

흥선 대원군의 통상 수교 거부 정책은 서양 열강의 침입을 일시적으로 저지하는 데에는 성공했지만 우리나라의 근대화를 늦어지게 했다는 비판을 받기도 했다.

▶ 어재연의 광성진전투

▶ 어재연 장군기를 약탈한 미국의 모습

어재연 장군기는 136년이 지난 2007년 10월에 한국에 10년 동안 임대되는 형식으로 돌아와 현재 국립고궁박물관에 전시하고 있다.

▶ 제너럴셔먼호 사건

▶ **병제병오신**

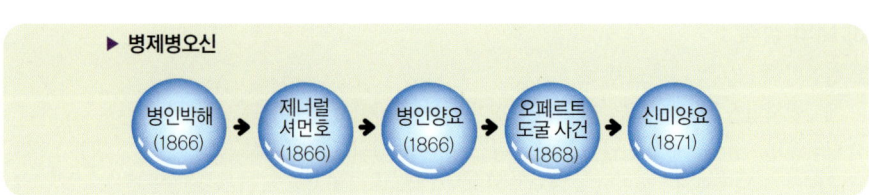

병인박해(1866) → 제너럴 셔먼호(1866) → 병인양요(1866) → 오페르트 도굴 사건(1868) → 신미양요(1871)

02 개항

(1) 강화도 조약(1876)

① 배경 : 흥선 대원군 하야, 민비의 집권과 통상 개화론의 대두, 운요호 사건(포함외교)

▶ **통상개화론**

- 중상학파 → 초기 개화파 (통상 개화론 : 박규수, 오경석, 유홍기) → 급진 개화파 / 온건 개화파
- 일 : 메이지 유신 – 제도와 사상수용, 기술수용 → 급진 개화파
- 청 : 양무 운동 – 동도서기론(제도와 사상수용 거부, 기술수용)에 바탕을 두고 점진적 개혁 추구 → 온건 개화파

개화파의 형성

김옥균
박규수
서재필
박영효(철종의 부마)

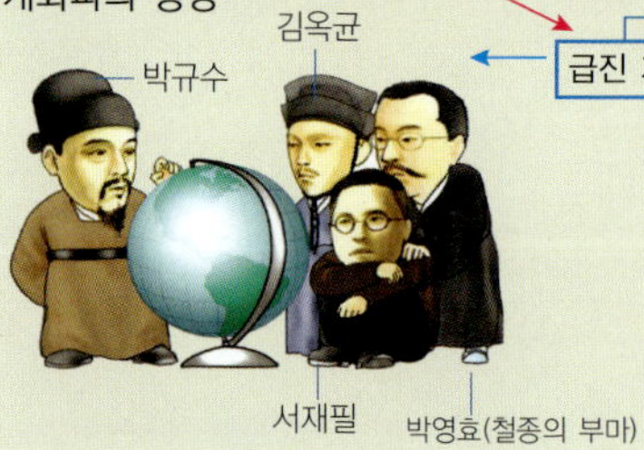

▶ **민비의 집권**

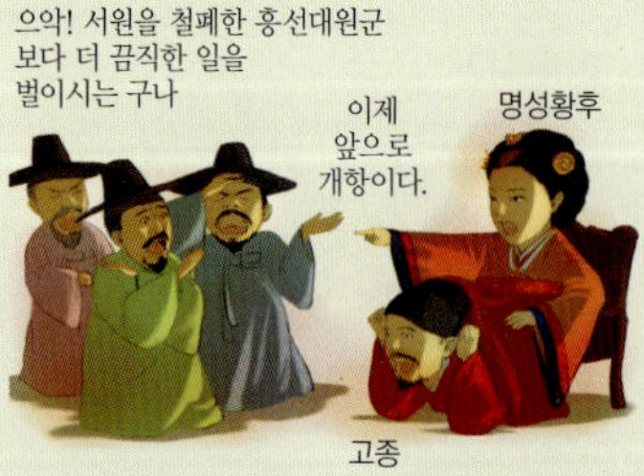

으악! 서원을 철폐한 흥선대원군 보다 더 끔직한 일을 벌이시는 구나
이제 앞으로 개항이다.
명성황후
고종

3항의 개항

러시아
블라디보스토크
청
원산
동해
인천
조선
황해
부산
일본

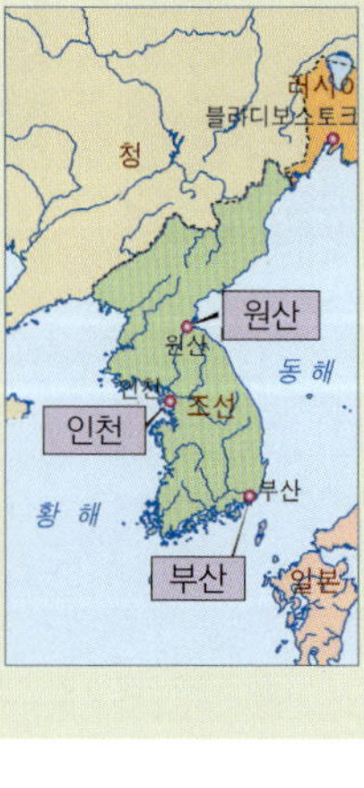

▶ **근대 개혁의 결과**

이토 히로부미
위안스카이

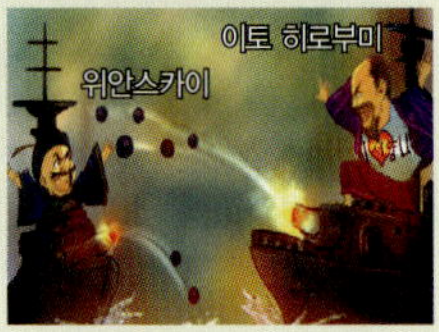

기술뿐만 아니라 제도와 사상까지 수용한 일본이 기술만 수용한 청나라를 청·일 전쟁에서 격파

② 강화도 조약(1876) : 3개의 항구(부산, 원산, 인천) 개항, 치외법권과 해안 측량권 인정
③ 성격 : 우리나라 최초의 근대적·불평등 조약
④ 조일무역규칙(1876) : 일본의 수출입 상품에 대한 무관세, 양곡의 무제한 유출
⑤ 조일통상장정(1883) : 최혜국 대우, 관세, 방곡령의 근거 포함[방곡령사건(1889)]

▶ 강화도 조약

강화도 조약의 조항	일본의 속뜻
제1관. 조선국은 자주의 나라이다.	청의 간섭 배제
제4관. 부산 이외에 두 항구 개항	부산, 원산, 인천 개항
제7관. 조선국 연해의 자유로운 측량(해안측량권)	영토 주권의 침해
	유사시 군사훈련 위해
제10관. 일본인의 범죄 행위는 일본국 관헌이 심판 한다. → 영사 재판권(치외 법권)	조선의 사법권 침해, 일본의 침략적 활동 보호

(2) 각국과의 조약 체결
영국, 러시아, 프랑스와 조약 체결 : 불평등 조약
① 조·미 수호 통상 조약(1882) : 미국, 관세, 최혜국 대우, 거중 조항(일본이 조선공격 시 미국은 조선 지원) → 러시아와 일본 견제하기 위함
② 조·청 상민 수륙 무역 장정(1882) : 청, 서울 내륙 진출, 객주, 여각, 보부상의 중계무역 타격 → 상회사 설립(대동상회)
③ 조·러 통상조약(1884) : 러시아, 주변국의 견제 때문에 수교가 늦음
④ 조·프 통상 조약(1886) : 천주교 신앙의 공인 문제 때문에 수교가 늦었는데, 수교를 계기로 사실상 천주교 신앙의 자유가 허용됨

(3) 의의
서양 문물제도 수용, 천주교의 포교권 인정, 청과 일본 및 서양 열강의 침략 가속화

(4) 개화 정책 추진
① 통리기무아문(1880)과 별기군(1881) 설치
② 일본에 수신사, 조사시찰단(비밀리에 파견), 청에 영선사(귀국 후 기기창 설립), 미국에 보빙사절단 파견

CHAPTER 05
근대 정치의 전개

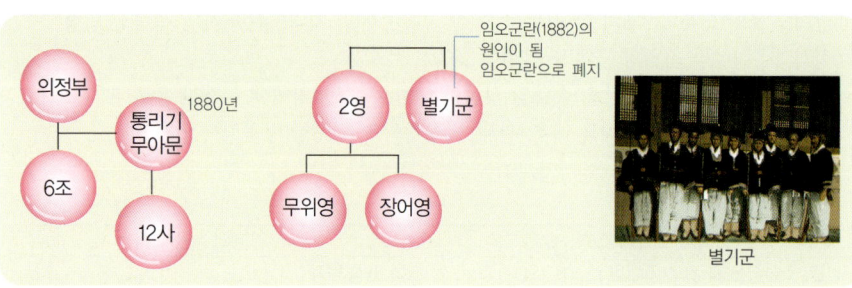
별기군

03 위정 척사 운동의 전개

(1) 1차 위정 척사 운동(척화주전론)
이항로 중심, 흥선대원군의 통상수교거부정책 지지

(2) 2차 위정 척사 운동(왜양일체론)
최익현 중심, 강화도 조약 반대

(3) 3차 위정 척사 운동(미국과 수교 반대)
영남만인소의 이만손, 황쭌셴의 〈조선 책략〉(미국과 수교 권유)을 반박

▶ 최익현의 왜양일체론

왜인과 양인은 한통속이라는 것. 일본은 서양의 제도를 받아들여, 서양 국가화가 되었으므로 일본과 서양은 한몸이라는 주장이다.

▶ 이만손

미국과의 수교 결사 반대!
황쭌셴의 〈조선책략〉
이만손
2차 수신사 김홍집이 가져옴

▶ 황쭌셴의 〈조선책략〉

청이 러시아와 일본을 견제하기 위해 조선에게 미국과의 수교를 권유

▶ 〈조선책략〉
조선의 땅은 실로 아시아의 요충을 차지하고 있어 형세가 반드시 다투게 마련이며, 조선이 위태로우면 중국도 위급해질 것이다. 러시아가 영토를 넓히려고 한다면 반드시 조선으로부터 시작할 것이다. …그렇다면 오늘날 조선의 책략은 러시아를 막는 일보다 더 급한 것이 없을 것이다. 러시아를 막는 책략은 무엇인가? 중국과 친하고(親中國), 일본과 맺고(結日本), 미국과 이어짐(聯美邦)으로써 자강을 도모해야 한다. ……미국을 끌어 들여 우방으로 하면 도움을 얻고 화를 풀 수 있을 것이다. 이것이 바로 미국과 이어져야 하는 까닭이다.

04 임오군란과 갑신정변

(1) 임오군란(1882)

① 발단 : 신식 군대(별기군)와의 차별 대우에 대한 구식 군대의 반발, 일본의 경제 침탈 심화, 도시 빈민층의 생활 곤란
② 경과 : 흥선 대원군 재집권 → 청의 개입 → 대원군을 청으로 압송 → 민씨 정권 복귀
③ 결과 : 청의 내정 간섭 심화(위안스카이, 묄렌도르프, 마젠창이 간섭)
④ 조약 체결
　㉠ 제물포 조약 : 일본에 배상금 지불, 일본 공사관의 경비병 주둔 인정
　㉡ 조·청 상민 수륙 무역 장정 : 청의 통상 특권 허용(청 상인의 서울 진출 가능)

▶ 임오군란의 전개과정

① 구식 군인 차별

② 임오군란 시작

③ 일본 공사관 습격

④ 궁궐 난입

⑤ 민비 도망

⑥ 흥선 대원군 추대

⑦ 청의 흥선 대원군 납치

(2) 갑신정변(1884)

① 배경 : 청의 내정 간섭 심화, 급진 개화파의 일본 차관 도입 실패로 비상수단 강구, 베트남 문제로 청·프전쟁이 발생하자 청의 조선 주둔군 일부 철수, 일본 공사의 지원 약속
② 경과 : 급진개화파(개화당)가 우정국 개국 축하연을 이용하여 정권 장악 → 근대 국가 설립 추진 14개조 정강 발표
③ 결과 : 청의 무력 개입으로 민씨 정권 복귀 → 청의 내정간섭 심화
④ 조약 체결 : 한성 조약, 톈진 조약(청·일 동시 철수, 청·일 공동 출병 조항, 1894년 청일전쟁의 근거 조항)
⑤ 의의 : 근대 국가 건설을 목표로 한 최초의 정치 개혁 운동으로 입헌군주제, 신분제 철폐 시도
⑥ 한계 : 대다수 관료와 일반민의 지지를 끌어내지 못하고 외세의 침략 가속

▶ 개화당이 마련한 14개조 정강

분야	14개조 정강	개화당의 목표
정치	1. 흥선대원군(1882년 임오군란 때 납치)을 빨리 귀국시키고 종래 청에 대해 행하던 조공의 허례를 폐지한다.	청에 대한 사대 관계 폐지
	2. 문벌을 폐지하고 인민 평등권을 제정하여 능력에 따라 관리를 임명한다.	양반 중심의 정치 체제와 신분제 타파
	4. 내시부를 없애고 그 중에서 우수한 인재를 등용한다. 7. 규장각 을 폐지한다.(인재 등용을 위해 정조가 설치했지만 오히려 외척 세도 정치의 기반으로 변질되었기에 폐지를 주장하였다.)	국왕을 가까이에서 보좌하는 기관을 폐지하여 국왕의 권력 제한
	13. 대신과 참찬은 의정부에 모여 정령을 의결하고 반포한다. → 내각 중심의 정치 실시(입헌 군주제 : 바로 이것 때문에 갑신정변이 최초의 근대지향적 정치 개혁이라는 의의를 갖게 되었다.) 14. 의정부와 6조 외에 필요 없는 관청을 없앤다.	국왕의 전제 정치와 외척의 국정 간섭을 막고, 내각 제도(입헌군주제) 확립
경제	3. 지조법(토지에서의 생산물에 따라 조세)을 개혁하여 관리의 부정을 막고 백성을 보호하며 재정을 넉넉히 한다. 6. 각 도의 환상(환곡)을 영구히 받지 않는다. → 빈민 구휼 제도로 시작된 환곡이 고리대화되자 이 제도를 폐지하고자 하였다.	삼정의 문란을 바로잡고 국가의 재정 확보
	9. 혜상공국(1883년 설치한 관청, 보부상을 총괄하는 기관, 보부상의 특권을 보호하며 집권층의 손발 노릇)을 혁파한다.	보부상(그들이 가지고 있던 전근대적 상업특권을 폐지하려 하였다) 등의 특권을 없애고 자유 상업 발전

분야	14개조 정강	개화당의 목표
기타	12. 모든 재정은 호조에서 관할한다.	왕실과 정부 재정을 구분하고 호조가 국가 재정 관할
	5. 탐관오리 중에서 그 죄가 심한 자는 처벌한다.	국가 기강 확립과 민생 안정
	8. 급히 순사를 두어 도둑을 방지한다.	근대적 경찰 제도 도입
	10. 귀양살이하거나 옥에 갇혀 있는 자는 그 정상을 참작하여 적당히 형을 감한다.	민심 획득
군사	11. 4영을 1영으로 합하되, 영 가운데에서 장정을 뽑아 근위대를 설치한다.	군의 통솔권 확립(군제의 일원화)

▶ 갑신정변의 전개과정

①
우정국 개국 축하연을 계기로 정변 단행

②
알렌의 민영익 치료
알렌은 갑신정변 때 민비의 사촌인 민영익을 치료해준 대가로 광혜원(이후 제중원)을 만드는데 민비의 지원을 받게 되었다. 이후 알렌은 운산광산 이권도 얻어 엄청난 부자가 되었다.

③

④
청군 개입

⑤
일본으로 망명

⑥
김옥균 암살

05 거문도 사건과 중립화론(1885)

(1) 조러 비밀 협약
러시아가 조선의 군사 훈련을 해주는 대가로 영흥만의 조차를 요구(청의 방해로 실패)

(2) 거문도 사건(1885)
러시아가 조러 비밀 협약을 맺으려 한다는 소식을 듣고 영국이 러시아 견제를 목적으로 거문도 불법 점령

(3) 조선의 중립화론 대두
독일 영사 부들러 건의, 유길준 구상 → 실행에 옮기지는 못함

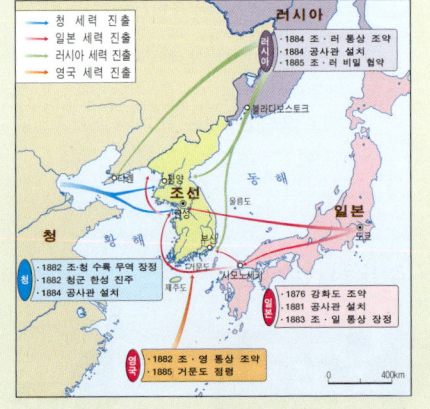
▶ 열강의 각축과 조선의 중립화론

06 동학농민운동

(1) 농민층의 불만 고조
일본의 경제 침탈 → 농촌 경제 파탄, 지배층과 외세에 대한 적개심 고조 → 동학의 민중 조직화

(2) 교조 신원 운동
교조 신원과 동학 탄압 중지 → 서울 복합 상소, 삼례집회(종교적 성격) → 보은 집회(정치적 성격)

(3) 고부 농민 봉기(1894)
고부 군수 조병갑의 수탈에 항거하여 봉기

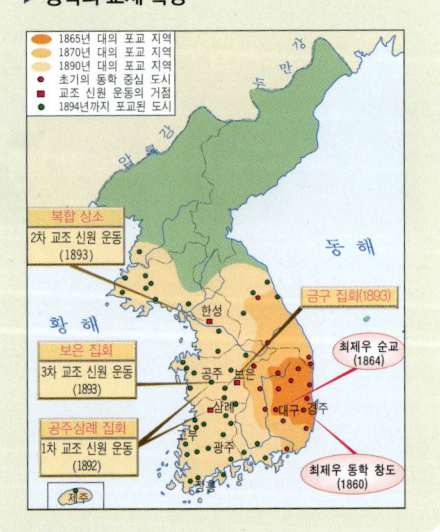
▶ 동학의 교세 확장

(4) 제1차 봉기(1894)
백산 봉기 이후 황토현 전투에서 정부군을 격파하고 전주성 점령

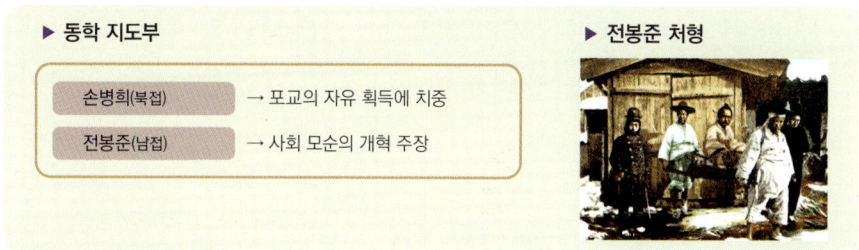

(5) 전주 화약
정부가 청에 원병 요청 → 청군 아산만 상륙 → 일본도 톈진 조약 구실로 인천에 군대 파견 → 전주 화약 체결 → 교정청(개혁기구), 집강소(자치기구) 설치, 폐정 개혁안 실천

(6) 제2차 봉기
일본이 청일전쟁을 일으키자 남접과 북접이 연합하여 서울로 진격하였으나 공주 우금치 전투에서 패배

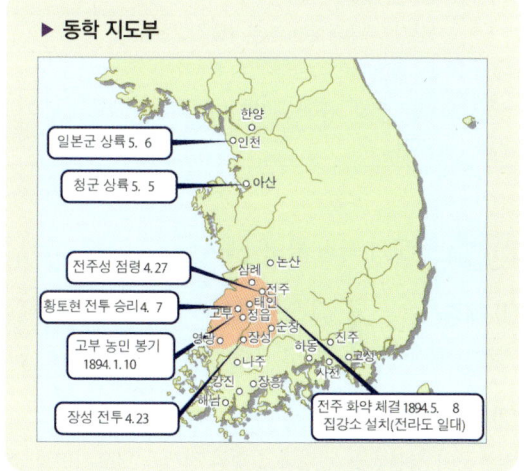

(7) 성격
반봉건적 성격 → 갑오개혁에 영향, 반외세적

(8) 의의
민중이 주체가 된 아래로부터의 개혁 운동, 민중 의식 성장에 기여

CHAPTER 05 근대정치의전개

▶ 동학 농민군의 폐정 개혁안 12개조(1894. 6)

분야	폐정 개혁안 12개조	당시의 사회 모습
정치	1. 동학 교도는 정부와의 원한을 씻고 서정에 협력한다.	정부가 동학 교도를 탄압하였다.
	2. 탐관오리는 그 죄상을 조사하여 엄중히 징벌한다.	관리들의 부정 부패가 심하였다.
	9. 관리채용에는 지벌을 타파하고 인재를 등용한다.	민씨 정권의 세도 정치와 관직 매매로 인해 국정이 문란해졌다.
	10. 왜와 통하는 자는 엄중히 징벌한다.	일본에 대한 농민들의 반감이 강하였다.
경제	8. 무명의 잡다한 세금은 일체 거두지 않는다.	법에도 없는 잡다한 세금이 많았다.
	11. 공채이든 사채이든 기왕의 것은 모두 무효로 한다.	농민들 중에는 관리와 지주의 수탈 때문에 빚을 진 사람들이 많았다.
	12. 토지는 균등하게 나누어 경작하게 한다. 경자유전의 원칙	땅이 없는 농민들이 많았다.
사회	3. 횡포한 부호를 엄중히 징벌한다.	양반 지주와 토호들의 횡포가 심하여 농민들이 적개심을 가지고 있었다.
	4. 불량한 유림과 양반의 무리를 징벌한다.	
	5. 노비문서를 소각한다. 갑오개혁에 영향	신분 차별이 심하였다
	6. 7종의 천인 차별을 개선하고 백정이 쓰는 평량갓을 없앤다.	
	7. 젊어서 과부가 된 여성의 개가를 허용한다.	과부는 개가할 수 없었다.

07 갑오개혁과 을미개혁

(1) 배경
정부는 교정청을 설치하고 자주적 개혁 추구, 일본은 침략의 편의를 위한 개혁 강요

(2) 1차 개혁
일본군이 경복궁을 점령하고 청일 전쟁을 일으키면서 군국기무처 설치하고 자주적 개혁 추진

▶ 갑오개혁 / 이토 히로부미 / 김홍집

① 정치 : 입헌군주제(의정부와 궁내부 분리), 행정 기구(6조 → 8아문, 호조 → 탁지아문), 과거제 폐지
② 경제 : 재정의 일원화(탁지아문), 은본위 화폐 제도 채택, 조세의 금납화
③ 사회 : 신분제 철폐, 노비 제도 폐지, 인신 매매 금지, 조혼 금지, 과부 재가 허용, 고문 및 연좌제 폐지

(3) 2차 개혁(김홍집, 박영효 연립 내각)
군국기무처 폐지, 의정부 → 내각, 홍범 14조 반포, 지방관의 권한 축소(행정권만 행사), 지방 제도의 개편(23부로 개편), 사법 제도의 개혁(근대적 재판 시작), 탁지아문을 탁지부로 개편 → 청·일 전쟁에서 일본이 승리 → 삼국간섭(친러내각) → 을미사변

(4) 3차 개혁
태양력 도입, 단발령 시행, 소학교, 종두법 실시(지석영의 종두법), 우편사무(우체사)

(5) 의의
① 긍정적 평가 : 개화 인사들과 동학 농민층의 개혁의지가 반영된 자율적 개혁
② 부정적 평가 : 일본의 간섭에 의한 타율적 개혁, 민중과 유리된 개혁(토지제도, 상공업, 군제 개혁 ×)

CHAPTER 05 근대정치의전개

자료탐구

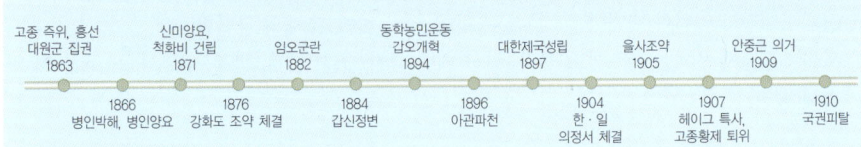

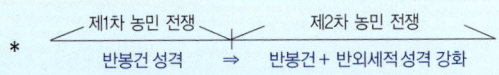

* **갑신정변(1884), 갑오개혁(1894 ~ 1895), 동학농민운동(1894) 비교**

구분		정치면	경제면	사회면
위로 부터의 개혁운동	갑신정변	• 입헌군주제 • 반청+친일	• 재정의 일원화(호조) • 조세제도 개혁(지조법) /	신분제 폐지 주장
	갑오개혁	• 입헌군주제 • 반청	• 재정의 일원화(탁지아문) • 조세제도 개혁(조세의 금납화) • 조세 법률주의	신분제 폐지 (공·사노비 혁파)
아래로 부터의 개혁운동	동학농민운동	근대적 정치체제 제시 못함	• 토지 평균 분작 주장 • 조세법률주의(무명 잡세 폐지)	신분제 폐지 주장

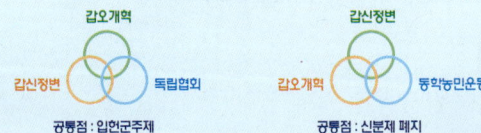

동학농민운동과 갑오개혁의 전개

① 고부군수 조병갑의 횡포

② 고부 농민 봉기 당시의 사발 통문

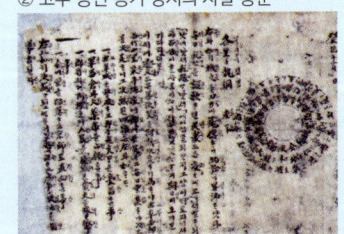

③ 고부민란

④ 안핵사 이용태가 봉기 관련자를 역적으로 몰아 탄압

⑤ 백산봉기

⑥ 황토현 전투

⑦ 전주성 점령

⑧ 청군, 일본군 상륙

⑨ 전주화약

⑩ 청일전쟁

CHAPTER 05 근대정치의전개 • 151

⑪ 군국기무처 설치(1차 갑오개혁)

⑫ 2차 봉기, 우금치 전투

⑬ 군국기무처 폐지(2차 갑오개혁)

⑭ 삼국간섭

⑮ 요동반도 반환

⑯ 을미사변

⑰ 을미개혁(3차 갑오개혁)

⑱ 아관파천

구분	갑신정변 (14개조 정강)	동학 농민 운동 (폐정 개혁안 12조)	갑오개혁 (홍범 14조)	관민 공동회 (헌의 6조)
문벌 제도 폐지	문벌을 폐지하여 인민 평등의 권리를 세운다.	노비 문서를 소각한다.	신분 제도와 노비 제도를 폐지한다.	
관리등용 개선	능력에 따라 관리를 등용한다.	지벌을 타파하고 인재를 등용한다.	과거제를 폐지하며, 문벌을 가리지 않고 인재 등용의 길을 넓힌다.	
세제의 개혁	지조법을 개혁하여 국가의 재정을 넉넉하게 한다.	무명의 잡세는 일체 폐지한다.	납세는 법으로 정하고 함부로 세금을 징수하지 않는다.	예산과 결산을 국민에게 공포한다.
재정의 일원화	모든 재정은 호조에서 통할한다.		조세의 징수와 경비 지출은 모두 탁지아문의 관할에 속한다.	국가 재정은 탁지부에서 전관한다.
과부 개가 허용		청상과부의 개가를 허용한다.	과부의 개가를 허용한다.	
국왕의 전제권 제한	대신과 참찬은 매일 합문 내의 의정부에 모여서 정령을 의결하고 반포한다.		왕실과 국정사무를 나누어 혼동하지 않는다.	각부대신과 중추원 의정이 합동 날인한다.
경찰제 실시	급히 순사를 두어 도둑을 방지한다.		경무청을 설치하여 경찰 업무를 수행한다.	

02 근대정치의 전개(2)

01 독립협회

(1) 배경 : 아관 파천으로 열강의 이권 침탈 심화

(2) 창립(1896) : 서재필, 이승만 등 진보적 지식인이 조직, 도시민, 학생, 노동자, 여성, 천민 등 일반 시민들도 참여

(3) 목표 : 자주 독립 국가 수립

▶ 영은문과 독립문

독립문은 중국 사신을 맞이하던 영은문이 있었던 그 자리에 세웠다. O으로 표시된 곳이 영은문 주춧돌이다.

(4) 활동
① 자주 국권 : 독립문, 독립관 건립, 독립신문 창간, 만민공동회(민중 계몽), 러시아의 절영도 조차 반대(성공), 한러은행 폐쇄
② 자유 민권 : 신체의 자유와 재산권 보호 요구, 언론·출판·집회·결사의 자유 요구 → 관민공동회(헌의 6조 결의)
③ 자강 개혁 : 입헌군주제 추구(박정양 내각), 의회 설립 운동 전개(중추원), 신교육 진흥, 산업 개발

(5) 해산 : 독립협회가 공화정을 추진한다는 보수파의 모함으로 황국협회(보부상 조직, 혜상공국 → 상리국 → 황국협회)가 독립협회를 강제 해산

상권수호운동 여권 통문 발표(여성권리향상)
▶ **독립협회의 자매단체(황국중앙총상회, 찬양회)/독립협회의 적대단체(황국협회)**

시전상인	황국중앙총상회	반정부적(친독립협회)
보부상	황국협회	친정부적(반독립협회)

▶ **관민공동회의 헌의 6조(1898)**
1. 외국인에게 의지하지 말고, 관민이 합심하여 황제권을 공고히 할 것
2. 외국인과의 이권에 관한 계약과 조약은 해당 부처의 대신과 중추원 의장이 합동 날인하여 시행할 것
3. 국가 재정은 탁지부에서 전관하고, 예산과 결산을 국민에게 공포할 것
4. 중대 범죄를 공판하되, 피고의 인권을 존중할 것
5. 칙임관은 정부에 그 뜻을 물어서 과반수가 동의하면 임명할 것
6. 정해진 규정을 실천할 것

(6) 의의
민중과 결합된 근대적 민중 운동의 전개

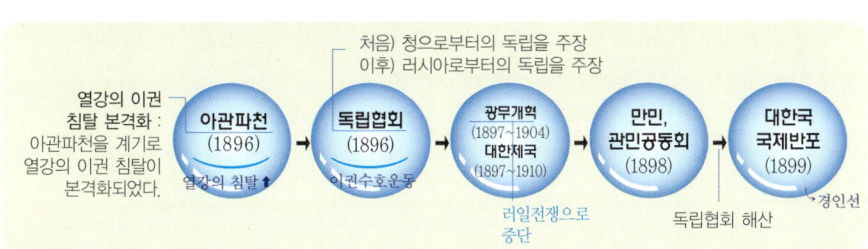

02 대한제국

(1) 배경
국민의 자주 독립 요구, 러시아와 일본의 세력 균형

▶ 러·일의 세력 균형

러시아와 일본의 세력이 균형을 이루어 러시아, 일본 모두 조선에 개입할 수 없었다. 이에 고종은 이 기회를 이용해 광무개혁을 추진하였다.

(2) 대한제국 선포(1897)
국호를 대한제국, 연호를 광무로 정하고 황제 즉위식 거행, 대한국 국제 제정(1899)

▶ 원구단(환구단)

황제가 하늘에 제사를 지내는 곳으로, 1897년에 고종 황제 즉위식을 치르기 위해 쌓았다. 왼쪽건물은 오늘날까지 남아 있는 황궁이다.

(3) 광무개혁
① 성격 : 구본 신참 → 복고주의적 성격
② 정치 : 전제 황권 강화 표방, 지방 행정 구역 변경(23부 → 13도)
③ 경제
  ㉠ 양전 사업 → 지계(양안이 지계로 바뀜) 발급 → 근대적 토지 소유권 확립이 목적, 지주의 토지 소유권 강화
  ㉡ 황실 중심의 상공업 진흥 → 상회사 설립, 실업·기술 교육 기관 설립, 유학생 파견
  ㉢ 경인선(1899), 전차 건설(서대문 – 청량리, 1899)
  ㉣ 한성은행, 대한천일은행(최초의 은행인 조선은행은 광무개혁 이전)
④ 군사 : 원수부 설치 → 황제가 군대 직접 장악
⑤ 외교 : 이범윤을 간도 관리사로 파견, 울릉도를 울도군으로 승격(독도 포함)

▶ 양전사업

미국인 측량기사를 초빙하여 양전사업을 실시하였으나 일본의 방해로 중단

▶ 광무개혁 때 경인선, 전차 건설

03 간도와 독도

(1) 간도
백두산 정계비 해석 문제로 청과 영유권 분쟁 발생 → 을사조약(1905) 이후 일본은 청과 간도 협약 체결(1909, 만주 철도부설권과 간도를 교환)

(2) 독도
러·일 전쟁 중 일제가 불법으로 독도를 시마네 현에 편입(1905년)

04 항일 의병 전쟁의 전개

(1) 을미의병(1895)
① 계기 : 을미사변, 을미개혁(단발령)
② 활동 : 위정척사사상을 지닌 유생층 주도, 고종의 해산 권유와 단발령 취소로 양반층은 해산, 농민은 활빈당을 조직하여 반침략 반봉건 활동 전개

활빈당

(2) 을사의병(1905)
① 계기 : 을사조약을 계기로 확산
② 을사늑약에 대한 반대 투쟁 : 장인환, 전명운(스티븐스 사살, 이 사건을 계기로 1910년 샌프란시스코에서 대한인국민회 설립), 안중근(이토 히로부미 사살, 1909년 하얼빈), 이재명(이완용 저격), 나철·오기호[오적 암살단 조직 이후 대종교(단군) 창시], 민영환(자결), 장지연(황성신문에 시일야 방성대곡 저술)
③ 을사의병 : 민종식, 최익현, 신돌석(평민 의병장)

(3) 정미의병(1907)
① 계기 : 고종황제의 강제 퇴위, 군대 해산
② 활동 : 조직과 화력 강화(항일 의병 전쟁으로 발전), 국제 교전 단체 인정 요구

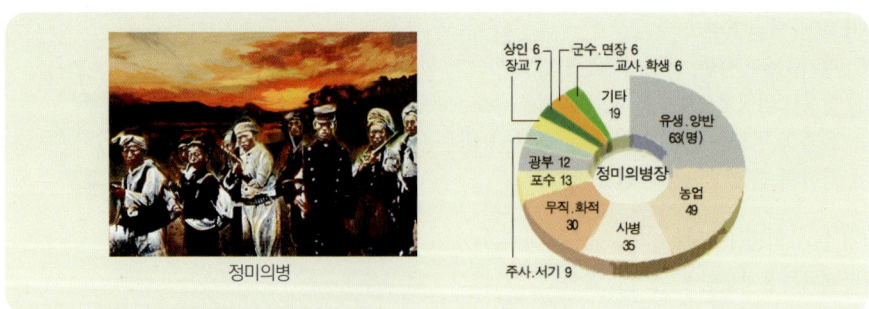

(4) 서울 진공 작전(1908)
① 13도 창의군 결성(이인영, 허위) → 진격 작전 무산, 실패
② 한계 : 신돌석, 홍범도는 평민 의병장이라 하여 제외

(5) 일제의 남한 대토벌 작전(1909)
일제가 호남 의병 진압

(6) 항일 의병 전쟁의 의의
민족의 강인한 저항 정신 표출, 국권 회복을 위한 무장 투쟁 전개 → 일제하 항일 무장 독립 투쟁의 기반 마련

05 애국 계몽 운동

(1) 성격
사회 진화론의 영향으로 당시 국제 관계를 약육강식과 적자생존의 각축장으로 인식 → 애국 계몽 운동가들은 교육과 언론 및 식산흥업 활동에 노력

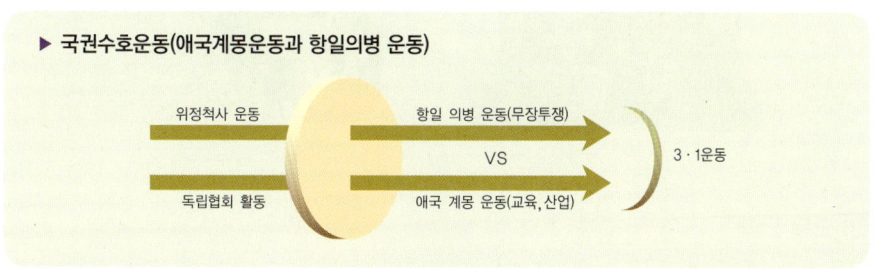

(2) 애국 계몽 운동 단체

① 보안회(1904) : 일본의 황무지 개간권 요구의 철회 주도
② 헌정 연구회(1905) : 독립협회의 계승, 의회 설립을 통한 입헌 정치 체제 수립 추구
③ 대한 자강회(1906) : 헌정 연구회의 후신, 고종 강제 퇴위 반대 운동 전개 → 강제 해산
④ 대한 협회(1907) : 대한 자강회의 후신, 교육 보급과 산업 개발, 민권 신장 운동 전개
⑤ 신민회(1907)
  ㉠ 성격 : 안창호, 양기탁 등이 중심이 된 민족 실력 양성 운동 단체, 비밀 결사 조직
  ㉡ 목표 : 국권 회복과 공화정체의 국민 국가 건설
  ㉢ 국내 활동 : 교육 활동으로 대성학교(안창호)와 오산 학교(이승훈) 설립, 경제 활동으로 자기 회사(평양)와 태극 서관(대구) 설립, 기관지로 대한 매일 신보(베델과 양기탁) 발행
  ㉣ 국외 활동 : 남만주(삼원보)에 경학사와 신흥 강습소 설치(1911, 이후 신흥무관학교), 미국의 흥사단(안창호)
  ㉤ 해산 : 105인 사건으로 해산(1911)

신흥무관학교 자기회사 대성학교

태극서관 오산학교

(3) 교육 단체

서북 학회, 기호 흥학회 등 → 사립학교령(1908년)으로 탄압

(4) 방곡령 사건 : 1889년

▶ **방곡령**

일본의 산업화가 가속화되자 일본은 입도선매 방식으로 우리나라의 양곡을 수입해 갔다. 이에 방곡령이(1889년) 선포되었다. 방곡령이란 흉년이 들어 곡물이 부족할 때 지방관이 외부로의 곡물 반출을 일시적으로 중단시키는 행정 명령을 말한다.

▶ **입도선매**

아직 익지 않은 서 있는 벼를 판다는 말로, 벼를 논에서 거두지 않은 채로 팔아 버리는 일을 뜻한다.

06 화폐 정리 사업과 국채 보상 운동

(1) 화폐 정리 사업(1905)

재정 고문 메가타 주도, 백동화(전환국이 주조)를 일본 제일 은행이 발행하는 새 화폐로 교환 → 백동화의 평가 절하, 교환 거부 → 유통 화폐량 감소, 국내 상공업자와 은행 몰락

▶ **화폐정리사업**

CHAPTER 05
근대정치의전개

(2) 국채 보상 운동(1907)
대구에서 시작 → 국채 보상 기성회 조직, 각종 단체와 언론 기관이 호응하여 전국적으로 확산 → 담배 끊기, 음주 절제, 금은 패물 헌납 등으로 성금 모집

> ▶ **토지 약탈**
> 고리대금 등의 방법으로 토지 약탈, 러·일 전쟁 이후 철도 부지와 군용지 확보를 명목으로 국유지·역둔토 약탈, 동양 척식 주식회사 설립(1908)

07 근대 시설

(1) 통신 : 전신 연결, 전화 개통

(2) 전기 : 한성 전기 회사 설립, 전등 가설, 전차 개통(서대문에서 청량리까지, 1899년)

(3) 철도 : 경인선(1899), 경부선(1905), 경의선(1906) → 모두 일본이 완성

(4) 의료기관
① 광혜원(1885) : 알렌이 설립한 최초의 근대식 병원, 이후 제중원 → 세브란스병원
② 광제원(1900) : 국립 병원으로 종두법(지석영) 실시

(5) 근대 건축
① 명동 성당 : 고딕 양식 건축
② 덕수궁 석조전

전화

전차

명동 성당

덕수궁 석조전

08 근대 교육

(1) 1880년대
① 원산 학사(1883) : 개화파 인물들과 함경도 덕원의 주민들이 설립
② 동문학(1883) : 정부가 설립한 외국어 교육 기관
③ 육영 공원(1886) : 우리나라 최초의 근대식 공립 교육 기관, 양반 자제들에게 근대 학문 교육, 외국인 교사(헐버트, 길모어) 초빙
④ 서양 선교사들이 배재 학당, 이화 학당, 숭실학교 등 설립

(2) 갑오개혁 시기
교육입국조서 반포(1895) → 근대 학교 법규 제정, 각종 관립 학교 설립

(3) 을사조약 전후
신민회가 대성학교(안창호), 오산학교(이승훈) → 사립 학교령 제정(1908)

09 언론

한성신문(박문국, 최초의 신문, 순한문), 한성주보(국한문혼용체), 독립신문(서재필, 순한글, 영문판 발행), 제국신문(순한글, 주로 하층민과 부녀자), 황성신문(국한문 혼용체, 주로 유생층, 장지연의 시일야방성대곡), 대한매일신보(영국인 베델과 양기탁, 순한글, 일제 비판, 의병에 호의적), 만세보(천도교)

10 한국사와 국어 연구

(1) 한국사
박은식, 신채호(〈이순신전〉, 〈을지문덕전〉, 〈독사신론〉 등 저술)

(2) 국어 연구
국문연구소(1907) : 주시경과 지석영이 설립

신채호는 〈최도통전〉(최영), 〈이순신전〉, 〈을지문덕전〉을 저술했다.

11 국권 피탈 과정

1904년	
러일전쟁 시작	일본의 요동 기습(1904)으로 러일전쟁 시작, 고종의 중립 선언
한일의정서(1904. 2)	군사전략상 요한 지역을 마음대로 사용할 수 있게 됨
제1차 한일협약(고문정치)	외교고문 스티븐스, 재정고문 메가타
1905년	
카쓰라·태프트 밀약	미국의 필리핀 지배와 일본의 한국 지배를 서로 인정
제2차 영일동맹	1차 영일동맹(1902) 갱신, 영국의 인도 권익과 일본의 한반도 권익 서로 인정
포츠머스강화조약	러일전쟁 종결 cf) 청일전쟁 종결(시모노세키조약, 1895)
제2차 한일협약(을사조약)	외교권 박탈, 통감부 설치(1906, 이토 히로부미)
1907년	
헤이그 특사 파견(1907)	을사늑약에 반발하여 이준·이위종·이상설을 네덜란드 만국평화회의에 파견
고종 강제 퇴위	헤이그 특사 파견이 원인
제3차 한일협약 (한일신협약, 정미7조약)	차관정치(통감이 내정을 완전히 장악, '한국 정부는 통감이 추천하는 일본인을 한국 관리에 임명'), 신문지법, 보안법
군대 해산	군대 해산
정미의병	의병전쟁
1909년	
기유각서	사법권·감옥 사무 박탈
1910년	
경찰권 박탈	
경술국치	

러일전쟁 전쟁 비용 대부분을 영국과 미국이 대줌

한일의정서
용산기지 건설

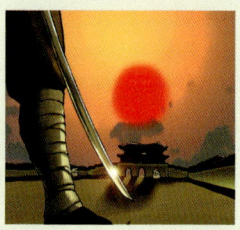
한일병합조약
1910년 8월 22일 총리 대신 이완용과 일본인 통감 데라우치가 합병조약에 서명했으나 순종황제는 조약에 서명하지 않음 → 8월 29일 공포

CHAPTER 05
근대정치의전개

자료탐구

■ **독립협회의 토론회 주제**

일정	주제
1897. 09. 26	여성을 교육시키는 것이 가정과 나라에 유익하다.
1897. 12. 12	독립의 권리를 보호하려면 상무하는 것이 더 중요하다.
1898. 03. 06	대한국의 토지를 다른 나라 사람에게 빌려주는 것은 일천이백만 동포의 원수가 되는 것이다.
1898. 05. 08	민원을 신장시키는 것이 군주권을 신장시키는 길이다.

■ **최익현은 왜 일본과 통상하는 것을 반대했을까?**

일단 강화를 맺고 나면 저들의 욕심은 물화를 교역하는 데 있습니다. 저들의 물화는 모두 지나치게 사치하고 기이한 노리개로 공산품이며 그 양이 무궁합니다. 우리의 물화는 모두가 백성들의 생명이 달린 것이고 땅에서 나는 것으로 한정이 있는 것입니다. 이와 같이 피와 살이 되어 백성들의 목숨이 달려 있는 유한한 물화를 가지고 저들의 사치하고 기이하며 심성을 좀먹고 풍속을 무너뜨리는 물화와 교역을 한다면 그 양은 틀림없이 일년에도 수만에 달할 것입니다. 그렇게 되면 몇 년 안 지나 땅과 집이 모두 황폐하여 다시 보존하지 못하게 될 것이고 나라 또한 망하게 될 것입니다. … 저들이 비록 왜인이라고 하나 실은 양적(洋賊)입니다. 강화가 한번 이루어지면 사학(邪學) 서적과 천주의 초상화가 교역하는 속에 교사와 신자의 전수를 거쳐 사학이 온 나라 안에 퍼지게 될 것입니다.

〈최익현, 면암집, 도끼를 지고 궁궐 앞에 엎드려 올리는 상소〉

■ **홍범14조**
1. 청에 의존하는 생각을 버리고 자주 독립의 기초를 세운다. → 일〉청
2. 왕실 전범(典範)을 제정하여 왕위 계승의 법칙과 종친과 외척과의 구별을 명확히 한다.
3. 임금은 각 대신과 의논하여 정사를 행하고, 종실, 외척의 내정 간섭을 용납하지 않는다.
4. 왕실 사무와 국정 사무를 나누어 서로 혼동하지 않는다. → 입헌군주제(3.4)
5. 의정부(議政府) 및 각 아문(衙門)의 직무, 권한을 명백히 한다.
6. 납세는 법으로 정하고 함부로 세금을 거두지 않는다. → 조세법률주의
7. 조세의 징수와 경비 지출은 모두 탁지아문(度支衙門, = 탁지부, 갑오개혁, 독립협회는 「탁지부」 갑신정변은 「호조」를 중심으로 재정의 일원화)의 관할에 속한다. → 재정의 일원화
8. 왕실의 경비는 솔선하여 절약하고, 이로써 각 아문과 지방관의 모범이 되게 한다.
9. 왕실과 관부(官府)의 1년 회계를 예정하여 재정의 기초를 확립한다.
10. 지방 제도를 개정하여 지방 관리의 직권을 제한한다.
11. 총명한 젊은이들을 파견하여 외국의 학술, 기예를 견습시킨다.
12. 장교를 교육하고 징병을 실시하여 군제의 근본을 확립한다.

13. 민법, 형법을 제정하여 국민의 생명과 재산을 보전한다. → 민권신장
14. 문벌을 가리지 않고 인재 등용의 길을 넓힌다. → 평등권 추구

〈고종실록〉, 고종 31년 12월 12일

■ 〈조선책략〉

조선의 땅은 실로 아시아의 요충을 차지하고 있어 형세가 반드시 다투게 마련이며, 조선이 위태로우면 중국도 위급해질 것이다. 러시아가 영토를 넓히려고 한다면 반드시 조선으로부터 시작할 것이다. … 그렇다면 오늘날 조선의 책략은 러시아를 막는 일보다 더 급한 것이 없을 것이다. 러시아를 막는 책략은 무엇인가?
중국과 친하고(親中國), 일본과 맺고(結日本), 미국과 이어짐(聯美邦)으로써 자강을 도모해야 한다. … 미국을 끌어들여 우방으로 하면 도움을 얻고 화를 풀 수 있을 것이다. 이것이 바로 미국과 이어져야 하는 까닭이다.

■ 관민공동회의 헌의 6조(1898)

1. 외국인에게 의지하지 말고, 관민이 합심하여 황제권을 공고히 할 것
2. 외국인과의 이권에 관한 계약과 조약은 해당 부처의 대신과 중추원 의장이 합동 날인하여 시행할 것
3. 국가 재정은 탁지부에서 전관하고, 예산과 결산을 국민에게 공포할 것
4. 중대 범죄를 공판하되, 피고의 인권을 존중할 것
5. 칙임관은 정부에 그 뜻을 물어서 과반수가 동의하면 임명할 것
6. 정해진 규정을 실천할 것

■ 일제의 한국 지배를 묵인하는 제국주의 열강들

① 가쓰라·태프트 밀약(1905. 7.)
첫째, 일본은 필리핀에 어떠한 침략적 의도도 품지 않으며, 미국의 필리핀 지배를 인정한다.
둘째, 극동의 평화를 위하여 미국, 영국, 일본 3국은 실질적인 동맹 관계를 확보한다.
셋째, 러·일전쟁의 원인이 된 한국은 일본이 지배할 것을 승인한다.

② 제2차 영·일동맹(1905. 8.)
영국은 일본이 한국에서 가지고 있는 이익을 옹호, 증진하기 위하여 필요하다고 인정하는 지도, 통제 및 보호의 조치 등을 한국에서 행하는 권리를 승인한다.

③ 포츠머스 강화 조약(1905. 9.)
러시아 제국 정부는 일본 제국이 한국에서 정치상, 군사상 및 경제상의 탁월한 이익을 가지는 것을 인정하고 일본 제국 정부가 한국에서 필요하다고 인정하는 지도, 보호 및 감리의 조처를 하는 데 이를 저지하거나 간섭하지 않을 것을 약정한다.

CHAPTER 05
근대 정치의 전개

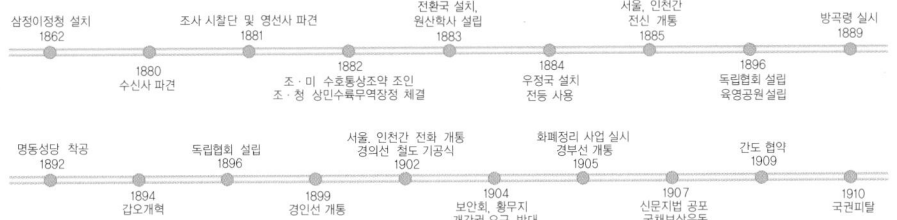

▣ 신채호의 〈독사신론〉

국가의 역사는 민족의 소장성쇠의 상태를 서술할지라. 민족을 빼면 역사가 없으며 역사를 빼어버리면 민족의 그 국가에 대한 관념이 크지 않을지니, 오호라 역사가의 책임이 그 역시 무거울 진저 금일에 민족주의로 전국의 완고한 꿈을 깨게 하며 국가 관념으로 청년의 새로운 뇌를 만들어 우자(優者)가 살고 열자(劣者)가 망하는 십자거리에서 어깨를 나란히 하여 한 가닥 아직 남아있는 국맥을 보존코자 할진대 역사를 빼고는 다른 방법이 없다고 할지니

▣ 대한국국제 1조 ~ 9조

제1조, 대한국은 세계 만국에 공인되온 바 자주 독립하온 제국이니라.

제2조, 대한제국의 정치는 이전부터 오백년간 전래하시고 이후부터는 항만세(恒萬歲) 불변하오실 전제 정치이니라.

제3조, 대한국 대황제께옵서는 무한하온 군권을 향유하옵시느니 공법(公法)에 이르는 바 자립 정체이니라.

제4조, 대한국 신민이 대황제의 향유하옵시는 군권을 침손할 행위가 있으면 그 행위의 사전과 사후를 막론하고 신민의 도리를 잃어버린 자로 인정할지니라.

제5조, 대한국 대황제께옵서는 국내 육해군을 통솔하옵셔서 편제(編制)를 정하옵시고 계엄·해엄을 명령하옵시니라.

제6조, 대한국 대황제께옵서는 법률을 제정하옵셔서 그 반포와 집행을 명령하옵시고 만국의 공공(公共)한 법률을 효방(效倣)하사 국내 법률로 개정하옵시고 대사·특사·감형·복권을 명하옵시니 공법에 이른바 자정율례(自定律例)이니라.

제7조, 대한국 대황제께옵서는 행정 각 부부(府部)의 관제와 문무관의 봉급을 제정 혹은 개정하옵시고 행정상 필요한 칙령을 발하옵시느니 공법에 이른바 자행치리(自行治理)이니라.

제8조, 대한국 대황제께옵서는 문무관의 출척(黜陟)·임면을 행하옵시고 작위·훈장 및 기타 영전(榮典)을 수여 혹은 체탈(遞奪)하옵시느니 공법에 이른바 자선신공(自選臣工)이니라.

제9조, 대한국 대황제께옵서는 각 국가에 사신을 파송 주찰(駐紮)케 하옵시고 선전·강화 및 제반약조를 체결하옵시느니 공법에 이른바 자견사신(自遣使臣)이니라.

CHAPTER 05
근대정치의전개

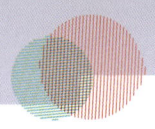

▣ 경부 철도가(1908)

우렁차게 토하는 기적 소리에 / 남대문을 등지고 떠나가서 / 빨리 부는 바람의 형세 같으니 / 날개 가진 새라도 못 따르겠네 / 관왕봉과 연화봉을 둘러보는 중 / 어느덧 용산역에 다다랐도다.

▣ 고종의 교육 입국 조서(갑오개혁)

교육은 개화의 근본이라 애국의 마음과 부강의 기술이 모두 학문으로부터 생겨나니 오로지 나라의 문명은 학교의 성쇠에 달렸지라. 이제 23부에 학교를 아직 다 설치하지 못하였거니와 우선 경성 내에 소학교를 장동, 정동, 묘동, 계동의 네 곳에 설립하여 교육하는데… (중략) … 부형되는 자는 그 자제를 대동하고 본부에 와서 입학 허가장을 받은 후 학교에 가서 학업을 닦도록 하되 혹 나태하여 끊어짐이 없기를 바람

▣ 조청 상민 수륙 무역 장전

4조, 북경과 한성의 양화진에서의 개잔 무역을 허락하되 양국 상민의 내지 채판(內地採辦)을 금하고 다만 내지 채판이 필요할 경우 지방관의 허가서를 받아야 한다.

- 개잔 무역 : 상품을 많이 쌓아놓고 파는 무역
- 내지 채판 : 내륙 지방의 시장에 상품을 운반하여 판매하는 상행위

조·청 상민 수륙 무역 장정으로 청 상인이 내륙까지 들어와 무역을 시작하자 다른 나라 상인들도 내륙으로 들어오기 시작하여 중계무역을 하던 국내 상인(여각, 객주, 보부상)이 큰 타격을 받게 된다.

▣ 국채보상운동

지금은 우리들이 정신을 새로이 하고, 충의를 떨칠 때인, 국채 1,300만 원은 바로 우리 한 제국의 존망에 직결된 것이라. 이것을 갚으면 나라가 존재하고, 갚지 못하면 나라가 망할 것은 필연적인 사실이나, 지금 국고는 도저히 상환할 능력이 없으며, 만일 나라에서 갚는다면, 그때는 이미 3000리 강토는 내 나라, 내 민족의 소유가 못될 것이다. … 그러므로 이 국채를 갚는 방법으로 2,000만 인민들이 3개월 동안 흡연을 금하고, 그 대금으로 한 사람이 매달 20전씩 거둔다면 1,300만 원을 모을 수 있으며, 만일 그 액수가 미달할 때에는 1환, 10환, 100환의 특별 모금을 해도 될 것이다. 〈국채 보상 국민 대회의 취지문〉

국채 보상 기성회(양기탁)를 중심으로 대구에서 시작되어 전국으로 확산되었다. 대한 매일 신보 등 언론 기관이 모금 운동에 참여하여 활발히 전개되었으나 일본의 방해로 실패하였다.

▣ 시일야방성대곡

지난 날 이등후작(이토 히로부미)이 한국에 옴에 어리석은 우리 국민이 … 크게 환영하였더니 … 천만 뜻밖에 5조약이 어찌하여 되풀이되었는가? … 우리 대황제 폐하의 거룩하신 뜻이 강경하여 거절하였으니 조약이 성립되지 않은 것인 줄 이등후작 스스로도 잘 알았을 것이다. 그러나 슬프도다. 저 개돼지만도 못한 이른바 우리 정부의 대신이란 자들은 자기 일신의 영달과 이익이나 바라면서 위협에 겁먹어 머뭇대거나 벌벌 떨며 나라를 팔아먹는 도적이 되기를 감수하였던 것이다. 아, 사천 년의 강토와 오백 년의 사직을 다른 나라에 갖다 바치고, 이천만 국민들을 타국의 노예가 되게 하였으니, … 아! 원통한지고, 아! 분한지고, 우리 이천만 타국인의 노예가 된 동포여! 살았는가, 죽었는가? 단군, 기자 이래 사천 년 국민 정신이 하룻밤 사이에 갑자기 망하고 말 것인가, 원통하고 원통하다. 동포여! 동포여!

〈황성신문, 1905. 11. 20〉

PART 06
민족독립운동

01 국내의 민족 운동
02 국외의 민족운동
03 기타

CHAPTER 06
민족독립운동

특강 >> 일제 시대 정리

▶ **식민통치체제의 변화**

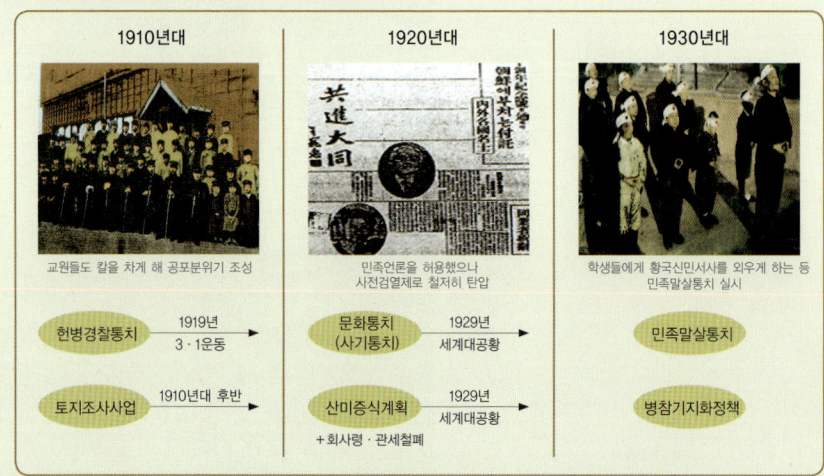

1910년대	1920년대	1930년대
교원들도 칼을 차게 해 공포분위기 조성	민족언론을 허용했으나 사전검열제로 철저히 탄압	학생들에게 황국신민서사를 외우게 하는 등 민족말살통치 실시
헌병경찰통치 → 1919년 3·1운동	문화통치 (사기통치) → 1929년 세계대공황	민족말살통치
토지조사사업 → 1910년대 후반	산미증식계획 → 1929년 세계대공황 + 회사령·관세철폐	병참기지화정책

1910년대

데라우치 / 보안법 / 신문지법 / 태형 (한국인에게만 적용)

1920년대

김성수
1920년대 김성수
산미증식계획으로 엄청난 부를 쌓아 경성방직주식회사와 동아일보 설립

물산장려운동

동아일보의 브나로드운동
김성수
브나로드운동

1930년대

국가총동원령

▶ 일제시대 정리

정치형태	1단계(1910 ~ 1919)	2단계(1919 ~ 1931)	3단계(1931 ~ 1945)
정치형태	무단정치(헌병경찰) → 태형령	문화정치(보통 경찰) → 고등경찰제도, 치안유지법(1925) 국체를 변혁하거나 사유재산제도를 부인하는 단체 해산	민족말살정치(황국신민화 선언) '우리는 대일본제국의 신민이다'
경제수탈	• 토지조사사업 • 회사령(1910, 허가제)	• 산미증식계획 • 회사령 폐지(1920, 신고제) • 관세 철폐(1923)	• 남면북양정책(1932) • 병참기지화정책 • 공출제도

▶ 식민통치체제의 변화

무단통치					
총독부 체제	최고기구, 자문기구는 중추원				

문화통치					
	총독 임명	언론	교육	경찰제	정치 참여
외형적 모습	법적으로 문관총독을 임명할 수 있음	언론·출판·집회·결사의 자유 보장	일본인과 조선인 동등한 교육 기회, 대학설립 가능 → 민립대학 설립운동	보통 경찰제	도평의회와 부·면 협의회 설치
통치의 실상	문관총독은 단 한 명도 없음	제한된 자유라 극심한 언론 탄압·검열로 자주 삭제	취학률 저조, 경성제국대(1924)	고등 경찰제, 경찰 인원의 비용 증가, 치안유지법	제한된 정치 참여 → 대부분 친일파

민족말살통치(몸뻬, 국민복 착용)

- 1931년 만주사변, 1937년 중일전쟁, 1941년 태평양전쟁
- 국어, 국사 교육 금지, 내선일체와 일선동조론 강조
- 강제징용령, 학도지원병제, 근로보국대(정신위안대)
- 궁성요배, 신사참배, 애국반상회, 창씨개명

CHAPTER 06
민족독립운동

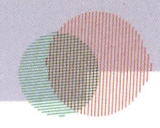

▶ **일본의 경제 약탈**

토지조사사업	
/ 목적	근대적 토지소유권제도 확립이라는 명분
/ 신고	기한부 신고제
결과	• 전 농토의 40% 탈취 → 동양척식주식회사(1908) 담당 → 식민지 지주제 확대 • 농민의 몰락 : 도지권(영구경작권) 상실 → 기한부 계약 소작농으로 전락, 만주·연해주로 이주 • 장점 : 토지 매입과 매도가 쉬워지고 토지세 확대
산업침탈	
1910년대	• 회사령 공포 : 허가제 → 민족기업 성장 억제 • 담배·인삼·소금·전매제 • 삼림령(1911), 어업령(1911), 광업령(1915)
1920년대	• 회사령 폐지(1920) : 신고제 → 일본인 기업 조선 진출이 쉬워짐 • 관세 철폐(1923)
산미증식계획(1920 ~ 1934)	
배경	일본의 공업화정책으로 일본 내 식량부족 사태 → 일본 내 쌀값 폭등
방법	수리시설 확충
결과	• 조선의 식량사정 악화 → 만주산 잡곡으로 연명 • 증산비용(수리조합비, 비료대금 등)을 조선 농민이 부담 → 수리조합반대운동, 소작쟁의 • 일제의 무마정책 : 농촌진흥운동(1932, 농촌 피폐의 원인을 농민의 게으름으로 돌림), 조선농지령 (1934, 지주의 자의적 소작권 이동 금지)
병참 기지화 정책		
경제공황 (1929) 타개책 /	• 만주사변(1931) → 대륙침략 • 남면북양정책(면화재배와 면양사육 시도)	
병참기지화 정책	목적	일제의 전쟁을 위해 한반도 경제를 예속시킴

CHAPTER 06 민족독립운동

CHAPTER 06
민족독립운동

01 국내의 민족 운동

01 1910년대 비밀결사운동

(1) 독립 의군부(1912)

고종의 밀지를 받아 임병찬이 조직, 복벽주의(전제군주제 회복), 일본에 국권 반환 요구서 제출 계획

(2) 대한 광복회(1915)

박상진, 김좌진 등이 대구에서 조직, 공화정 추구, 무관학교 설립을 위해 군자금 조금, 친일파 처단, 김좌진은 만주로 망명하여 북로군정서 지휘

(3) 송죽회 : 여자 교사와 학생 중심

독립의군부

김좌진

대한광복회
친일부호를 처단하고 의연금을 걷어 군자금 확보, 이후 이 군자금은 중광단(대종교의 군사조직, 이후 북로군정서로 개칭)의 군사자금으로 씀

송죽회
자수와 수예품 판매 수익금으로 독립운동 지원

02 1919년 3·1 운동

(1) 배경
레닌의 식민지 민족 해방 운동 지원 선언, 윌슨의 민족 자결주의 제창, 신한 청년당(중국 상하이, 파리 강화 회의에 김규식 파견), 대한인 국민회(미주, 이승만이 미국 대통령에게 청원서 제출)의 활동, 대한독립선언서(만주), 2·8독립 선언(일본 도쿄 유학생들)

(2) 전개
민족 대표 33인은 태화관에서 독립선언서 발표, 학생들은 탑골 공원에서 시위 → 농촌으로 확산되면서 폭력 시위(모든 계층 참여)

제암리 학살사건

(3) 탄압 : 제암리 사건, 유관순

(4) 결과
상하이에서 대한민국임시정부 수립, 만주에서 봉오동 전투·청산리 대첩, 무단통치가 문화통치로 바뀜, 중국의 5·4운동, 인도 간디의 비폭력·불복종 운동에 영향

03 실력양성운동 (1920년대, 사회진화론이 배경)

(1) 물산장려운동
한·일 간 관세 철폐 움직임 → 평양에서 시작 → '내 살림 내것으로', '조선 사람 조선 것' 운동 → 가격 상승으로 사회주의자들의 비판, 일제의 방해 → 실패

(2) 민립대학설립운동
'한민족 1천만이 한 사람이 1원씩'운동 → 일본이 방해하기 위해 경성제국대학교 설립(1924)

(3) 문맹퇴치운동
조선일보의 문자보급운동(1929), 동아일보의 브나로드운동(1931)

CHAPTER 06
민족독립운동

문자보급운동 포스터

브나로드운동 포스터

아리랑
우리나라 강산에 방방곡곡
새살림 소리가 넘쳐나네
에이헤 에헤야 우렁차다
글소경 없애란 소리높다
아리랑 아리랑 아라리요
아리랑 고개로 넘어간다
아리랑 고개는 별고개라
이 세상 문맹은 못 넘기네

문자보급용 아리랑
1931년 조선일보가 발간한
『한글 원본』 제20장

경성방직 광고

조선물산장려가
조선의 동무들아 이천만민아 / 두 발 벗고 두 팔 걷고 나오너라 / 우리 것 우리 힘 우리 재료로 / 우리가 만들어서 우리가 쓰자 / 우리가 만들어서 우리가 쓰자

---

04 6·10 만세 운동 (1926)

(1) **배경** : 순종의 서거

(2) **전개** : 조선공산당과 천도교 세력이 계획 → 사전검거로 학생들 중심으로 순종 장례식(인산일)에 전개

(3) **의의** : 좌우합작운동, 즉 민족 유일당 운동에 영향(1927년 좌우합작 조직인 신간회 결성)

05 광주 학생 항일 운동 (1929)

(1) **배경** : 일본 학생의 한국 여학생 희롱 사건 발생

(2) **전개** : 전국적 확산, 신간회의 진상 조사단 파견

(3) 의의 : 3·1 운동 이후 전개된 최대 규모의 항일 민족 운동

06 신간회(1927 ~ 1931)

(1) 배경 : 자치론자 즉 타협적 민족주의 세력 등장(이광수, 김성수, 최린 등), 1925년 치안유지법을 제정하여 사회주의 탄압(3·1운동 이후 확산)

(2) 과정 : 민족 유일당 운동이 전개되어 조선 민흥회 결성, 정우회 선언(1926) 발표

(3) 결성 : 비타협적 민족주의 세력과 사회주의 세력이 연합하여 결성

(4) 강령 : 우리들은 정치, 경제적 각성을 촉진한다. 우리는 단결을 공고히 한다. 우리들은 기회주의를 일체 부인한다.

(5) 활동 : 전국 순회 강연 개최, 광주 학생 항일 운동 진상 조사단 파견(민중 대회 계획)

(6) 해소 : 일제의 탄압, 지도부 내에서 타협주의 대두, 사회주의 세력 이탈

(7) 의의 : 일제 강점기 최대 규모의 합법적 정치·사회 운동 단체

CHAPTER 06
민족독립운동

07 소작 쟁의와 노동 쟁의

(1) **대표적 소작 쟁의** : 암태도 소작쟁의(1923 ~ 1924, 소작률 인하 성공)

(2) **대표적 노동 쟁의** : 원산노동자 총파업(1929, 전세계 노동자들이 연대의사를 밝힘)

(3) **조직** : 조선 노농 총동맹 → 1927년 조선 농민 총동맹, 조선 노동 총동맹

08 여성 운동과 소년 운동

(1) **여성 운동** : 김활란의 근우회(좌우합작, 신간회 자매단체)

(2) **소년 운동** : 방정환 중심, '어린이' 용어 사용, 어린이날 제정, 잡지 〈어린이〉 창간

09 형평 운동

(1) 배경 : 갑오개혁 시기 신분제가 철폐되었으나 일제시대 백정의 호적에 '도한' 이라고 적거나 이름 앞에 붉은 점을 찍어 차별

(2) 전개 : 1923년 진주에서 조선 형평사 조직 → 항일 민족 운동으로 발전

형평사의 전국대회 포스터

02 국외의 민족 운동

01 국외 독립 운동 기지의 건설

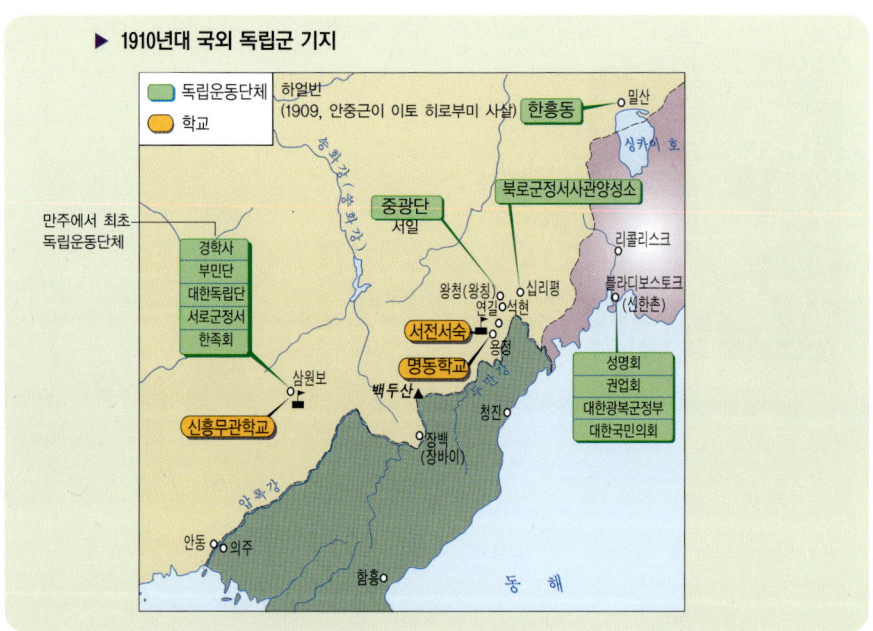

▶ 1910년대 국외 독립군 기지

(1) **서간도(남만주)** : 신민회 중심, 경학사 조직, 신흥강습소 설립(이후 신흥무관학교), 서로군정서, 대한독립단, 대한독립군(홍범도), 광복군 총영(광복군 사령부, 임시정부)

(2) **북간도** : 대종교 중심(중광단 조직, 이후 북로군정서), 간민회, 서전서숙과 명동학교, 간민회

(3) **연해주** : 권업회, 대한 광복군 정부 조직, 대한 국민 의회 수립, 한인 사회당 결성 → 소련 정부에 의해 한인들이 중앙아시아로 강제 이주당함(1937)

(4) **미국** : 하와이 이민(1903), 대한인 국민회 결성, 대조선 국민군단 조직(하와이)

(5) **멕시코** : 숭무 학교 설립

(6) 일본 : 간토 대지진(1923)

02 무장 투쟁

(1) 봉오동 전투(1920) : 홍범도의 대한독립군 중심

(2) 청산리 대첩(1920) : 홍범도의 대한독립군, 김좌진의 북로군정서 중심

(3) 간도참변(1920) : 일본군의 학살

(4) 대한독립군단 조직 : 독립군들이 밀산에 모여 조직

(5) 자유시 참변(1921) : 러시아 적군의 공격으로 독립군 희생

(6) 3부의 성립(1923 ~ 1925) : 참의부, 정의부, 신민부 조직(민정 조직과 군정 조직의 기능 담당)

(7) 3부 통합
① 배경 : 미쓰야 협정(1925, 만주 군벌과 일제가 체결하여 독립군 탄압)과 신간회 결성의 영향
② 결과 : 양세봉의 조선 혁명군(조선혁명당, 남만주), 지청천의 한국 독립군(한국독립당, 북만주)로 재편

▶ 자유시 참변

CHAPTER 06
민족독립운동

(8) 한중 연합 작전(1931년 만주사변 이후)
① 지청천의 한국독립군+중국호로군 : 동경성, 쌍성보, 대전자령, 사도하자, 경박호 전투
② 양세봉의 조선혁명군+중국의용군 : 영릉가, 흥경성 전투

▶ 청산리대첩

▶ 독립군의 시련

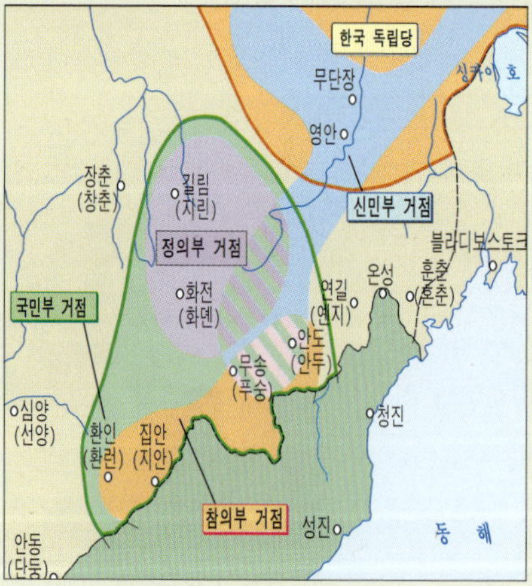

▶ 3부의 거점

▶ 1930년대 독립군 부대의 활동

(9) 동북항일연군과 조국광복회

① 동북항일연군(1936) : 만주의 중국 사회주의자들과 우리나라 사회주의자들이 결성
② 조국광복회(1936) : 동북항일연군 내 우리나라 사회주의자들이 민족주의 세력과 연합하여 결성
③ 보천보전투 : 동북항일연군과 조국광복회의 우리나라 사회주의자들이 함경도 보천보 전투에서 일본군 격파

▶ 보천보 전투

(10) 민족혁명당과 조선의용대

① (조선)민족혁명당(1935) : 김원봉의 의열단 중심으로 조직된 좌우합작 조직
② 조선의용대(1938) : 민족혁명당과 조선민족전선연맹이 만든 부장 부대, 이후 화북조선의용대와 충칭조선의용대로 분열

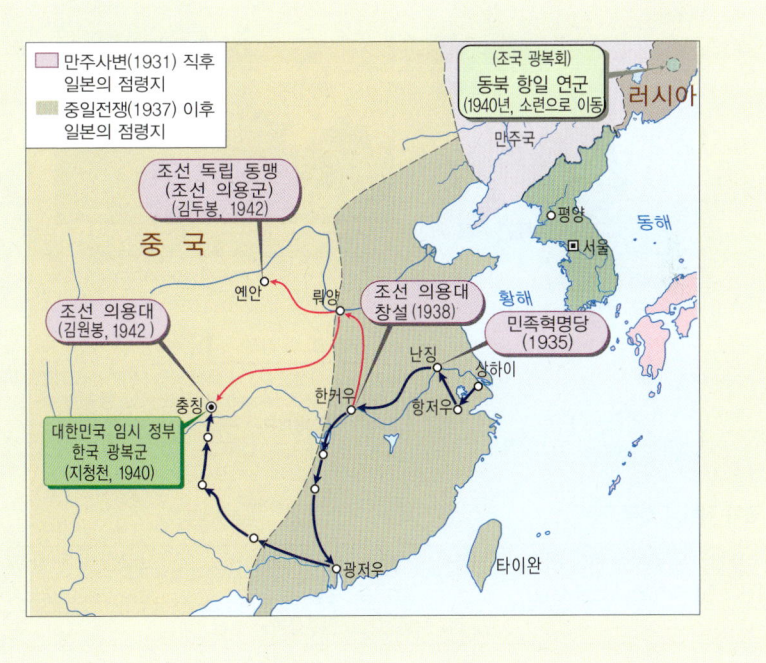

CHAPTER 06
민족독립운동

③ 화북조선의용대 : 이후 조선독립동맹(조선의용군), 중국 공산당과 연합하여 항일 투쟁
④ 충칭조선의용대 : 김원봉 중심, 한국광복군에 합류
- 조선민족전선연맹 : 좌파들의 연합체
- 한국광복운동단체연합회 : 우파들의 연합체

▶ 광복 직전의 건국 준비 활동

1944년 여운형의 조선건국동맹

1942년 조선독립동맹의 조선의용군

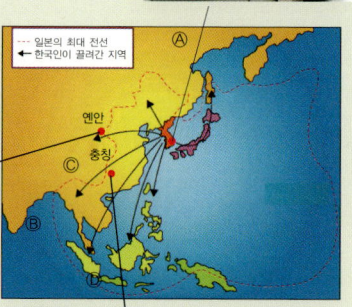

1940년 대한민국 임시정부의 한국광복군

*ABCD 포위작전
ABCD 작전은 2차 세계대전 당시 일본을 포위했던 나라들로, 미국(American), 영국(British), 중국(Chinese), 네덜란드(Dutch)를 일컫는다.

▶ 광복 직전의 건국 준비

대한민국 임시정부(충칭)	(화북)조선독립동맹 결성(1942)	조선건국동맹(1944)
김구(우파), 1942년 김원봉 합류	옌안, 김두봉(좌파)	서울, 여운형(중도좌파)
공통점 : 보통선거로 민주공화국 수립		

03 대한민국 임시 정부

(1) 임시 정부의 수립과 통합
① 임시 정부의 수립 : 1919년 3·1운동으로 대한국민의회(연해주), 상하이임시정부, 한성정부 결성
② 임시 정부의 통합 : 한성 정부의 법통 계승 → 상하이에서 대한민국 임시 정부 출범(1919. 9.)
③ 임시 정부의 체제 : 대통령 이승만·국무총리 이동휘 선임, 삼권 분립의 민주 공화제 채택 → 임시 의정원(입법), 국무원(행정), 법원(사법) 구성

(2) 대한민국 임시 정부의 활동
① 연통제·교통국 조직 : 독립운동의 자금 모금, 국내 항일 세력들과의 연락망 구축 목적
② 독립 공채 발행 : 국외 거주 동포에게 발행 → 독립운동 자금 모금
③ 외교 활동 : 김규식을 파리 강화 회의에 파견, 미국에 구미 위원부 설치
④ 무장 활동 : 서간도에 직할 부대인 광복군 사령부·광복군 총영 설치, 만주 지역 독립군 단체

를 서로 군정서·북로 군정서로 재편, 육군 주만 참의부 편성, 한국광복군
⑤ 기타 : 독립신문 발행

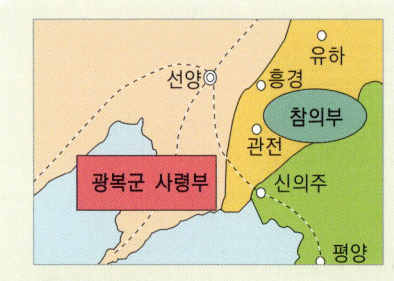

▶ 광복군 사령부

(3) 국민대표회의
① 배경 : 연통제와 교통국 붕괴 등 임시정부 활동 침체 → 국민대표 회의 개최
② 전개 : 창조파와 개조파의 대립 → 회의 결렬 → 이승만 탄핵되고 박은식이 대통령

(4) 한인애국단(1931)
① 결성 : 임시 정부의 활동 위축, 만보산 사건 등으로 중국 내 활동이 어려워짐
② 활동 : 이봉창, 윤봉길(중국국민당이 임시정부 지원해 주는 계기)

▶ 국민대표회의

▶ 만보산 사건(1931)

(5) 대한민국 임시정부의 변화

① 주석 중심제(1940) : 충칭으로 이동하여 김구 중심의 주석 중심제
② 한국광복군(1940) : 중국 국민당의 지원, 총사령관(지청천)
③ 여당 : 한국국민당 → 한국독립당(1940, 충칭)
④ 건국강령발표(1941) : 조소앙의 삼균주의(정치, 경제, 교육의 균등)에 기초 → 민주 공화정 수립, 토지와 대기업의 국유화, 보통 선거의 실시, 무상 교육 실시 등 제시
⑤ 대일선전포고(1941) → 1943년 인도·미얀마 전선 투입(영국군과 공동작전)
⑥ 김원봉의 충칭조선의용대가 한국광복군에 합류(1942)
⑦ 국내진공작전계획 : 미국 전략 정보국(OSS)의 도움 → 일본의 때 이른 항복으로 실현하지 못함

▶ 조소앙의 삼균주의

CHAPTER 06
민족독립운동

04 의열 투쟁

(1) 의열단(1919)
① 결성 : 만주 지린 성에서 김원봉을 중심으로 결성, 신채호의 조선 혁명 선언(폭력, 암살, 파괴 강조)을 행동 강령으로 삼음
② 활동 : 김익상(1921, 조선 총독부에 폭탄 투척), 김상옥(1923, 종로 경찰서에 폭탄 투척), 나석주(1926, 동양 척식 주식 회사) 등의 의거
③ 변화 : 1920년대 후반 개별 폭력 투쟁의 한계 인식, 조직적 항일 무장 투쟁 준비 → 단원들이 황푸 군관 학교에서 군사 훈련을 받음, 조선 혁명 간부 학교 설립(1930년대, 군사 훈련 실시) → 민족혁명당(1935년, 좌우합작조직)과 조선의용대(1938) 결성

(2) 한인애국단 : 이봉창(도쿄에서 일왕에게 투척), 윤봉길(상하이 훙커우 공원에서 열린 상하이 사변 전승 축하연에서 폭탄 투척, 중국 국민당이 임시정부 지원해 주는 계기)

(3) 기타 : 강우규(사이토 총독에게 폭탄 투척), 조명하(타이완에서 투척)

▶ 김상옥

▶ 노덕술의 강우규 고문

▶ 김익상

▶ 노덕술의 김익상 고문

▶ 나석주

▶ 신채호(조선혁명선언-의열투쟁 강조)

▶ 이봉창

▶ 윤봉길

중국의 1억 인구도 해내지 못한 일을 한국 청년이 해냈다!
― 장제스

중국 국민당이 한국 광복군을 지원하는 계기가 됨

CHAPTER 06 민족독립운동 • 193

CHAPTER 06 민족독립운동

03 기타

01 예술

(1) 문학
① 신경향파 문학 : 사회주의 사상의 영향(1920년대)
② 저항문학 : 한용운('님의 침묵'), 이상화('빼앗긴 들에도 봄은 오는가'), 심훈('그날이 오면'), 이육사, 윤동주 등
③ 친일문학 : 노천명의 '부인 근로대', '님의 부르심을 받들고서' 등

(2) 음악 : 안익태의 코리아환상곡

(3) 미술 : 이중섭의 소

(4) 체육 : 손기정이 베를린 올림픽 대회에서 마라톤 금메달 획득(1936)

(5) 연극 : 토월회·극예술 연구회

(6) 영화 : 나운규가 민족의 비애를 담은 '아리랑' 발표 (1926)

▶ 민족영화 아리랑

02 우리말 연구

(1) **조선어 연구회(1921)** : 가갸날 제정, 기관지 '한글' 발간, 강연회 개최

(2) **조선어 학회** : 조선어 연구회의 개편(1931), 한글 맞춤법 통일안·표준어·외래어 표기법 제정, '우리말 큰사전' 편찬 준비 → 조선어 학회 사건(1942, 치안유지법 적용)으로 강제 해산

03 한국사의 연구

(1) 배경
일제가 식민 사관(타율성론, 정체성론, 당파성론 등)으로 한국사 왜곡, 조선사 편수회 설치(《조선사》 편찬)

(2) 민족주의 사학
① 박은식 : 국혼 강조, 〈한국통사〉, 〈한국독립운동지혈사〉 저술
② 신채호 : 고대사 연구, 〈조선상고사〉·〈조선사연구초〉 저술
③ 정인보 : 〈5천년간 조선의 얼〉 저술
 ※ 조선학 운동 : 정약용 등 실학 연구(정인보, 안재홍, 문일평 등)
④ 백남운의 사회 경제 사학 : 유물사관의 입장에서 한국사 연구, 한국사가 세계사의 보편적 발전 법칙에 입각하여 발전하였음을 강조, 〈조선사회경제사〉 저술
⑤ 이병도의 실증사학 : 문헌 고증을 통한 객관적 사실 강조, 진단 학회 조직, '진단 학보' 발행

04 종교계의 활동

(1) 천주교 : 만주에서 의민단 조직

(2) 개신교 : 신사참배 거부운동

(3) 불교 : 한용운, 박중빈의 원불교(개간사업, 저축운동 전개)

(4) 천도교 : 제2의 독립운동(6·10 만세 운동), 잡지 '어린이', 신여성

(5) 대종교 : 중광단(이후 북로군정서) 조직

CHAPTER 06
민족독립운동

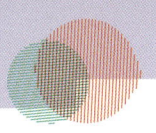

자료탐구

```
조선 총독부 설치              6·10만세 운동    광주학생 항일운동           윤봉길 의거       대한민국임시정부
   1910          3·1운동         1926           1929                   1932        대일 선전 포고
                1919                                                               1941
────●──────●──────●──────●──────●──────●──────●──────●──────●──────●──────●──
         1911         1920              1927              1931         1940         1945
       105인 사건    봉오동, 청산리전투   신간회 조직     김구, 한인 애국단   한국 광복군 창설   8·15광복
                     간도 참변                              조직
```

■ 1910 ~ 1930년대

구분	일제의 통치 방식		민족의 독립 운동	
	정치	경제	국내	국외
1910년대	헌병 경찰통치 (무단통치)	토지 조사 사업	비밀 결사 운동 대한광복회(채기중, 공화주의) 독립의군부(임병찬, 복벽주의) 송죽회 (평양, 여성)	신민회 (남만주 삼원보)
1920년대	문화통치	산미증식계획	구월산대 천마산대 보합단	대한민국 임시정부(1919년 상하이), 김원봉의 의열단(1919년 만주) 봉오동, 청산리대첩(1920년), 간도참변, 대한독립군단, 자유시참변 3부성립(참정신), 미쓰야 협정
1930년대	민족 말살통치	병참기지화정책 + 남면북양 + 미곡 공출 · 배급제도	보천보 전투	한·중 연합작전 조선민족 혁명당(1935년) 조선의용대(1938년) 한국광복군(1940년)

■ 경찰범 처벌 규칙(1912)

다음의 각 호에 해당하는 자는 구류 또는 과료에 처한다.
(제2조) 일정한 주거 또는 생업 없이 이곳저곳 배회하는 자
(제5조) 협력, 기부를 강요하고 억지로 물품의 구매를 요구하고, 또는 기예를 보여 주거나 노동력을 공급해서 보수를 요구하는 자
(제14조) 신청하지 않은 신문, 잡지, 기타의 출판물을 배부하고 그 대금을 요구하거나 억지로 그 구독 신청을 요구하는 자
(제20조) 불온한 연설을 하거나 또는 불온 문서, 도서, 시가(詩歌)를 게시, 반포, 낭독하거나 큰 소리를 읊는 자
(제21조) 남을 유혹하는 유언비어 또는 허위 보도를 하는 자
(제50조) 돌 던지기 같은 위험한 놀이를 하거나 시키는 자, 또는 길거리에서 공기총류나 활을 갖고 놀거나 놀게 시키는 자

〈조선 총독부 관보, 1912년 3월 25일〉

■ 조선 태형령과 시행 세칙(1912)

태형은 태 30 이하일 경우 이를 한 번에 집행하되, 30을 넘을 때마다 횟수를 증가시킨다. 태형의 집행은 하루 한 회를 넘을 수 없다.
(제11조) 태형은 감옥 또는 즉결 관서에서 비밀히 집행한다.
(제13조) 본령은 조선인에 한해 적용한다.
(시행 세칙 1조) 태형은 형을 받는 자의 양 손을 좌우로 벌려 형틀 위에 거적을 펴고 엎드리게 하고, 양 손 관절 및 양 다리에 수갑을 채우고 옷을 벗겨 둔부를 드러나게 하여 집행하는 것으로 한다. 〈조선 총독부 관보, 1912년 3월 18일, 3월 30일〉

태형 도구
(서대문 독립
공원 역사
전시관)

■ 대한 독립 선언서(1918)

봉기하라! 독립군아 일제히
독립군은 천지를 휩쓸라!

한 번 죽음은 인간의 면할 수 없는 바이니 개, 돼지와 같은 일생을 누가 구차히 도모하겠는가? 살신성인하면 2천만 동포는 하나 되어 부활하니 어찌 일신을 아끼며, 집안 재산을 바쳐 나라를 되찾으면 3천리 옥토는 자가의 소유이니 어찌 일가의 희생이 아까우랴. … 국민의 본령을 자각한 독립임을 명심하여 황천(皇天)의 명령(明令)을 받들고 일체의 못된 굴레에서 해탈하는 건국임을 확신하여 육탄 혈전으로 독립을 완성하라. 〈국사 편찬 위원회, 한국 독립 운동사 3〉

■ 대동 단결의 선언(1917)

융희 황제가 삼보(三寶 : 토지·인민·정치)를 포기한 8월 29일은 즉 우리 동지가 삼보를 계승한 8월 29일이니, 그 동안에 한 순간도 숨을 멈춘 적이 없음이라. 우리 동지는 완전한 상속자니 저 황제권 소멸의 때가 바로 민권 발생의 때요, 구한국 최후의 날은 곧 신한국 최초의 날이니, 무슨 까닭이오. 우리 한(韓)은 무시(無始) 이래로 한인의 한(韓)이오, 비한인의 한이 아니라. 한인 간의 주권 수수는 역사상 불문법의 국헌(國憲)이오, 비한인에게 주권을 양여하는 것은 근본적으로 무효요, 한국의 국민성이 절대 불허하는 바이라(발기인 : 신규식, 신채호, 조소앙 등 14인).
〈독립 기념관 한국 독립 운동사 연구소, 한국 독립 운동사 자료 총서 제6집〉

CHAPTER 06 민족독립운동

▣ 공약 3장

- 금일 오인의 차거(此擧)는 정의, 인도, 생존, 존영을 위하는 민족적 요구이니, 오직 자유적 정신을 발휘할 것이오, 결코 배타적 감정으로 일주(逸走)하지 말라.
- 최후의 일인까지, 최후의 일각까지 민족의 정당한 요구를 쾌히 발표하라.
- 일체의 행동은 가장 질서를 존중하야, 오인의 주장과 태도로 하여금 어디까지든지 광명정대하게 하라.

오늘 우리의 이 거사는 정의, 인도, 생존, 번영을 위한 겨레의 요구이니 오직 자유의 정신을 발휘할 것이오, 결코 배타적 감정으로 치닫지 말라./마지막 한 사람에 이르기까지 … 민족의 정당한 의사를 시원스럽게 발표하라.

▣ 임시정부의 헌정변화

국민대표회의 결렬 이후 →　　1차 개헌(1919) 대통령지도제
신채호 vs 이승만　　　　　　　2차 개헌(1925) 국무령 중심의 내각 책임제 ┐
　　　　　　　　　　　　　　　3차 개헌(1927) 국무 위원 중심의 집단지도체제 ┘ ─ 상하이 시기
　　　　　　　　　　　　　　　4차 개헌(1940) 주석중심제 ┐
김원봉(좌파) →　　　　　　　　5차 개헌(1944) 주석, 부주석 중심제, 본격적 대일항전 ┘ ─ 충칭 시기
　　　　　　　　　　　　　　　　　김구 ─┘　└─ 김규식(중도우파)

▣ 대일선전포고

① 한국 전 인민은 현재, 이미 반침략 전선에 참가하였으니 한 개의 전투 단위로서 추축국에 선전했다.
② 1910년의 합병 조약 및 일체의 불평등 조약의 무효를 거듭 선포하며 아울러 반침략 국가의 한국에 있어서의 합리적 기득 권익을 존중한다.
③ 한국, 중국 및 서태평양으로부터 왜구를 완전히 구축하기 위하여 최후의 승리를 얻을 때까지 혈전한다.
④ 일본 세력하에 조성된 창춘 및 난징 정권을 절대로 승인치 않는다.
⑤ 루스벨트, 처칠 선언의 각 조를 간결히 주장하여 한국 독립을 실현키 위하여 이것을 적용하여 민주 진영의 최후 승리를 축원한다.

■ 신채호의 조선혁명 선언

① 내정 독립이나 참정권이나 자치를 운동하는 자가 누구이냐? … 3·1운동 이후에 강도 일본이 또 우리의 독립 운동을 완화시키려고 송병준, 민원식 등 매국노 한둘을 시키어 이따위 광론을 부름이니 …
② 일본 강도 정치하에서 문화 운동을 부르짖는 자가 누구이냐? … 검열·압수, 모든 압박 중에 몇몇 신문·잡지를 가지고 '문화 운동'의 목탁으로 스스로 떠들어대며, 강도의 비위에 거스르지 아니할 만한 언론이나 주창하여 이것을 문화 발전의 과정으로 본다 하면, 그 문화 발전이 도리어 조선의 불행인가 하노라 ….
③ 제1은 외교론이니, … 탄원서나 열강의 공관에 던지며, 청원서나 일본 정부에 보내어 … 국가 존망, 민족 사활의 대문제를 외국인 심지어 적국인의 처분으로 결정하기만 기다렸도다. … 최근 3·1운동의 일반 인사의 '평화 회의', '국제 연맹'에 대한 과신의 선전이 도리어 2천만 민중이 용기 있게 힘써 앞으로 나아가는 의기를 없애는 매개가 될 뿐이었도다 ….
④ 제2는 준비론이니, … 그러나 군인도 없고 무기도 없이 무엇으로써 전쟁을 하겠느냐? … 경제가 날로 곤란하고 생산 기관이 전부 박탈되어 입고 먹을 방책도 단절되는 때에, 무엇으로 어떻게 실업을 발전시키며, 교육을 확장하며, 더구나 어디서 얼마나 군인을 양성하며, 양성한들 일본 전투력의 백분의 일에 비교라도 되게 할 수 있느냐? …
⑤ 민중은 우리 혁명의 대본영이다. / 폭력은 우리 혁명의 유일 무기이다.
　우리는 민중 속에서 가서 민중과 손을 잡고 끊임없는 폭력 – 암살, 파괴, 폭동으로써 강도 일본의 통치를 타도하고 우리 생활에 불합리한 일체 제도를 개조하여 / 인류로써 인류를 압박치 못하며 사회로써 사회를 수탈하지 못하는 이상적 조선을 건설할지니라.

■ 대한민국 임시 헌장(1919. 4. 11)

제1조 대한민국은 민주 공화제로 한다.
제3조 대한민국의 인민은 남녀 귀천 및 빈부의 계급이 없고 일체 평등(평등권)하다.
제4조 대한민국의 인민은 종교, 언론, 저작, 출판, 결사, 집회, 통신, 주소 이전, 신체 및 소유의 자유(자유권)를 향유한다.
제5조 대한민국의 인민으로 공민 자격이 있는 자는 선거권(보통 선거권(국민 투표권 + 공무 담임권)) 및 피선거권을 가진다.

CHAPTER 06
민족독립운동

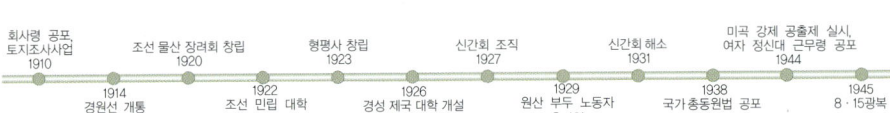

▣ 근우회 창립 취지문

인류 사회는 많은 불합리를 생산하는 동시에 그 해결을 우리에게 요구해 마지않는다. 여성 문제는 그 중 하나이다. 세계는 이 요구에 응하여 분연하게 활동하고 있다. 세계 자매는 수천 년래의 악몽에서 깨어나 우리 앞에 가로막고 있는 모든 질곡을 분쇄하기 위하여 싸워 온 지 이미 오래이다. … 우리는 운동상 실천에서 배운 것이 있으니, 우리가 실지로 우리 자체를 위하여 우리 사회를 분투하려면, 우선 조선 자매 역량을 공고히 단결하여 운동을 전반적으로 전개하지 아니하면 아니 된다. 일어나라 ~ 오너라 ~ 단결하자 ~ 분투하자 ~ 조선 자매들아 ~ 미래는 우리의 것이다.

〈근우회 창립 취지문〉

▣ 조선 물산 장려회의 취지서

우리의 빈약한 원인이 무엇인가를 말하고자 하노라. 이에 대하여는 물론 근대의 정치이며, 제도이며, 습관이 부패하고 해이하여 농공상을 천시하고 오직 사(士)만 존중하며, 당쟁을 유일의 정략으로 하고 형식적인 문장을 최선의 교육으로 하였으니 이와 같이 된 것이다. 그러나 이것들은 다 원인이요 근인(根因)은 아니라. 이에 우리는 일대 근인이 있음을 간파하였으니, 두터이 자급치 아니함이라 하노라. 환언하면 조선 물산을 장려치 아니함이니, 그러므로 우리가 이에 대서특필하고 소리 높여 외치는 바는 자작자급하자 함이니, 즉 조선 물산을 장려함이오, 또 환언하면 보호 무역을 의미함이니 이것이 우리 조선인에게 가장 큰 문제라 하노라.

▣ 물산 장려회 궐기문

내 살림 내 것으로. 보아라. 우리의 먹고 입고 쓰는 것이 거의 다 우리의 손으로 만든 것이 아니었다. 이것이 제일 세상에 무섭고 위태한 일인 줄을 오늘에야 우리는 깨달았다. 피가 있고 눈물이 있는 형제자매야, 우리가 서로 붙잡고 서로 의지하여 살고서 볼 일이다. 입어라. 조선 사람이 짠 것을, 먹어라. 조선 사람이 만든 것을, 써라. 조선 사람이 지은 것을. 조선사람. 조선 것.

▣ 문자 보급 운동

문맹 앞에서 항상 밑 모를 함정이 횡재했으니 그들이 가는 길에는 위험과 저주가 따라다닐 뿐이다. 그리고 부인의 생활을 보라. 그들이 무지 몽매하기 때문에 그 생활은 일층 저열하고 향상되지 못하지 않는가, 전 인구의 1천분의 20밖에 문자를 이해하지 못하고, 학령 아동의 3할밖에 취학할 수 없는 현하 조선 상태에서, 간단하고 쉬운 문자의 보급은 민족이 가질 최대의 긴급사라 하겠다.

〈조선 일보, 1934. 6. 10〉

▣ 브나로드 운동 선전문

"⋯ ⋯ 학생 여러분, 여러분은 여름 방학에 고향의 동포를 위하여 공헌하지 아니하시렵니까? 가령 글을 모르는 이에게 글을 가르쳐 주고 위생 지식이 없는 이에게 위생 지식을 주고, 이러한 일을 아니하시렵니까? 당신이 일주일만 노력하면 당신의 고향에 문맹이 없어질 것이요, 당신이 일주일만 노력하면 당신의 고향에 위생 사상이 보급될 것입니다." 〈동아 일보, 1931. 7. 5〉

▣ 형평 대회 취지문

공평은 사회의 근본이고 애정은 인류의 본령이다. 그러한 까닭으로 우리는 계급을 타파하고 모욕적 칭호를 폐지하고 교육은 장려하며 우리도 참다운 인간이 되는 것을 기하자는 것이 우리의 주지이다. 지금까지 조선의 백정은 어떠한 지위와 어떠한 압박을 받아 왔던가? 과거를 회상하면 종일토록 통곡하여도 혈루를 금할 길이 없다. 여기에 지위와 조건 문제 등을 제기할 여유도 없이 목전의 압박에 절규하는 것이 우리의 실정이다. 따라서 이 문제를 선결하는 것이 우리들의 임무라고 설정함은 당연한 것이다. 비(卑)하고 천하게 굴(屈)한 자는 누구였는가? 아아. 그것은 우리 백정이 아니었던가? 그러나 이러한 비극에 대한 사회의 태도는 어떠했던가? 소위 지식 계층에 의한 압박과 멸시만이 있지 않았던가? 직업의 구별이 있다고 한다면 금수(禽獸)의 생명을 빼앗는 자는 우리들만이 아니다.

〈1923년 4월 25일, 조선 경남 진주에서 조선 형평사 발기인 일동〉

CHAPTER 06
민족독립운동

▣ 신채호의 〈조선상고사〉

역사란 무엇이뇨? 인류 사회의 '我와 非我'의 투쟁이 시간으로부터 발전하며 공간부터 확대하는 활동상 태의 기록이니, 세계사라 하면 세계 인류의 그리 되어 온 상태의 기록이며, 조선사라 하면 조선 민족의 그리 되어 온 상태의 기록이니라.

무엇을 我라 하며 무엇을 非我라 하느뇨? 깊이 팔 것 없이 얕게 말하자면 무릇 주관적 위치에 선 자를 我 라 하고 그 외에 非我라 하나니, 이를테면 조선인은 조선을 我라 하고 영국·러시아·미국 등을 非我라 하 지만, 영국·러시아·미국 등은 각기 제나라를 我라 하고 조선을 非我라 하며, 무산계급은 무산계급을 我 라 하고, 지주나 자본가 등을 非我라 하지만, 지주나 자본가 등은 각기 자기를 我라 하고 무산계급을 非 我라 하며, 이뿐 아니라 학문에나 기술에나 직업에나 의견에나 그밖에 무엇이든지 반드시 본위인 我가 있으면 따라서 我와 대치한 非我가 있고, 我의 중에 我와 非我가 있으면 非我중에도 또 我와 非我가 있 고, 我에 대한 非我의 접촉이 번극(煩劇 : 몹시 번거롭고 바쁨)할수록 非我에 대한 我의 분투가 더욱 맹렬 하여 인류 사회의 활동이 휴식될 사이가 없으며 역사의 전도(前途 : 앞으로 나아갈 길)가 완결될 날이 없 나니, 그러므로 역사는 我와 非我의 투쟁의 기록이다.

▣ 박은식의 〈한국통사〉

우리 민족은 단군 성조(檀君聖祖)의 자손으로서 동해의 명승지에 자리잡고 있다. 인재의 배출과 문물의 제작에 있어서 우수한 자격을 갖추어, 다른 민족보다 뛰어난 것도 사실이다. … (중략)… 우리의 국혼(國 魂)은 결코 다른 민족에 동화될 수 없다.

옛날에 대씨가 지배했던 발해는 그 영토가 5천리나 되고 약 300년간의 영화를 누렸다. 그들은 무공이 뛰 어났던 데다 문물이 번창하였기에 세상에서는 그들을 해동성국이라고 불렀다. 그럼에도 불구하고 그들 이 멸망한 다음에는 발해의 역사라는 것이 명확히 후세에 전해지지 않고 있으니 그 이유는 무엇인가?

내가 일찍이 용천이라는 곳에 와서 그들의 고적들을 답사하며 보았더니 잡초만이 우거져 있어 씁쓸하기 짝이 없으니 힘차게 흘러가는 강물소리처럼 무예가 드높고 문장이 세상천지에 알려졌던 그 찬란한 위업 들이 이제는 모두가 바람에 날려 버린 듯 하나도 남아 있지 않음을 알 수 있다. 발해가 문장으로써 세상 에 널리 알려졌을 때는 발해의 문인학사들이 당나라에 가서 과거에 급제한 자들이 많은데 어찌 문헌상에 간략하게나마 남아있지 않으며, 또한 그들의 왕자와 왕족 그리고 그들 유민들이 요나라의 노예가 되는 것을 부끄러워하여 무기를 들고 고려로 들어온 자들이 만여 명이나 됐는데도 그들의 기록을 가져오지 않 았는가? 그것은 그들 민족이 마한 동족이고 그들의 영토가 고구려의 옛 영토이기 때문에 고려인이 볼 때 는 한 집안이나 마찬가지였으므로 방문하여 이를 기록하지 않은 것이다. 따라서 옛사람들이 발해사를 편 수하지 않았던 것은 이를 고려로 알고 정리하지 않았던 것이니 이를 어찌 믿지 않을 수 있겠는가?

■ 〈조선 사회 경제사〉

조선 역사 발전의 전 과정은 가령 지리적 조건, 인종학적 골상, 문화 형태의 외형적 특징 등의 차이는 다소 인정되더라도, … 세계사적. 일원론적인 역사 법칙에 의하여 다른 민족과 거의 같은 궤도로 발전 과정을 거쳐 온 것이다.

조선사의 계기적 변동의 법칙을 파악할 경우, 과거 몇 천년 간의 사적(史蹟)을 살피는 것도 당연히 우리의 과제이지 않으면 안 된다. … (중략) … 나의 조선관은 그 사회 경제의 역사적 발전 과정을 본질적으로 분석, 비판, 총관하는 일에 집중되어 있다.

PART 07
현대사

01 해방 전후
02 대한민국의 대통령들
03 기타

CHAPTER 07
현대사

01 해방 전후

01 해방 직전 국제 회의

(1) **카이로 회담(1943)** : 우리나라 독립을 최초로 약속

(2) **얄타 회담(1945)** : 소련 대일전에 참전 약속

(3) **포츠담 회담(1945)** : 우리나라 독립 약속 재확인

▶ 해방 전후 국제회의

③ 포츠담회담(1945.7)
처칠(영), 트루먼(미), 스탈린(소)
일본 정부에 무조건 항복을 요구한다.

④ 모스크바 3상회의(1945.12)
조선 민주주의 임시정부를 수립한다.

① 카이로회담(1943.11)
장제스(중), 루스벨트(미), 처칠(영)
한국을 적절한 시기에 독립시킬 것이다.

② 얄타회담(1945.2)
처칠(영), 루스벨트(미), 스탈린(소)
소련은 연합국의 일원으로 대일전에 참여한다.

02 해방 직후

(1) **해방(1945.8.15)** : 일본의 무조건 항복

(2) **38선 형성** : 핵폭탄 투하 → 소련의 북한 진주 → 트루먼의 38선 제안

▶ 38선의 설정

얄타회담

미국은 얄타회담에서 독일과 싸우는 소련을 대일전에 참전시켰다.

38도선 설정

일본이 미국에게 예상보다 쉽게 무너지자 미국은 소련이 참전하기 전에 전쟁을 끝내려고 핵폭탄을 투하했다. 이에 소련은 빠르게 국내로 진입했는데 미국이 소련에게 38도선을 경계로 남북을 나눌 것을 제의하고 소련이 응해 38선이 그어졌다.

(3) **조선건국준비위원회** : 여운형의 조선건국동맹 중심, 치안대 조직, 미군이 상륙하려고 하자 조선인민공화국 선포

(4) **군정** : 미군정은 조선인민공화국과 대한민국 임시정부 모두 인정하지 않음, 미국은 직접적 군정, 소련은 간접적 군정

(5) **모스크바 3상회의(1945.12)** : 1. 임시정부 수립, 2. 임시정부와 타협하여 신탁통치 결정, 3. 미소공동위원회 설치 → 우파(반탁운동), 좌파(모스크바 3상회의 지지 운동)

(6) **1차 미소공동위원회(1946)** : 임시 정부 수립을 위한 협의에 참여할 단체의 범위를 놓고 미·소의 의견 대립 → 결렬

▶ 2차 미소공동위원회

(7) **이승만의 정읍발언(1946)** : 남한 단독 정부 수립 제안

(8) **좌우합작운동(여운형, 김규식, 1946)** : 중도파 중심의 통일 운동

CHAPTER 07
현대사

(9) **2차 미소공동위원회(1947)** : 1차 때와 같은 이유로 결렬 + 트루만 독트린

▶ **트루만 독트린**
소련이 그리스와 터키를 공산화시키려고 하자 미국이 경고 → 본격적인 냉전 시작

(10) **유엔총회** : 신탁통치 ×, 인구비례로 총선거 결정 → 소련과 북한의 반대

(11) **유엔소총회** : 선거가 가능한 남한만 총선거 결정

(12) **제주도 4.3사건(1948)** : 남한만의 총선거 반대

(13) **남북협상(김구, 김규식, 1948)** : 김구와 김규식이 남북 정치 지도자 회담 제의

(14) **대한민국 수립(1948.8.15)** : 5·10 총선거(사회주의자와 중도파 불참)로 제헌국회 수립 → 대통령 중심제(대통령 이승만, 부통령 이시영)

(15) 조선민주주의인민공화국(1948.9.9)

(16) 여수, 순천 10·19사건(1948) : 사회주의자들이 이승만 정부를 전복시키려고 일으킴

(17) 반민특위(1948) : 친일파 처단(국회프락치사건으로 실패), 제헌국회에서 수립, 6·25 전쟁 이전에 해체

▶ 여수·순천 10·19사건   ▶ 국회프락치사건

(18) 농지개혁(1950)
① 배경 : 신한공사(적산관리)의 토지 유상 분배
② 내용 : 3정보 이상의 토지를 유상매수, 유상분배, 6·25전쟁 이전에 실시
    cf) 북한은 1946년 무상몰수, 무상분배

▶ 남한의 토지개혁

▶ 북한의 토지개혁

CHAPTER 07
현대사

03 6·25 전쟁

(1) **원인** : 애치슨 라인

(2) **과정** : 북한의 남침(1950.6.25.) → 서울 함락 → 낙동강 유역까지 후퇴 → 유엔 안전 보장 이사회의 유엔군 참전 결정 → 인천 상륙 작전(1950.9.15.) → 서울 수복 → 국군과 유엔군의 38도선 돌파 → 평양 탈환, 압록강 유역까지 진출 → 중국군 개입(1950.10.25.) → 흥남 철수 → 서울 재함락(1·4 후퇴, 1951.1.4.) → 38도선을 중심으로 공방전 전개 → 휴전 협정 조인(1953.7.27.)

(3) **결과** : 남북한 독재 체제 강화

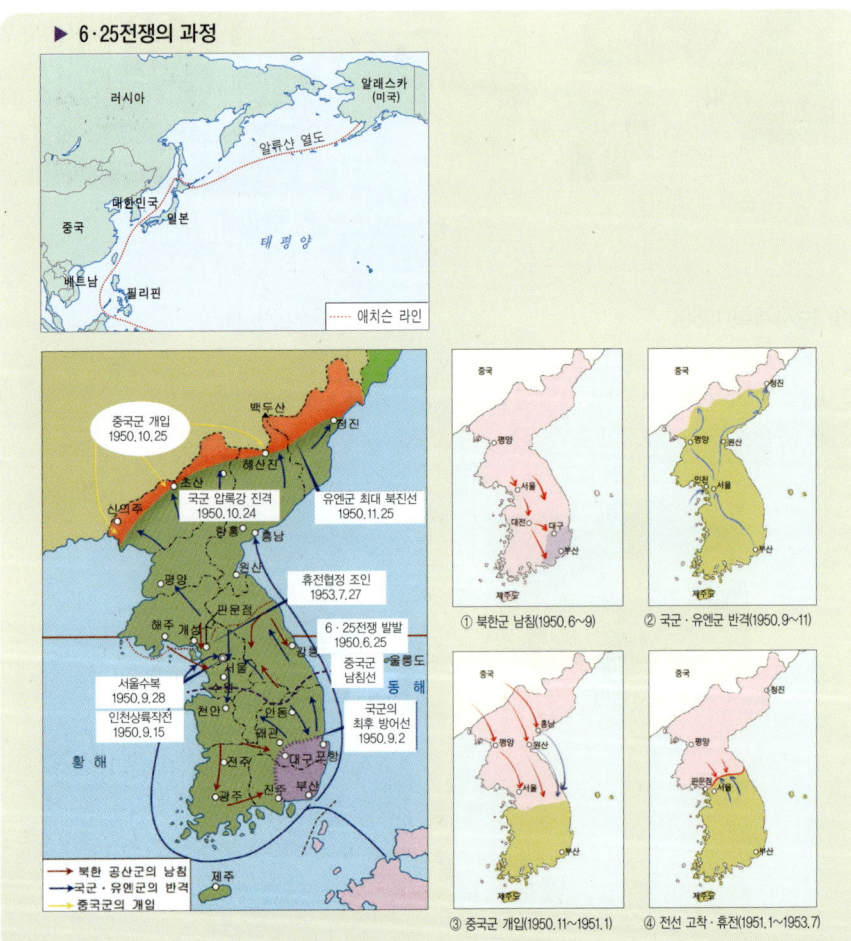

▶ 6·25전쟁의 과정

▶ 국군의 저항

▶ 중국군의 인해전술

▶ 6·25전쟁 결과 남북한 독재 체제 강화

02 대한민국의 대통령들

01 이승만

(1) **발췌개헌** : 불법적으로 대통령 직선제 개헌, 이승만 당선

(2) **사사오입 개헌** : 초대 대통령의 중임제한 철폐, 이승만 당선, 이후 진보당 사건(조봉암 사형)

▶ 발췌개헌

▶ 진보당 사건
이승만 정부가 평화 통일을 주장하던 진보당 당수 조봉암과 진보당 당원들을 간첩 혐의로 구속·재판하고, 조봉암을 사형에 처한 사건

▶ 제3대 대통령선거 포스터와 결과

(3) **3·15 부정선거** : 1960년 4·19혁명(마산에서 김주열 사망) → 이승만 퇴임

(4) **미국의 경제 원조** : 삼백산업(면화·설탕·밀가루) 발달

02 장면 내각

(1) **의원내각제(내각책임제)** : 대통령 윤보선, 국무총리 장면

(2) **통일 정책** : 유엔 감시하의 남북 총선거를 통한 통일 주장(소극적 대처), 민간 차원의 통일 운동 활성화

03 박정희 정부

(1) 군정 : 국가재건최고회의, 반공

(2) 3공화국 : 한일외교 정상화, 베트남 파병, 3선 개헌

▶ 7·4남북공동성명 발표

▶ 7·4남북공동성명 결과 남북 독재체제 강화

▶ 통일주체국민회의

(3) 4공화국(유신체제)

① 배경 : 닉슨독트린(냉전완화) → 7·4남북공동성명(1972) → 유신체제와 주석체제(남북한 독재 강화)
② 특징 : 통일주체국민회의에서 대통령 선출(임기 6년), 대통령에게 입법·사법·행정권 집중(대통령이 국회의원 1/3 추천, 국회해산권, 긴급조치권)
③ 국민의 저항 : 3·1 민주 구국 선언(1976)
④ 유신 반대 세력 탄압 : 긴급 조치 발동, 김대중 납치 사건, 민청학련 사건, 인혁당 사건 등
⑤ 유신 체제의 붕괴 : YH 무역 사건 → 김영삼 의원 제명 → 부·마 민주 항쟁(1979) → 10·26 사태(1979, 박정희 피살)
⑥ 7·4남북공동성명(자주, 평화, 민족 3대 원칙, 1972)
⑦ 경제 : 1960년대 1, 2차 경제 개발 5개년 계획(노동 집약적 경공업 중심), 1970년대 3, 4차 경제 개발 5개년 계획(수출 주도형 중화학 공업 중심)
⑧ 오일 쇼크 : 1차 오일 쇼크(오일달러로 해결), 2차 오일 쇼크(경제 위기)

CHAPTER 07
현대사

04 전두환 정부

(1) 집권 : 1979년 12·12사태로 신군부 집권

(2) 국민의 저항 : 1980년 서울의 봄, 광주민주화운동(시민군 조직)

(3) 체제 : 7년 단임제

(4) 정책 : 삼청교육대, 해외여행 자유화, 야간 통행금지 해제, 두발·교복 자율화, 프로 야구단 창단

(5) 6월 민주 항쟁(1987) : 민주화·직선제 개헌 운동 본격화 → 부천 경찰서 성 고문 사건, 박종철 고문치사 사건 → 정부의 개헌 거부(4·13 호헌 조치) → 이한열 최루탄 피격 → 전국적인 민주화 요구 시위(6월 민주 항쟁) → 6·29 민주화 선언(노태우) → 5년 단임의 대통령 직선제 개헌(1987)

(6) 경제 : 3저 호황(1986 ~ 1988) [저유가·저달러·저금리 현상 → 첨단 산업 육성(반도체 등)]

(7) 통일 정책 : 최초의 남북한 이산 가족 상봉(1985)

3S정책 전두환 정권이 국민의 정치적 관심을 다른 데로 돌리려고 실시한 정책으로 섹스(Sex), 스크린(Screen), 스포츠(Sports)의 머리글자를 딴 것

제13대 대통령선거 결과

박종철 고문치사사건

시위현장에서 쓰러지는 이한열

05 노태우 정부

(1) **여소 야대** → 3당 합당

(2) **북방외교** : 동유럽, 소련, 중국과 수교

(3) **1991년** : 남북한 유엔 동시 가입 → 남북기본합의서(상호 불가침 약속) → 한반도 비핵화 공동선언

06 김영삼 정부(문민 정부)

(1) **정책** : 고위 공직자에게 재산 등록 의무화, 금융 실명제, 지방 자치제 전면 실시, '역사 바로 세우기'(전두환, 노태우 구속), OECD(경제협력개발기구) 가입

(2) **경제** : 외환 위기(1997) → 국제 통화 기금(IMF)의 긴급 구제 금융 지원

(3) **통일 정책** : 한민족 공동체 건설을 위한 3단계 통일 방안 제시(화해와 협력 → 남북 연합 → 통일 국가 완성), 북한의 경수로 원자력 발전소 건설 지원

07 김대중 정부(국민의 정부)

(1) **정책** : 최초의 평화적 여야 정권 교체, IMF 관리 체제 조기 극복(기업 구조 조정, 금모으기 운동, 노사정 위원회 설립 등)

(2) **통일 정책** : 대북 화해 협력 정책(햇볕 정책). 정주영의 소떼 방문 → 금강산 관광사업 → 최초의 남북 정상 회담(2000) → 노벨 평화상 수상

소를 몰고 북한으로 가는 고 정주영 회장

1998년 6월 16일 소떼 500마리가 휴전선을 넘어감

금강산관광사업 (김대중)

경의선철도 복구 (노무현)

CHAPTER 07
현대사

08 노무현 정부(참여 정부)

개성공단 설치, 제2차 남북 정상 회담(2007, 10·4 공동선언)

09 이명박 정부

실용주의 표방, 자유 무역 협정(FTA) 등을 통한 열린 시장 추구

03 기타

01 노동운동

(1) 1970년 전태일 분신 사건 : 노동운동의 본격화

(2) 1987년 6월 항쟁 : 노동운동의 활성화

전태일 사건

02 새마을 운동(1970년)

도시와 농촌의 균형 발전

03 독도

(1) 러·일 전쟁 중 독도를 자국 영토에 편입(시마네 현 고시, 1905)

(2) 평화선 선언(인접 해양의 주권에 관한 대통령 선언) : 1952년 이승만 대통령이 발표한 해양 주권 선언, 이 선언으로 독도가 대한민국 영토임을 천명하였다.

(3) 일본의 만행 : 국제 사법 재판소에 독도 문제 제소(독도 분쟁 지역화) 시도, '다케시마의 날' 제정(2005)

(4) 독도가 우리 영토인 근거
① 우리의 사료 : 신라 지증왕 때 우리 영토로 편입(《삼국사기》)
② 일본의 사료 : 〈은주시청합기〉(1967), 태정관 지령(1877) 등
③ 외국의 사료 : 연합국 최고 사령관 각서 제677호(1946)

CHAPTER 07
현대사

04 중국과의 갈등

(1) **동북공정** : 한반도 북부와 만주를 영토로 하는 고조선, 고구려, 발해의 역사를 중국 역사로 인식

(2) **국경 문제** : 중국과 북한 간의 조·중 변계 조약(1962)으로 국경 확정

▶ 근현대사 정리

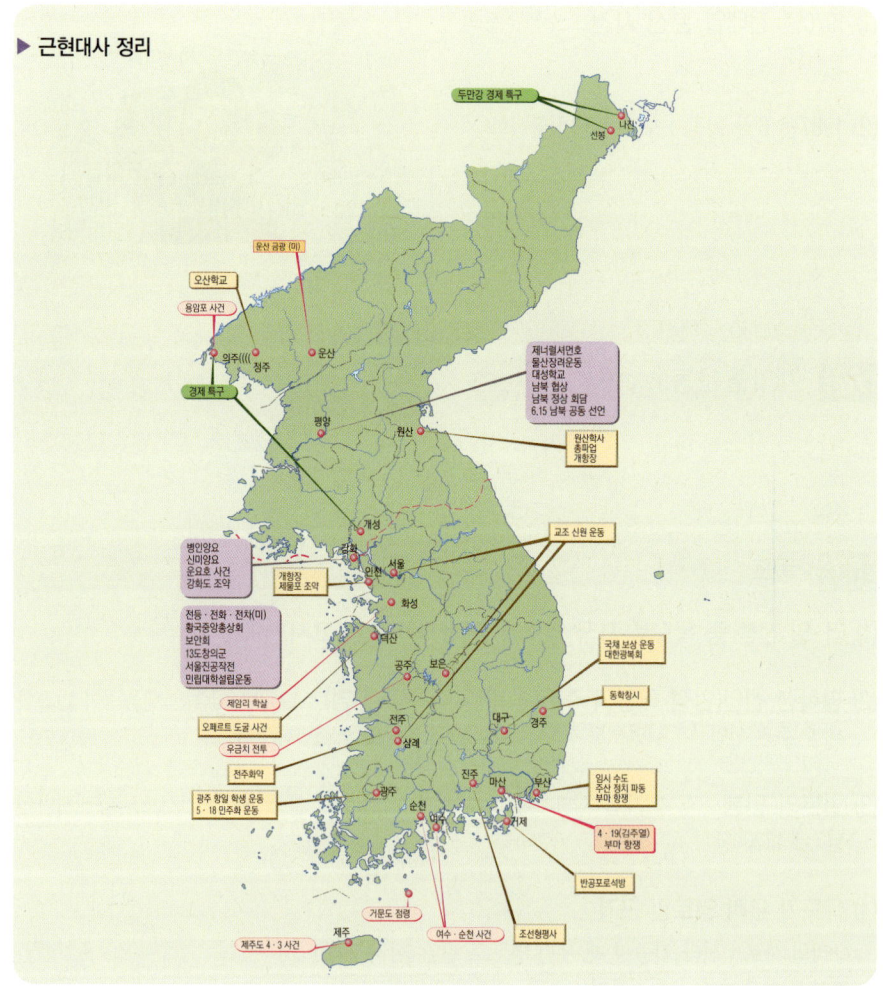

자료탐구

국내외 독립 운동 단체들의 건국 강령

▶ **대한민국 임시 정부의 건국 강령(1941)**

제3장 건국
2. 삼균 제도를 골자로 한 헌법을 실행하여 정치와 경제와 교육의 민주적 실시로 실제상 균형을 도모하며, 전국의 토지와 대생산 기관의 국유화가 완성되고 전국 학령 아동의 전수가 고급 교육의 무상 교육이 완성되고 보통 선거 제도가 구속 없이 완전히 실시되어 … 국빈 계급의 물질과 정신상 생활 정도와 문화 수준이 최고 보장되는 과정을 건국의 제2기라 한다.

▶ **조선 독립 동맹의 건국 강령(1942)**

1. 본 동맹은 조선에 대한 일본 제국주의의 지배를 전복하고 독립 자유의 조선 민주 공화국을 수립할 목적으로 다음 임무를 실현하기 위하여 싸운다.
   (1) 전 국민의 보통 선거에 의한 민주 정권의 수립
   (6) 조선에 있는 일본 제국주의자의 일체 자산 및 토지를 몰수하고 일본 제국주의와 밀접한 관계에 있는 대기업을 국영으로 귀속하며 토지 분배를 실행한다.
   (9) 국민 의무 교육 제도를 실시하고 이에 필요한 경비는 국가가 부담한다.

▶ **조선 건국 동맹의 건국 강령(1944)**

2. 부서와 강령
   (1) 각인 각파를 대동 단결하여 거국 일치로 일본 제국주의 제 세력을 구축하고 조선 민족의 자유와 독립을 회복할 것
   (3) 건설부면에 있어서 일체의 사정을 민주주의 원칙에 의거하고, 특히 노·농 대중의 해방에 치중할 것

이승만의 정읍 발언(1946. 6. 3)

이제 우리는 무기한 휴회된 미·소 공동 위원회가 다시 열릴 기색도 보이지 않으며, 통일 정부를 고대하였으나 여의치 않게 되었다. 우리 남한만이라도 임시 정부 또는 위원회 같은 것을 조직하여 38도선 이북에서 소련이 물러가도록 세계 여론에 호소하여야 될 것이니, 여러분도 결심해야 할 것이다. …

CHAPTER 07 현대사

■ 좌·우 합작 7원칙(1946. 10.)
1. 모스크바 3국 외상 회의 결정에 의해 좌·우 합작으로 임시 정부 수립
2. 미·소 공동 위원회 속개를 요청하는 공동 성명 발표
3. 몰수·유(有)조건 몰수 등으로 농민에게 토지 무상 분여 및 중요 산업의 국유화
4. 친일파 및 민족 반역자 처리 문제는 장차 구성될 입법 기구에서 처리
5. 남북 을 통하여 현 정권하에 검거된 정치 운동자의 석방에 노력하고 아울러 남북 좌우의 테러 행동을 일체 즉시로 제지토록 노력할 것
6. 입법기구에 있어서는 일체 그 권능, 구성방법, 운영 등에 관한 대안을 본 합작위원회에서 작성하여 적극적으로 실행을 기도할 것
7. 전국적으로 언론·집회·결사·출판·교통·투표의 자유가 절대 보장되도록 노력할 것

■ 김구의 '삼천만 동포에게 울면서 간절히 고함(1948. 2.)'
… 우리가 기다리던 해방은 우리 국토를 양분하였으며, 앞으로는 그것을 영원히 양국의 영토로 만들 위험성을 내포하고 있다. … 한국이 있어야 한국 사람이 있고 한국 사람이 있고야 민주주의도 공산주의도 무슨 단체도 있을 수 있는 것이다. … 마음 속의 38도선이 무너지고야 땅 위의 38도선도 철폐될 수 있다. 내가 어리석고 못났으나 일생을 독립 운동에 희생하였다. … 이에 새삼스럽게 재화를 탐내며 명예를 탐낼 것이냐, 더구나 외국 군정하에 있는 정권을 탐낼 것이냐? 내가 대한민국 임시 정부를 주재하는 것도 한국 독립당을 주재하는 것도, 모두가 다 조국의 독립과 민족의 해방을 위해서일 뿐이다. … 나는 통일된 조국을 세우려다가 38도선을 베고 쓰러질지언정 일신의 구차한 안일을 취하여 단독 정부를 세우는 데는 협력하지 않겠다.

■ 7·4 남북 공동 성명의 통일 3대 원칙
첫째, 통일은 외세에 의존하거나 외세의 간섭을 받음이 없이 자주적으로 해결하여야 한다.
둘째, 통일은 서로 상대방을 반대하는 무력 행사에 의거하지 않고 평화적 방법으로 실현해야 한다.
셋째, 사상과 이념, 제도의 차이를 초월하여 우선 하나의 민족으로서 민족적 대단결을 도모하여야 한다.

■ 남북 사이의 화해와 불가침 및 교류 협력에 관한 합의서(남북 기본 합의서, 1991)
남과 북은 분단된 조국의 평화적 통일을 염원하는 온 겨레의 뜻에 따라, 7·4 남북공동 성명에서 천명된 조국 통일 3대 원칙을 재확인하고, 정치·군사적 대결 상태를 해소하여 민족적 화해를 이룩하고, 무력에 의한 침략과 충돌을 막고 긴장 완화와 평화를 보장하며, 다각적인 교류·협력을 실현하여 민족 공동의 이익과 번영을 도모하며, 쌍방 사이의 관계가 나라와 나라 사이의 관계가 아닌 통일을 지향하는 과정에서 잠정적으로 형성되는 특수 관계라는 것을 인정하고, 평화 통일을 성취하기 위한 공동의 노력을 경주할 것을 다짐하면서, 다음과 같이 합의하였다.

제1장 남북 화해 제1조 남과 북은 서로 상대방의 체제를 인정하고 존중한다.
제2장 남북 불가침 제9조 남과 북은 상대방에 대하여 무력을 사용하지 않으며 상대방을 무력으로 침략하지 아니한다.
제3장 남북 교류 협력 제17조 남과 북은 민족 구성원들의 자유로운 왕래와 접촉을 실현한다.

■ 6·15 남북 공동 선언(2000. 6. 15.)

1. 남과 북은 나라의 통일 문제를 그 주인인 우리 민족끼리 서로 힘을 합쳐 자주적으로 해결해 나가기로 하였다.
2. 남과 북은 나라의 통일을 위한 남측의 연합제 안과 북측의 낮은 단계의 연방제 안이 서로 공통성이 있다고 인정하고, 앞으로 이 방향에서 통일을 지향시켜 나가기로 하였다.
3. 남과 북은 올해 8·15에 즈음하여 흩어진 가족·친척 방문단을 교환하며, 비전향장기수 문제를 해결하는 등 인도적 문제를 조속히 풀어 나가기로 하였다.
4. 남과 북은 경제 협력을 통해 민족 경제를 균형적으로 발전시키고, 사회, 문화, 체육, 보건, 환경 등 제반 분야의 협력과 교류를 활성화하여 서로의 신뢰를 다져 나가기로 하였다. …

■ 북한의 행정구역 변화

우리나라 역대 왕 재위기간

고구려시대(高句麗) B.C. 37 ~ A.D. 668 (705년간, 총 28대)

代	왕명	재위기간
1	동명성왕	B.C.37~B.C.19
2	유리왕	B.C.19~A.D.18
3	대무신왕	18~44
4	민중왕	44~48
5	모본왕	48~53
6	태조왕	53~146
7	차대왕	146~165
8	신대왕	165~179
9	고국천왕	179~197
10	산상왕	197~227
11	동천왕	227~248
12	중천왕	248~270
13	서천왕	270~292
14	봉상왕	292~300
15	미천왕	300~331
16	고국원왕	331~371
17	소수림왕	371~384
18	고국양왕	384~391
19	광개토대왕	391~413
20	장수왕	413~491
21	문자명왕	491~519
22	안장왕	519~531
23	안원왕	531~545
24	양원왕	545~559
25	평원왕	559~590
26	영양왕	590~618
27	영류왕	618~642
28	보장왕	642~668

일제강점기 1910~1945
미군 군정 1945~1948

대한민국

代		대통령	취임
초대	1공	이승만	48.7
2			52.8
3			56.8
과도내각		허정	60.4
4	2공	윤보선	60.8
5	3공	박정희	63.12
6			67.7
7			71.6
8	4공		72.12
9			78.12
10		최규하	79.12
11		전두환	80.8
12	5공	전두환	81.2(7년)
13	6공	노태우	88.2(5년)
14	문민정부	김영삼	93.2(5년)
15	국민정부	김대중	98.2(5년)
16	참여정부	노무현	03.2(5년)
17	MB정부	이명박	08.2(5년)
18		박근혜	13.2
19		문재인	17.5
20		윤석열	22.5

백제시대(百濟) B.C.18 ~ A.D.660 (678년간, 총 31대)

代	왕명	재위기간
1	온조왕	B.C.18~A.D.28
2	다루왕	28~77
3	기루왕	77~128
4	개루왕	128~166
5	초고왕	166~214
6	구수왕	214~234
7	사반왕	234
8	고이왕	234~286
9	책계왕	286~298
10	분서왕	298~304
11	비류왕	304~344
12	설왕	344~346
13	근초고왕	346~375
14	근구수왕	375~384
15	침류왕	384~385
16	진사왕	385~392
17	아신왕	392~405
18	전지왕	405~420
19	구이신왕	420~427
20	비유왕	427~455
21	개로왕	455~475
22	문주왕	475~477
23	삼근왕	477~479
24	동성왕	479~501
25	무령왕	501~523
26	성왕	523~554
27	위덕왕	554~598
28	혜왕	598~599
29	법왕	599~600
30	무왕	600~641
31	의자왕	641~660

발해(渤海) 698~926 (227년간, 총 15대)

代	왕명	재위기간
1	고왕	698~719
2	무왕	719~737
3	문왕	737~793
4	대원의	793~794
5	성왕	794~795
6	강왕	795~809
7	정왕	809~812
8	희왕	812~817
9	간왕	817~818
10	선왕	818~830
11	대이진	831~857
12	대건황	857~871
13	대현석	871~894
14	대위해	894~906
15	대인찬	906~926

신라시대(新羅) B.C.57~935 (992년간, 총 56대)

代	왕명	재위기간
1	박혁거세	B.C.57~A.D.4
2	남해차차웅	4~24
3	유리이사금	24~57
4	탈해이사금	57~80
5	파사이사금	80~112
6	지마이사금	112~134
7	일성이사금	134~154
8	아달라이사금	154~184
9	벌휴이사금	184~196
10	나해이사금	196~230
11	조분이사금	230~247
12	첨해이사금	247~261
13	미추이사금	262~284
14	유례이사금	284~298
15	기림이사금	298~310
16	흘해이사금	310~356
17	내물마립간	356~402
18	실성마립간	402~417
19	눌지마립간	417~458
20	자비마립간	458~479
21	소지마립간	479~500
22	지증왕	500~514
23	법흥왕	514~540
24	진흥왕	540~576
25	진지왕	576~579
26	진평왕	579~632
27	선덕여왕	632~647
28	진덕여왕	647~654
29	무열왕	654~661
30	문무왕	661~681
31	신문왕	681~692
32	효소왕	692~702
33	성덕왕	702~737
34	효성왕	737~742
35	경덕왕	742~765
36	혜공왕	765~780
37	선덕왕	780~785
38	원성왕	785~798
39	소성왕	798~800
40	애장왕	800~809
41	헌덕왕	809~826
42	흥덕왕	826~836
43	희강왕	836~838
44	민애왕	838~839
45	신무왕	839
46	문성왕	839~857
47	헌안왕	857~861
48	경문왕	861~875
49	헌강왕	875~886
50	정강왕	886~887
51	진성여왕	887~897
52	효공왕	897~912
53	신덕왕	913~917
54	경명왕	917~924
55	경애왕	924~927
56	경순왕	927~935

고려시대(高麗) 918~1392 (475년간, 총 34대)

代	왕명	재위기간
1	태조	918~943
2	혜종	943~945
3	정종	945~949
4	광종	949~975
5	경종	975~981
6	성종	981~997
7	목종	997~1009
8	현종	1009~1031
9	덕종	1031~1034
10	정종	1034~1046
11	문종	1046~1083
12	순종	1083
13	선종	1083~1094
14	헌종	1094~1095
15	숙종	1095~1105
16	예종	1105~1122
17	인종	1122~1146
18	의종	1146~1170
19	명종	1170~1197
20	신종	1197~1204
21	희종	1204~1211
22	강종	1211~1213
23	고종	1213~1259
24	원종	1259~1274
25	충렬왕	1274~1308
26	충선왕	1308~1313
27	충숙왕	1313~30,32~39
28	충혜왕	1330~32,39~44
29	충목왕	1344~1348
30	충정왕	1348~1351
31	공민왕	1351~1374
32	우왕	1374~1388
33	창왕	1388~1389
34	공양왕	1389~1392

조선시대(朝鮮) 1392~1910 (519년간, 총 27대)

代	왕명	재위기간
1	태조	1392~1398
2	정종	1398~1400
3	태종	1400~1418
4	세종	1418~1450
5	문종	1450~1452
6	단종	1452~1455
7	세조	1455~1468
8	예종	1468~1469
9	성종	1469~1494
10	연산군	1494~1506
11	중종	1506~1544
12	인종	1544~1545
13	명종	1545~1567
14	선조	1567~1608
15	광해군	1608~1623
16	인조	1623~1649
17	효종	1649~1659
18	현종	1659~1674
19	숙종	1674~1720
20	경종	1720~1724
21	영조	1724~1776
22	정조	1776~1800
23	순조	1800~1834
24	헌종	1834~1849
25	철종	1849~1863
26	고종	1863~1907
27	순종	1907~1910

세계사와 한국사 연대표

구분 연대		국사	시대구분			세계사	
			한국	중국	서양		
	약70만년전	구석기 문화	선사시대 및 연맹왕국	황하문명	고대사회		
	6000년경	신석기 문화				3000년경	이집트, 통일 국가 형성
							메소포타미아 문명 시작
						2500년경	인더스, 황하 문명시작
							'요순의 치'
	2333	단군, 아사달에 도읍, 고조선 건국				2070	하왕조 성립
						1800년경	함무라비왕, 메소포타미아 통일
				은		1500년경	은 왕조 성립
				주(서주)		1120년경	주 건국
1000	1000년경	청동기 문화의 전개				1000년경	그리스, 폴리스 형성
		고조선의 발전				770년경	주의 동천, 춘추 전국 시대 시작
				동주		671년경	아시리아, 오리엔트 통일
				춘추전국시대		563?	석가모니 탄생
						492	페르시아 전쟁(~479)
	400년경	철기 문화의 보급				334	알렉산더 대왕, 동방 원정(~323)
						322	마우리아 왕조(소승불교)
	283	연의 진개 침입		진		221	진(秦)의 중국 통일
	194	위만 조선 성립				206	전한 건국(~A.D 8)
	108	고조선 멸망, 한 군현 설치		전한			
	57	신라 건국					
	37	고구려 건국					
B.C	18	백제 건국				27	로마, 제정 시대
A.D							

223

구분 연대	국사		시대구분			세계사	
			한국	중국	서양		
				신	고대사회	8	왕망, 신 건국
				후한		25	중국, 후한 성립
						105	쿠샨왕조(대승불교)
				삼국		220	중국, 후한 멸망, 삼국 시대 시작 (호족)
				진(晉)		280	중국, 진(晉)의 통일(문벌귀족)
313	고구려, 낙랑군 멸망 시킴					313	밀라노 칙령(크리스트교공인), 굽타왕조(힌두교)
372	고구려, 불교 전래, 태학 설치			5호 16국		316	5호 16국 시대 시작
384	백제, 불교 전래					375	게르만 민족, 대이동 개시
405	백제, 일본에 한학 전함					395	로마 제국, 동서 분열
427	고구려, 평양 천도		삼국시대			439	남북조 시대 시작
433	나·제 동맹 성립					476	서로마 제국 멸망
475	백제, 웅진 천도			남북조시대		486	프랑크 왕국 건국
502	신라, 우경법 실시						
503	신라, 국호·왕호 사용						
520	신라, 율령 반포, 백관의 공복 제정						
527	신라, 불교 공인				중세사회	529	유스티니아누스 로마법대전 편찬
538	백제, 사비성 천도						
545	신라, 국사 편찬			수		589	수의 중국 통일
553	나·제 동맹 결렬					610	사산조 페르시아 vs 비잔티움무 함마드 이슬람교 창시
612	을지문덕, 살수대첩					618	당 건국
624	고구려, 당으로부터 도교 전래					622	헤지라(이슬람 기원 원년)
645	고구려, 안시성 싸움			당		645	다이카개신
660	백제 멸망					661	이슬람 제국, 옴미아드 조 성립
668	고구려 멸망						
676	신라, 삼국 통일						
682	신라, 국학 설치					710	나라시대(-784)
685	9주 5소경 설치					750	아바스왕조

	698	발해의 건국	발해	통일신라	중세사회	751	탈라스전투(고선지,제지술)
	757	경덕왕-녹읍부활				755	안.사의 난
	780	선덕왕					
	788	신라, 독서 삼품과 설치				794	헤이안시대(-1185)
	828	장보고, 청해진 설치				843	베르됭조약으로 프랑크왕국 분열
						875	황소의 난(-884)
	900	견훤, 후백제 건국				907	당 멸망, 5대 10국의 시작
	901	궁예, 후고구려 건국				5대-후량, 후당, 후진, 후한, 후주, 10국-오월 등	
	918	왕건, 고려 건국		5대 10국		916	에뤼아바오지가 요 건국
	926	발해 멸망					
	935	신라 멸망					
	936	고려, 후삼국 통일	고려				
	956	노비 안검법 실시					
	958	과거 제도 실시				960	송 건국(북송, ~ 1127)(사대부)
	976	전시과 실시		북송			
1000	1019	강감찬, 귀주 대첩				1037	셀주크 투르크 제국 건국
	1086	의천, 교정도감을 두고 속장경 조판				1054	성상숭배금지령, 동서교회분열
	1107	윤관, 여진 정벌				1069	송, 왕안석의 신법
	1126	이자겸의 난				1096	십자군 원정(~ 1270)
	1135	묘청의 서경 천도 운동				1115	아구다가 금건국

구분 연대		국 사	시대구분				세 계 사
			한국	중국	서양		
1000	1145	김부식, 삼국 사기 편찬	고려	남송	중세 사회	1127	북송 멸망, 남송 시작
	1170	무신 정변					
	1196	최충헌의 집권				1192	일본, 가마쿠라 막부 세움
	1231	몽고의 제1차 침입				1206	칭기즈 칸, 몽고 통일
	1234	금속 활자로 '상정고금예문' 간행					
	1236	팔만대장경 새김 시작 (~ 1251)				1279	원 제국 성립
	1270	개경으로 환도, 삼별초의 항전		원		1299	마르코 폴로, '동방견문록' 출판
	1359	홍건적의 침입				1337	영국과 프랑스 백년 전쟁 (~ 1453)
	1363	문익점, 원에서 목화씨 가져옴					
	1376	최영, 왜구 격파(홍산 싸움)					
	1377	최무선, 화약 무기 제조				1368	원 멸망, 명 건국(향신)
		직지심경 인쇄					
	1388	이성계, 위화도 회군 명				1336	무로마치 막부 (1336 − 1573)
	1389	박위, 쓰시마섬 정벌		명			
	1392	고려 멸망, 조선 건국	조선			14세기	르네상스 시작
	1394	한양 천도					
	1402	호패법 실시					
	1413	조선8도의 지방 행정 조직 완성				1405	정화의 남해 원정(~1433) 화교 진출의 계기 마련
		태조 실록 편찬					
	1433	4군 설치					
	1434	6진 설치 (~1449)				1450	구텐베르크, 활판 인쇄술발명

구분 연대	국사		시대구분			세계사	
			한국	중국	서양		
1500	1443	세종, 훈민정음 창제	조선	명	근대사회	1453	오스만투르크에 의해 비잔틴 제국 멸망
	1466	직전법 실시				1492	콜럼버스, 아메리카 대륙발견
	1469	경국대전 완성				1498	바스코 다 가마, 인도 항로 발견
	1506	중종반정					
	1510	3포 왜란				1517	루터의 종교 개혁
	1512	임신 약조				1519	마젤란, 세계 일주 (~ 1522)
	1519	기묘사화				1526	인도, 무굴 제국 성립 (~ 1858)
						1534	로욜라, 예수회 창립
						1536	칼뱅의 종교 개혁
	1543	주세붕, 백운동 서원 설립(소수서원)				1543	코페르니쿠스, 지동설 발표
	1554	비변사 설치				1588	영국, 에스파냐 무적 함대 격파
	1555	을묘왜변				1590	도요토미 히데요시, 일본 통일
	1592	임진왜란, 한산도 대첩					
	1608	경기도에 대동법 실시		청		1603	도쿠가와 이에야스의 에도 막부 시작
	1609	일본과 국교 회복 (기유약조)				1616	후금(청) 건국
	1623	인조 반정					
	1624	이괄의 난				1644	명 멸망, 청 중국 통일
	1627	정묘호란					
	1636	병자호란				1688	영국, 명예 혁명
	1653	하멜, 제주도 표착, 시헌력 채택				1689	청·러 네르친스크 조약
	1654	나선 정벌					

구분 연대		국사	시대구분			세계사	
			한국	중국	서양		
	1708	대동법, 전국적으로 시행	조선	청	근대사회		
	1712	백두산 정계비 건립					
	1724	영조, 탕평책 실시				1762	루소, 사회 계약론 발표
	1750	균역법 실시				1776	미국, 독립 선언
	1784	이승훈, 천주교 영세 받음				1789	프랑스 대혁명
	1801	신유박해					
	1811	홍경래의 난					
	1831	천주교 조선 교구 설치				1840	1차아편 전쟁(~1842)
	1839	기해박해					
						1848	마르크스·엥겔스 공산당 선언 발표
						1850	태평 천국 운동(~1864)
						1854	일본 개국
						1857	인도, 무굴 제국 멸망
	1860	최제우, 동학 창시				1860	2차 아편전쟁, 청, 영·프와 베이징 조약 체결
	1862	진주 민란				1861	양무운동(-1894, 중체서용, 이홍장), 미국 남북 전쟁(~1865)

구분 연대		국 사	시대구분			세 계 사	
			한국	중국	서양		
	1863	고종 즉위, 흥선 대원군집권	조선				
	1866	병인박해, 제너럴 셔먼호 사건				1863	링컨, 노예 해방 선언
		병인양요				1868	일본, 메이지 유신
	1871	신미양요					
	1875	운요 호 사건				1871	독일 통일
	1876	강화도 조약 체결					
	1881	신사 유람단 및 영선사 파견					
	1882	임오군란					
	1884	미·영·독 등과 통상 조약 체결					
	1884	우정국 설치, 갑신정변				1884	청·프 전쟁(~1885)
	1885	거문도 사건, 배제 학당설립					
	1894	동학 농민 운동, 갑오개혁				1894	청일전쟁(－1895)
	1895	을미사변, 을미개혁				1895	시모노세키조약
	1896	아관파천, 독립 협회 설립					
	1897	대한제국 수립	대한제국	청	근대사회	1898	변법변법자강운동(캉유웨이), 파쇼다사건
	1898	관민 공동회 개최					
	1899	경인선 개통					
1900						1900	의화단 운동(부청멸양)
						1902	1차영·일 동맹
	1904	한·일 의정서 체결				1904	러·일 전쟁(~1905)
	1905	을사조약				1905	시베리아철도개통 (1891~1916), 피의 일요일사건, 가스라, 태프트 밀약, 2차영일동맹, 포츠머스강화 조약
	1907	국채 보상 운동, 헤이그 특사 파견					
		고종 황제 퇴위, 군대 해산					
		신민회 설립					
	1909	일본, 청과 간도 협약 체결					
		안중근, 이토 히로부미 사살				1911	중국, 신해혁명

구분 연대	국사		시대구분			세계사	
			한국	중국	서양		
	1910	일제의 국권 강탈	국권침탈기	중화민국	현대사회	1912	청 멸망, 중화 민국 성립
	1910	13도의군, 성명회				1914	제1차 세계 대전(~1918)
	1911	권업회					
	1914	대한광복군정부				1917	러시아, 11월 혁명
						1918	윌슨, 14개조 평화 원칙 발표 일본의 시베리아 출병
	1919	3·1 운동				1919	중국, 5·4 운동
		상해에 대한민국 임시정부 수립					간디의 비폭력·무저항 운동 시작
							베르사유 조약
	1920	김좌진, 청산리 대첩				1920	국제 연맹 성립
	1921	자유시참변(흑하사변)				1922	소비에트 사회주의 공화국 연방 성립
	1926	6·10 만세 운동					
	1927	신간회 조직					
	1929	광주 학생 항일 운동				1929	세계 경제 공황
	1932	이봉창·윤봉길 의거				1931	만주 사변
	1933	조선어학회, 한글맞춤법 통일안 발표					
						1937	중·일 전쟁
	1940	일제, 민족 말살 통치 강화				1939	제2차 세계 대전(~1945)
						1941	태평양전쟁
		한국 광복군 결성				1943	카이로 선언
							테헤란 회담
	1942	조선어 학회 사건					

구분 연대		국사	시대구분				세계사
			한국	중국	서양		
	1945	8·15 광복		중화민국		1945	얄타, 포츠담회담, 제2차 세계 대전 종결, 모스크바3상회의
		미·소 군정 시작					국제연합(UN) 창설
	1946	제1차 미소 공동 위원회 개최					
						1947	트루먼 독트린
	1948	5·10 총선거				1948	소련의 베를린 봉쇄
		대한 민국 정부 수립					
	1949	김구 암살 당함				1949	중화 민국 공화국 수립
		농지 개혁법 공포					북대서양조약기구(NATO) 성립
1950	1950	6·25 전쟁, UN군 참전				1950	UN, 한국 파병
	1952	이승만 대통령, 평화선 선언				1953	아이젠하워 대통령 당선
	1953	휴전 협정 조인				1953	스탈린 사망, 흐루스초프 서기장 취임
						1955	아시아·아프리카 회의(반둥회의) 개최, 저우언라이(중국), 네루(인도)
				중화인민공화국	현대사회		바르샤바 조약 기구 (WTO)성립
	1960	4·19 혁명	대한민국				
	1961	5·16 군사 정변					
	1962	제1차 경제 개발 5개년 계획(~1966)				1962	쿠바 봉쇄
	1963	박정희 정부 수립					중국·인도 국경 분쟁
	1965	한·일 협정 비준, 베트남파병					
	1966	한·미 행정 협정 조인				1966	중국, 문화 대혁명 시작
	1967	제2차 경제 개발 5개년 계획(~1971)					
	1968	국민 교육 헌장 선포				1968	체코슬로바키아 민주화 선언
	1970	새마을 운동 시작				1969	닉슨독트린(괌선언)
	1972	제3차 경제 개발 5개년 계획 (~1976)				1972	미국, 닉슨 대통령 중국 방문
		7·4 남북 공동 성명, 10월유신					
	1973	6·23 평화 통일 선언				1973	베트남 정전 협정 성립
	1977	수출 100억 달러 달성					동·서독 UN 가입
		제4차 경제 개발 5개년 계획(~1981)				1975	베트남 전쟁 종결
	1979	박정희 대통령 서거					

231

구분 연대	국사		시대구분			세계사	
			한국	중국	서양		
	1980	5·18 민주화 운동	대한민국	중화인민공화국	현대사회	1980	이란·이라크 전쟁
	1981	전두환 정부 수립					
	1985	이산가족 고향방문단 교환 및 예술 공연				1985	소련, 고르바초프 서기장 취임
	1986	아시안 게임 개최				1986	체르노빌 원자력 발전소 방사능 누출 사고
	1987	6월 민주 항쟁					
		대통령 직접 선거				1988	이란·이라크 전쟁 종결
	1988	노태우 정부 수립					소련, 아프가니스탄 주둔군 철수
		제24회 서울 올림픽 개최				1989	몰타선언
	1989	헝가리, 폴란드와 국교 수립				1990	독일 통일
	1990	한·소 수교				1991	걸프 전쟁
	1991	남북한 동시 UN 가입					발트 3국 독립
		지방 의회 선거					
		남북한 기본 합의서 채택				1992	소련 해체 후 독립국가연합(CIS) 탄생
	1992	한·중 수교				1993	우루과이 라운드 타결
	1993	김영삼 정부 출범					북미 자유 무역협정 체결
	1994	북한, 김일성 사망					유럽 연합(EU) 출현
	1995	지방 자치제 전면 실시				1995	세계 무역 기구(WTO) 출범
		유엔 안보리 비상임 이사국 피선				1997	아시아 경제 위기
	1996	경제 협력 기구(OECD) 가입					홍콩, 중국에 반환
	1997	외환위기 발생				1999	마카오, 중국에 반환
	1998	김대중 정부 출범					EU 유럽 단일 통화(유로) 출범
	1999	복제 송아지 '영롱이' 출생					
2000							

우리나라 근현대사 연대표

연도	내용
1863	고종 즉위, 흥선 대원군 집권
1866	병인박해, 제너럴 셔먼호 사건, 병인양요
1868	독일 상인 오페르트가 남연군 묘 도굴
1871	신미양요, 척화비 건립
1873	고종 친정 시작
1875	운요호 사건
1876	강화도 조약·조일수호조규부록·조일무역규칙 체결, 1차 수신사 김기수 파견, 부산 개항
1880	2차 수신사 김홍집 파견, 원산 개항
1881	영남만인소사건, 조사 시찰단과 영선사 파견, 별기군 창설
1882	조미수호통상조약 조인, 임오군란, 제물포조약, 조일수호조규속약, 조청 상민수륙무역장정 체결, 3차 수신사 박영효 파견
1883	보빙사 파견, 조일통상장정·조영조약·조독조약 체결, 한성순보(박문국), 기기창과 전환국 설치, 원산학사와 동문학 설립, 제물포 개항, 간도문제로 어윤중을 서북경략 사로 임명
1884	조러수호통상조약, 우정국 설치(홍영식), 갑신정변
1885	한성조약과 톈진조약 체결, 조러비밀협약 시도(1884, 1885), 거문도 사건(~1887), 한성전보총국 설치, 광혜원 설립, 이중하를 토문감계사로 파견, 배재학당
1886	조프통상조약, 노비세습제 폐지, 육영공원 설립
1888	조러육로통상조약
1889	함경도에 방곡령 실시
1892	공주 삼례집회
1893	강화도에 해군사관학교 설립, 복합상소, 보은집회, 금구 집회
1894	백산 봉기, 교정청 설치, 군국기무처 설치, 독립서고문과 홍범 14조 반포
1895	유길준의 '서유견문' 간행, 시모노세키조약, 삼국 간섭, 을미사변, 을미개혁, 흥화학교(민영익)설립
1896	태양력 사용, 아관 파천, 독립 신문 발간(1899년에 폐간), 독립 협회 설립, 호구조사규칙
1897	광무개혁(~1904)
1898	황국협회 조직, 황성신문 발간, 황국중앙총상회 조직, 찬양회 조직 만민공동회와 관민공동회 개최(헌의 6조 결의), 독립협회 해산, 전차(서대문~청량 리) 개통식, 명동성당 건립, 근대식 해군제도 도입, 무관학교 설립

233

연도	내용
1899	원수부 설치, 대한국 국제 반포, 경인선 개통, 찬양회가 순성여학교 설립, 한성중학교와 한성의학교(지석영) 설립, 한청통상조약 체결
1900	만국 우편 연합 가입, 울릉도를 군으로 승격
1901	금 본위제 채택
1902	경시서가 평식원으로 바뀜, 하와이 이민 출발, 이범윤을 해삼위통상사무관 북변(도) 간도 관리사로 파견, 1차 영일동맹
1903	대한제국의 징병제 실시, 용암포 사건, 하와이에서 신민회 결성
1904	러일전쟁 시작, 한·일 의정서, 대한시설강령, 보안회 설립(이후 협동회), 농광회사 설립, 제1차 한·일 협약(고문정치) 조인
1905	화폐 정리 사업 실시, 경부선 개통, 헌정 연구회 조직, 카쓰라·태프트 밀약, 2차 영·일동맹, 포츠머스 강화조약, 제2차 한·일 협약(을사조약, 통감정치), 안창호가 공립협회 창립(샌프란시스코)
1906	대한자강회 설립, 토지가옥증명규칙, 경의선 개통, 천도교의 만세보 간행, 이상설이 서전서숙 설립
1907	국채 보상 운동, 신민회 설립, 헤이그 특사 파견, 국문 연구소, 고종 강제 퇴위, 한·일신협약(정미 7조약, 차관정치), 군대 해산 조칙 발표, 정미의병(~1910), 간도파출소 설치
1908	서울 진공 작전, 장인환과 전명운이 샌프란시스코에서 스티븐스 사살, 잡지 '소년' 창간(최남선의 '해에게서 소년에게' 발표), 동양척식주식회사 설립, 신채호가 대한매일신보에 '독사신론' 발표, 사립학교령 반포, 명동 학교 설립
1909	단군교(대종교) 창시, 박은식의 유교구신론, 간도 협약, 이토 히로부미 사살(안중 근), 출판법 반포, 남한대토벌, 기유각서
1910	일제의 경찰권 박탈, 안중근 뤼순 감옥에서 순국, 신민회가 삼원보에 경학사와 신흥 강습소 설치, 유인석이 13도 의군(연해주) 결성, 조선광문회(최남선, 박은식)설립, 경술국치, 회사령 공포, 안악사건(안명근 사건), 대한인 국민회 결성
1911	1차 조선교육령 반포, 105인 사건으로 신민회 해체, 직원복제, 삼림령과 어업령 발 표, 중광단 결성, 권업회 결성
1912	임병찬이 독립 의군부 조직, 토지조사령 발표, 신규식이 동제사(상하이) 결성
1913	조선국권회복단 설립, 송죽회(평양) 설립, 안창호가 흥사단 조직, 유인석이 보약사 결성(이후 대한독립단)
1914	대한 광복군 정부(대통령 - 이상설, 부통령 - 이동휘), 조선 국민군단(박용만), 경원선(용산 ~ 원산) 개통
1915	대한광복회 설립(박상진, 김좌진, 채기중), 조선산직장려계 조직(서울교사 중심), 광업령 발표, 신한혁명당(북경, 이상설) 설립, 대동보국단(신규식, 박은식)결성

연도	내용
1917	러시아 혁명, 이광수 '무정' 발표
1918	서당 규칙 공포, 여운형과 김규식이 신한 청년당(상하이) 설립, 이동휘가 하바로프 스크에서 한인사회당 결성, 무오독립선언서(대한독립선언서, 조소앙)
1919	2·8독립선언, 3·1운동, 대한민국임시정부 수립, 임시정부가 육군무관학교 설립 (상하이), 강우규 (노인동맹단)가 사이토 총독에게 폭탄 투척, 천마산대(평북) 보합 단(평북) 조직
1920	조선 일보, 동아 일보 창간, 조만식이 조선 물산 장려회 설립, 구월산대 조직(황해 도), 광복군 사령부와 광복군 총영 조직, 봉오동·청산리 전투, 간도 참변(경신참 변), 대한 독립 군단 조직(밀산), 극예술협회 창립
1921	자유시 참변, 김익상이 조선 총독부에 폭탄 투척, 조선어 연구회 창립
1922	이광수가 잡지 '개벽'에서 '민족개조론' 발표
1922	2차 조선교육령 발표, 조선 민립 대학 기성 준비회 조직, 안창남의 모국 방문 기념 비행, 대한 통군부와 대한 통의부 조직
1923	국민 대표회의 개최, 김상옥이 종로 경찰서에 폭탄 투척, 조선 혁명선언서 발표(신 채호), 관세철폐, 민립대학기성회의 1000만원 모금운동, 조선 형평사 창립(진주), 참의부 결성, 암태도 소작쟁의(~1924), 토월회 결성, 어린이날 제정
1924	경성제국대학교 설립, 이광수가 동아일보에 '민족적 경륜' 발표, 조선청년 총동맹 조 직, 김지섭이 도쿄 궁성의 이중교에 투탄, 정의부 결성, 제1차 국공합작(쑨원과 마 오쩌둥), 조선노농총동맹 결성
1925	조선공산당과 '카프(KAPF) 결성, 치안유지법 발표, 신민부 결성, 미쓰야 협정, 임시정부의 2차 개헌(국무령 중심의 내각책임제), 조선사정연구회
1926	6·10 만세 운동, 안창호의 한국독립유일당 북경촉성회, 조선민흥회 결성, 정우회 선언, 나석주가 동양 척식 주식 회사에 폭탄 투척, 한용운의 '님의 침묵'과 이상화의 '빼앗긴 들에도 봄은 오는가' 발표, 나운규의 '아리랑' 발표
1927	신간회와 근우회 조직, 신은행령, 흥남 질소 비료 공장, 임시정부의 3차 개헌(국무 위원 중심의 집단 지도체제), 조선노농총동맹이 조선노동총동맹과 조선농민총동맹으 로 분화
1928	조명하가 타이완에서 일왕의 장인을 처단, 혁신의회 결성(김좌진과 지청천 중심, 이 후 한국독립당으로 개편)
1929	세계대공황, 원산 노동자 총파업, 조선일보의 문자 보급 운동, 광주 학생 항일 운동, 국민부 결성(양세봉 중심, 이후 조선혁명당으로 개편), 부전강 수력발전소 가동
1930	시문학파의 순수시 운동(정지용과 김영랑 중심)
1931	조선어 연구회가 조선어 학회로 개칭, 극예술 연구회 결성, 신간회·근우회·조선 청년총동맹 해체, 동아일보의 브나로드 운동, 만보산 사건, 만주사변, 한인 애국단 조직(김구)

1932	이봉창이 도쿄에서 일왕에 폭탄 투척, 윤봉길이 상하이 홍커우 공원에서 폭탄 투척, 남면북양정책, 농촌진흥운동(~1940), 자작농지창설유지사업, 조선소작조정령
1933	한글 맞춤법 통일안 제정, 백남운이 '조선사회경제사' 발표
1934	진단 학회 조직, 과학 지식 보급회 조직, 조선학운동 , 조선농지령
1935	민족 혁명당 조직(난징), 한국 국민당 조직(항저우)
1936	일제의 신사참배 강요, 동아 일보 일장기 삭제 사건, 안익태의 코리아 환상곡 완성, 동북항일연군과 조국광복회 결성
1937	보천보 전투(함경도 갑산), 중일전쟁, 황국 신민 서사 제정, 연해주 주민 중앙아시 아로 강제 이주 당함
1938	3차 조선 교육령, 육군특별지원병령과 국가 총동원법 공포, 10호의 애국반 조직, 조선의용대 결성(한커우)
1939	국민 징용령, 창씨 개명, 가축증식계획, 미곡 공출제 실시
1940	산미증식계획 부활, 조선일보와 동아일보 강제 폐간, 조선영화령, 임시 정부의 4차 개헌(주석 중심제), 한국 광복군 창설
1941	임시정부의 건국강령 발표, 태평양 전쟁 시작, 임시정부의 대일 선전 포고, 심상소학교가 국민학교로 개칭
1942	김원봉의 조선의용대(충칭)가 한국광복군에 편입, 김두봉이 조선독립동맹과 조선 의용군 조직, 조선어 학회 사건
1943	4차 조선교육령 반포, 학도특별지원병제, 카이로 회담
1944	강제징용령, 군수생산책임제도, 쇠붙이 공출제, 여자 정신대 근무령 공포, 여운형과 안재홍이 조선 건국 동맹 조직, 임시정부의 5차 개헌(주석, 부주석 중심제)
1945. 2.	얄타회담
7.	포츠담회담
1945. 8. 15	해방, 여운형이 조선건국준비위원회 설치
8. 26	소련군 선발대가 평양에 입성
9. 6	조선인민공화국 선포
9. 8	미군 인천 상륙
10. 5	미군정의 3·1 소작제 실시
10. 28	북조선 5도 행정국
12. 16	모스크바 3상회의
12. 27	동아일보 오보 사건
1946. 1. 2	조선공산당, 모스크바삼상회의 지지 선언

날짜	내용
2. 1	임정 중심의 비상국민회의
2. 8	대한독립촉성국민회(독촉)결성(총재 이승만, 부총재 김구) 북조선 임시인민위원회 결성(위원장 김일성, 부위원장 김두봉)
2. 14	미군정 자문기관인 남조선국민대표민주의원(민주의원) 발족
2. 15	민주주의민족전선 결성대회(여운형, 허헌, 박헌영, 백남운, 김원봉)
2. 21	신한공사 설립
3. 5	북한 '토지개혁에 관한 법령' 발표
3. 20	제1차 미소공동위원회 개최
5. 15	조선정판사위폐사건 발생
6. 3	이승만, 남한단독정부수립 계획 발표(정읍발언)
7. 25	좌우합작위원회 정식회담
9. 23	9월 총파업
10. 1	대구 폭동
10. 7	좌우합작위원회(의장 : 여운형·김규식) 미군정과 타협으로 합작 7원칙 발표
12. 12	남조선과도입법의원 개원(의장 김규식)
1947. 2. 10	미군정, 민정장관에 안재홍 임명
2. 28	북조선 인민위원회
3. 12	트루만 독트린 발표
5. 21	제2차 미소공동위원회 개최
7. 19	여운형 암살
11. 14	제2차 UN총회, 남북 총선거를 통한 정부 수립 결정
1948. 1. 8	유엔한국임시위원단 입국
2. 10	김구 「삼천만 동포에 읍고함」
2. 26	유엔소총회, 남한에서만 총선거 실시 결의
3. 22	중앙토지행정처가 귀속농지 처리
4. 3	제주도 4·3 민중항쟁
4. 19	평양, '남북정당사회단체 대표자연석회의' 개최
5. 10	남한 제1대 국회의원 총선거 실시
5. 14	북한, 남한에 대한 송전 중단
5. 31	제헌국회 개원

	9. 9	북한 조선민주주의인민공화국 정부조직
	9. 22	반민족행위처벌법 제정
	10. 19	'여수 순천 10·19사건' 발생
	12. 1	국가보안법 공포
1949. 4. 25		국회프락치 사건
	6. 5	국민보도연맹 창립식
	6. 21	농지개혁법 공포
	6. 26	김구 서거
	6. 30	조선노동당 창당
1950. 4. 6		이승만정부, 농지개혁 실시
	5. 30	제2대 국회의원 선거 실시, 여당 패배
	6. 25	6·25 전쟁 발발
	9. 15	인천상륙작전 결행
	9. 28	서울 수복
	10. 19	유엔군과 국군, 평양 점령
1951. 1. 4		1·4후퇴
	12. 23	자유당 창당
1952. 5. 26		부산 정치파동
	7. 4	발췌개헌안(1차 개헌)
	8. 5	제2대 정부통령 선거, 대통령 이승만·부통령 함태영 당선
1953. 6. 18		반공포로 석방
	7. 27	판문점에서 휴전협정 서명
	10. 1	〈한미상호방위조약〉 정식 조인
1954. 4. 26		제네바회의 개막
	5. 20	제3대 민의원 총선거(자유당 114·무소속 68·민국당 15)
	11. 29	사사오입(제2차) 개헌
1956. 5. 15		제3대 정·부통령 선거(대통령 이승만, 부통령 장면)
1958. 1. 13		진보당사건으로 조봉암이 간첩 혐의로 체포
	5. 2	제4대 민의원 총선거
	12. 24	'신국가보안법'

1959. 4. 30	'경향신문' 폐간
1960. 3. 15	제4대 정·부통령 선거, 마산에서 부정선거 규탄 시위 발생
4. 18	고려대생 시위 중 정치깡패로부터 습격
4. 25	서울 각 대학 교수단 시국선언문 발표
4. 28	허정 과도정부 출범
6. 15	제3차 개헌 → 내각책임제(대통령·국무총리 간선제), 양원제 실시
7. 29	제5대 민, 참의원 총선거
8. 13	윤보선, 4대 대통령 취임
8. 23	장면 내각 성립
1961. 5. 16	5·16군사 정변, 군사혁명위원회(이후 국가재건최고회의로 개칭) 발족
6. 10	중앙정보부 창설
6. 14	부정축재처리법 공포
1962. 1. 13	제1차 경제개발 5개년계획 시작
6. 10	제2차 화폐 개혁 : '환' → '원'
12. 17	제5차 개헌 → 국민투표로 확정
1963. 2. 26	민주공화당 창당
10. 15	제5대 대통령 선거(박정희 대통령에 당선)
1964. 8. 14	인민혁명당 사건
9. 11	태권도 교관단 베트남에 파병
1965. 6. 22	한일협정 정식 조인(동경, 국교정상화)
1966. 3. 7	브라운각서 체결
7. 9	한미행정협정(SOFA) 조인
1967. 1. 1	제2차 경제개발 5개년 계획
5. 3	제6대 대통령선거
1968. 1. 21	북한, 청와대 기습(김신조 외 31명)
1. 23	북한, 미해군 푸에블로호 나포
10. 30	울진, 삼척 무장공비 침투
12. 5	국민교육헌장 공포
1969. 7. 25	닉슨독트린 발표
10. 17	국민투표로 3선 개헌 확정

1970.	1. 1	'수출자유지역법' 공포 (1970년 마산, 1973년 익산에 설치)
	7. 7	경부고속도로 개통
	8. 15	박정희 대통령, 평화통일구상선언
	11. 13	전태일 열사 분신자살
1971.	2. 5	통일벼 성공 재배
	4. 27	제7대 대통령 선거, 박정희 당선
	8. 12	남북적십자 회담 제의
1972.	1. 1	제3차 경제 개발 5개년 계획 실시
	7. 4	7·4 남북 공동성명 발표
	8. 3	'경제안정과 성장에 관한 긴급명령' 발표(기업사채 동결)
	10. 17	박대통령 유신 선언 발표, 전국에 비상계엄 선포
	12. 27	유신헌법공포, 북한에서는 사회주의 헌법 채택
1973.	6. 23	6·23 평화통일선언, 북한 고려연방제 제안
	7. 3	포항제철 준공
	8. 8	일본 도쿄에서 김대중납치사건
1974.	4. 3	민청학련 사건
	8. 15	육영수 저격, 평화통일 3대 기본원칙 발표
1975.	4. 8	제2차(재건) 인혁당 사건
1976.	3. 1	명동성당에서 '민주구국선언' 발표
1977.	1. 1	제4차 경제 5개년 계획 실시
1979.	8. 9 ~	YH무역 여공 신민당사에서 농성
	10. 4	김영삼 의원 제명
	10. 16	부·마 항쟁
	10. 26	박정희 대통령 사망
	12. 6	통일주체국민회의, 최규하 후보를 10대 대통령으로 선출
	12. 12	12·12 사태
1980.	5. 18	광주 5·18 민주화 운동
	8. 27	통일주체국민회의, 전두환을 제11대 대통령으로 선출
	10. 10	북한 '고려 민주 연방 공화국 창립 방안' 발표
1981.	2. 25	민주정의당 전두환 대통령후보, 제12대 대통령 당선

	8. 21	제5차 경제사회발전 5개년 계획 발표
1982. 1. 2		중고생 교복·두발 자율화 발표
	1. 5	야간통금 폐지
	1. 22	민족 화합 민주 통일 방안 제의
1983. 10. 9		미얀마 아웅산 묘소 폭탄테러사건
1984. 9. 8		북한 합영법 채택, 북한이 대한민국에 수재물자 제공 제의
1985. 9. 21		남북이산가족상봉
1986. 6. 4		권인숙이 부천경찰서에서 성고문 당함.
	9. 20	제10회 아시아경기대회 개막
1987. 1. 14		박종철이 고문으로 숨짐.
	4. 13	전두환 대통령 「4·13 호헌조치」 발표
	6. 9	이한열 최루탄 맞음
	6. 29	노태우 민주정의당 대표이 6·29 선언 발표 (대통령 중심 직선제 개헌, 김대중 사면 복권,구속자 석방 등 시국수습을 위한 8개항 선언)
	12. 16	제13대 대통령선거 실시, 노태우 민주정의당 후보 당선
1988. 7. 7		노태우 대통령, '남북경쟁 대결외교 종식, 각계 남북동포 교류추진, 이산가족방문, 남북직접교역' 등을 골자로 한 대북정책 6개항 특별 선언(7·7 선언)
	9. 17	제24회 서울올림픽 개막
1989. 5. 28		전국교직원노동조합(전교조) 결성
	9. 11	한민족 공동체 통일방안 발표
1990. 2. 9		민정·민주·공화당, 3당 합당 통해 '민주자유당' 창당
	9. 5	남북고위급회담 개최
	9. 30	소련과 수교
1991. 3. 26		지방의회 선거 부활
	9. 17	남북한 UN 동시 가입
	12. 13	'남북 사이의 화해와 불가침 및 교류 협력에 관한 합의서' 채택('남북 기본합의서')
	12. 31	'한반도의 비핵화에 관한 공동선언'
1992. 8. 24		중국과 수교, 대만과 단교 발표
	12. 18	제14대 대통령 선거, 민주자유당 김영삼 당선
1993. 5. 24		3단계 3기조 통일방안 발표
	7. 12	공직자 재산 등록 시작

	8. 12	금융실명제 실시
1994. 4. 15		우루과이라운드 타결
	7. 8	김일성 사망
	8. 15	민족공동체 통일방안 발표
1995. 6. 27		4대 지방선거(기초의회, 광역의회, 기초단체장, 광역단체장)
1996. 12. 12		경제협력개발기구(OECD) 가입
1997. 11. 21		IMP 구제 금융 공식 요청
	12. 18	제15대 대통령 선거, 김대중 후보 당선
1998. 1. 15		노사정위원회 발족
	6. 16	정주영 현대그룹 명예회장, 소 500마리를 끌고 방북
	11. 18	금강산 관광 시작
2000. 6. 15		6·15 남북 공동 선언
	8. 15	이산가족 방문단 교환
	9. 18	경의선 철도 복원 기공식(남한만)
	10. 1	국민기초생활보장법 시행
2001. 8. 23		IMF 지원자금 전액 상환
2002. 12. 19		제16대 대통령 선거, 노무현 후보 당선
2003. 6. 30		개성공단 착공식
2005. 3. 2		호주제 폐지
2007. 10. 4		'남북관계발전과 평화번영을 위한 선언' 발표
	12. 19	제17대 대통령 선거, 이명박 후보 당선
2012. 12. 19		제18대 대통령 선거, 박근혜 후보 당선

요점정리

1. 우리 민족의 형성과 선사문화 ~ 고조선의 성립과 여러 나라의 성장

① 구석기 시대와 신석기 시대

구분	구석기 시대	신석기 시대
도구	뗀석기, 뼈 도구	간석기, 뼈 도구, 토기 제작
경제	열매 채집, 사냥, 물고기 잡이	농경과 목축 시작
주거	이동생활 → 동굴, 바위 그늘, 강가에 막집 등에 거주	정착생활 → 강가나 해안가에 움집제작
예술	짐승 그림, 조각품 제작	조개껍데기 등으로 예술품 제작
사회	평등 사회	평등 사회, 종교 발생

② 청동기 시대와 철기 시대

구분	청동기 시대	철기 시대
도구	청동기는 무기·제기 등에 이용, 농기구는 석기 사용	청동기의 독자적 발전, 철제 농기구·무기 사용
토기	민무늬 토기 등 제작	민무늬 토기, 덧띠 토기 등 제작
사회	빈부 격차, 계급분화 발생	
기타	바위그림 제작	중국과 교류, 한자 전래

③ 고조선의 건국과 발전

건국	단군왕검이 종경문화, 청동기 문화를 바탕으로 건국
발전	'왕' 칭호 사용, 연과 대적, 제와 교역
위만 조선	위만이 고조선 왕에 즉위 → 철기 문화 본격 수용, 진과 한 사이에서 중계 무역으로 이익 획득
정치	제정일치, 왕위 세습, 왕 밑에 관직 설치(상, 경, 대부, 장군 등)
사회	8조의 법으로 사회 질서 유지(계급 사회, 개인의 생명과 노동력 존중, 사유재산의 개념 존재)

④ 여러 나라의 성장

부여	5부족 연맹 왕국(왕 아래 가(加)가 사출도 통치), 영고 실시, 순장·형사취수제 등의 풍습, 엄격한 법률 존재	
고구려	5부족 연맹 왕국(왕 아래 제가 존재), 동맹 실시, 서옥제 풍습	
옥저	민며느리제의 혼인 풍속, 가족 공동 무덤 제작	군장이 부족통치, 농경발달, 해산물 풍부
	족외혼, 책화, 무천 실시	
삼한	마한·진한·변한의 연맹체, 제정분리(군장이 통치, 천군이 소도지배), 벼농사 발달, 수릿날·계절제 실시	

2. 삼국과 가야의 발전과 대외 관계
① 고대 국가의 성립과 발전

고구려	• 태조왕 : 옥저 정복, 요동 지역으로 진출 • 고국천왕 : 부타 상속의 왕위 계승 확립, 5부 개편 • 소수림왕 : 불교 수용, 태학 설립, 율령 반포 • 광개토 대왕 : 후연 격파, 부여 병합, 한강 이북 지역 차지 • 장수왕 : 남진 정책 → 평양 천도, 남한강 유역 진출
백제	• 고이왕 : 한강 유역 장악, 율령 반포, 관등과 관리의 복색 제정 • 근초고왕 : 부자 상속의 왕위 계승 확립, 요서 지방 진출 • 무령왕 : 지방에 22담로 설치, 중국 남조의 양과 교류 • 성왕 : 사비 천도, '남부여'로 국호 개칭
신라	• 내물왕 : 김씨의 왕위 계승권 확립, 왕호 '마립간' 사용 • 지증왕 : 국호 '신라'·왕호 '왕'사용, 우산국 복속 • 법흥왕 : 율령반포, 골품제 정비, 병부 설치, 불교 공인 • 진흥왕 : 화랑도 개편, 한강 유역 장악, 대가야 병합
가야	금관가야(질 좋은 철 생산, 낙랑군·왜 등과 교류) → 대가야(농업발달, 풍부한 철산지 보유) → 신라에 병합

② 삼국의 사회와 경제

사회	신분제 사회 성립(귀족, 평민, 천민), 엄격한 형벌 존재, 진대법 실시(고구려), 화백 회의·골품제 실시(신라)
경제	조세·공물·노동력 수취, 농업·상공업·무역발달

3. 통일 신라와 발해의 발전
① 고구려와 수·당의 전쟁

수의 침입	수 양제의 공격 → 수군 격퇴(을지문덕의 살수 대첩)
당의 침입	당 태종의 침입 → 당군 격퇴(안시성 싸움 등)

② 신라의 삼국 통일 : 나·당 동맹 성립 → 백제 멸망 → 고구려 멸망 → 나·당 전쟁에서 신라가 승리

③ 통일 신라의 발전

왕권 강화	• 태종 무열왕 : 최초의 진골 출신 왕(직계 자손이 왕위 세습) • 신문왕 : 진골 귀족 숙청, 국학 설립, 관료전 지급
통치 체제	중앙 - 집사부중심 - 지방 - 9주 5소경, 군사 - 9서당 10정
사회·경제	민족 융합 정책 실시, 관료전 지급, 민정 문서 작성, 서시·남시 설치, 공무역·사무역 전개

4. 신라 말의 사회와 후삼국의 성립
① 신라 말의 사회 : 왕의 쟁탈전 → 왕권 약화 → 농민 봉기, 호족 성장, 풍수지리설 도입, 6두품의 새로운 정치이념 제시
② 후삼국의 성립 : 견훤의 후백제 건국, 궁예의 후고구려 건국

5. 발해의 발전과 통치 체제

건국	대조영이 건국 → 고구려계승 표방
발전	무왕 때 당과 대립 → 문왕 때 당·신라와 친선 관계 유지 → 선왕때 '해동성국' 칭호를 얻음
통치체제	중앙 - 3성 6부(당 제도 수용, 독자적 운영), 지방 - 5경 15부 62주, 군사 - 10위, 지방군 지휘
사회·경제	고구려 유민이 지배층 형성, 목축·수렵 발달, 상공업 발달, 당·신라·거란 등과 무역

6. 고대 국가의 문화발전과 국제 교류
① 종교와 학문의 발달

불교	• 삼국 : 왕권 강화에 기여, 호국적 성격 • 통일 신라 : 원효, 의상 등 활동 → 신라 말 선종 유행 • 발해 : 왕실과 귀족 중심으로 성행
도교	산천 숭배 등과결합 → 불로장생, 현세구복 추구
풍수지리설	도선이 도입, 도참사상과 결합, 호족의 이용
학문	교육 기관 설립 → 유교 경전 교육
역사서	삼국의 역사서 편찬("신집" 5권, "서기", "국사")

② 과학 기술과 예술의 발달

과학 기술	천문학, 금속 기술, 인쇄술, 제지술 등 발달
고분	돌무지무덤(고구려, 백제), 굴식 동방무덤(삼국), 벽돌무덤(백제), 돌무지덧널무덤(신라) 등 제작 → 통일 신라에서 화장 유행, 발해에서 다양한 형태로 제작
건축	궁궐·성곽 정비, 사찰 건립(불국사 등)
탑	석탑 제작(삼국) → 이중 기단·3층 석탑 유행(통일 신라) → 승탑 건립(신라 말), 전탑 건립(발해)
불상	미륵보살 반가 사유상(삼국), 석굴암 본존불상(통일 신라), 이불병좌상(발해)등 제작

7. 고려의 성립과 발전

① 고려의 성립과 후삼국 통일 : 고려 성립 → 고려의 신라통합 → 고려의 후백제군 격퇴 → 후삼국 통일

② 고려의 발전

태조	민생 안정, 호족 통합, 북진 정책 등 실시
광종	노비안검법·과거제 실시, 칭제 건원, 관리의 공복 제정
성종	최승로의 시무 28조 수용 → 유교 정치사상 성립

③ 통치 체제의 정비

중앙	2성 6부제, 도병마사·식목도감 운영, 대간 제도 실시
지방	5도와 양계로 나누어 통치, 주현이 속현과 향·부곡·소 통솔
교육	유학 교육 중시 → 국자감(개경), 향교(지방)설치
관리 등용	• 과거제 : 양인 이상 응시 가능, 문과·잡과·승과 시행 • 음서제 : 왕실과 공신의 후손, 5품 이상 고위 관리의 자손에게 시험 없이 관직 부여
군사	중앙군 - 2군 6위, 지방군 - 주현군, 주진군

8. 고려의 변화와 개혁

① 거란과 여진의 관계

거란	• 1차 침입 : 서희의 외교담판으로 고려가 강동 6주획득 • 3차 침입 : 강감찬의 귀주 대첩으로 거란군 격파
여진	여진의 침입 → 윤관이 별무반을 이끌고 정벌 → 동북 9성 축조 → 여진이 금 건국 후 고려에 군신 관계 요구 → 고려의 수용

② 문벌 귀족 사회의 성립과 동요

㉠ 문벌 귀족 사회의 성립

성립	여러 세대를 걸쳐 고위 관직자를 배출한 가문이 문벌 귀족 형성
권력 장악	과거·음서로 관직 독점, 과전·공음전 등으로 경제 기반 확보 → 중첩된 혼인 관계로 결속 강화

㉡ 이자겸의 난

전개	인종과 왕의 측근 세력이 이자겸 제서 시도 → 이자겸의 반란 → 척준경의 이자겸 제거 → 척준경 축출 → 이자겸 세력 몰락
영향	국왕의 권위 실추, 문벌 귀족 사회 분열

㉢ 묘청의 서경 천도 운동

배경	인종 때 서경 출신 관리들이 개력 추진
전개	서경 세력이 칭제 건원·서경 천도·금 정벌 주장 → 인종의 수용 → 개경 세력의 반발 → 묘청의 난 → 김부식의 관군이 진압

9. 무신의 집권

무신 정변	무신들의 정권 장악 → 중방을 통해 권력 행사
최씨 정변	교정도감에서 국정 총괄, 도방·정방·서방 등 설치

↓

농민과 천민의 봉기
지방에 대한 통제력 약화, 농민 생활 약화 → 망이·망소이, 만적 등이 봉기

10. 몽골의 침략과 공민왕의 개혁 정치

몽골과의 전쟁
몽골의 고려 침략 → 강화도 천도, 하층민중이 적극적으로 항쟁 → 고려와 몽골의 강화 → 개경 환도 → 삼별초의 항쟁

↓

원 간섭기
• 원의 간섭 : 쌍성총관부 등 설치, 경제 수탈, 내정 간섭 • 권문세족 성장 : 주로 음서로 고위 관직 독점, 대농장과 노비 소유 • 공민왕의 개혁 정치 : 반원 정책(정동행성 폐지, 친원 세력 숙청), 내정 개혁(전민변정도감 설치, 신진 사대부 등용)추진

11. 고려의 경제와 사회

① 토지 제도와 수취 제도

토지 제도	• 전시과 : 관리에게 전지와 시지 지급, 수조원 부여 • 민전 : 개인 소유지(소유권 보장), 세금 납부
수취 제도	• 조세 : 생산량의1/10 수취 • 공물(공납) : 호 단위로 지방의 특산물 수취 • 역 : 16세 ~ 59세 남자(정남)의 노동력 징발(군역, 요역)

② 경제 활동

산업	• 농업 : 농업 장려, 농업 기술 발달(시비법, 2년 3작 윤작법 등) • 수공업 : 관청·소 수공업 → 민간·사원 수공업 발달 • 상업 : 시전·관영 상점 설치, 행상 활동, 화폐 발행 등
무역	송(가장 활발), 거란, 여진, 일본, 대식국(아라비아), 원과 교류

③ 신분 제도

귀족	음서·공음전의 혜택 → 화려한 생활 영위
중류층	서리, 향리 등 → 직역 세습, 역의 대가로 토지를 받음
양민	백정(일반 농민), 상공업자, 향·부곡·소 거주민
천민	대부분 노비(재산 취급), 양수척, 재인

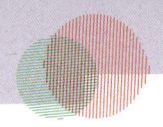

④ 사회 모습

사회 시책	농민 생활 안정 목적 → 의창, 제위보등 설치
법률 제도	당·송법률 참고, 태형 등 형벌 적용
가족 제도	일부일처제가 일반적, 가족 내 남녀의 권리 동등
풍속	향도 조직(불교 신앙 바탕, 매향 활동 전개)

12. 고려의 문화 발달과 교류

① 문화발달

유학	• 전기 : 자주적·주체적(국자감·향교 설치, 시무 28조 수용) • 중기 : 보수적·귀족적(사학 12도 융성, 김부식의 정치 주도) • 후기 : 신진 사대부의 성리학 수용(실천적 성향)
역사서	"삼국사기", '동명왕편", "삼국유사", "사략" 등 편찬
불교	• 중기 : 교종 융성 (의천(義天)의 창시) • 무신 집권기 : 결사 운동 전개, 선종 발달(지눌 등 활동)
도교	불로장생과 현세의 복 추구, 초제 성행
풍수지리설	북진 정책, 서경 천도 운동 등에 영향
과학 기술	• 인쇄술 : 목판 인쇄술(팔만대장경 등 제작), 금속 활자 인쇄술("직지심체요절" 등 제작)발달 • 천문학(사천대 설치)·역법·의학 발달, 화약 무기 제작(화통도감 설치), 조선술 발달
귀족 문화	• 청자 : 순수청자(11세기) → 상감청자(12세기)발달 • 공예 : 금속 공예, 나전 칠기 공예 발달 • 건축 : 주심포 양식 및 배흘림기둥(안동 봉정사 극락전 등), 다포양식(사리원 성불사 응진전 등) 발달 • 석탑 : 다양한 형태로 제작(평창 월정사 8각 9층 석탑 등) • 불상 : 대형 철불, 석불 제작 • 문학, 음악, 글씨, 그림 등 발달

② 국제 교류와 문화적 다양성

전기	송, 요(거란), 금(여진)과 대립 및 교류
후기	원과 교류 → 고려에서 몽골풍 유행, 원에 고려양 전래

13. 조선의 건국과 통치 체제의 정비
① 조건의 건국과 유교적 통치 체제의 정비

유교 정치 실현	태조	조선 건국, 정도전의 활약(재상 중심의 정치 강조)
	태종	사병혁파(→ 군사권 장악), 6조 직계제·호패법 실시
	세종	집현전 설치, 의정부 서사제 실시
	세조	6조 직계제 실시, 집현전과 경연 폐지
	성종	홍문관 설치, 경연 강화, "경국대전"완성·반포
통치 체제 정비	중앙	의정부와 6조 중심, 3사(언론 기능 담당)
	지방	8도(관찰사 파견), 부·목·군·현(모든 군현에 수령 파견)
	관리 등용	과거(양인 이상 응시 가증, 문과·무과·잡과), 음서(대상 축소, 고관 승진 제한), 천거(추천) 등

② 조선 전기의 경제 정책 : 농본주의 정책(상공업 통제)

토지 제도	과전법 → 직전법 → 관수 관급제 → 직전법폐지
수취체제	조세(전분6등·연분9등법), 공납9토산물 부과), 역(군역, 요역)

③ 민족 문화의 발달

훈민정음	세종 때 창제·반포 → "월인천강지곡", "용비어천가" 간행
편찬 사업	"조선왕조실록", "삼강행실도", '혼일강리역대국도지도' 등
과학 기술	'천상열차분야지도'·측우기 제작, "칠정산"·"향약집성방" 편찬, 금속 활자 개량, 신기전 개발 등

14. 조선의 신분제와 양반 문화
① 조선의 신분제 : 법제상 양천제 확립(양인, 천인) → 반상제의 일반화(양반, 주인, 상민, 천민으로 구분)
② 사림의 성장과 성리학적 사회질서의 확산

사림의 성장	사림의 중앙 정계 진출(성종 때) → 사화 발생 → 선조 때 사림의 정권 장악, 동인과 서인 형성
성리학 윤리 보급	서원 설립, 향약 보급, "주자가례", "소학" 간행, 가묘 건립과 족보 편찬 등
성리학의 발전	• 이황 : 근본적·이상주의적 성격, "성학십도" 저술 • 이이 : 현실적·개혁적 성격, "성학집요" 저술

③ 유교적 양반 문화의 발달

15세기	궁궐·학교 건축 발달, 한문학 발달, 분청사기 유행
16세기	서원 건축 발달, 시조·가사 문학 발달, 사군자화·백자유행

15. 조선의 대외 관계와 양 난의 극복

① 조선 전기의 대외 관계 : 사대교린의 외교 원칙

명	태종 이후 사대외교 실시 → 경제적·문화적 실시 획득			
여진	강경책	4군 6진 설치	회유책	무역소 설치, 귀순 장려
일본		대마도 토벌		3포 개방, 계해약조 체결

② 왜란과 호란의 발발과 극복

왜란의 발발과 극복	임진왜란 발발 → 수군과 의병의 활약, 명의 지원 → 휴전 협상 결렬 → 정유재란 → 노량 해전 승리, 전쟁 종결 → 조선(국토 황폐화), 일본(정권 교체), 중국(명 쇠퇴, 여진족 성장)의 정세 변화
호란의 발발과 극복	광해군의 중립외교실시 → 인조반정 → 서인의 친명배금정책 실시 → 정묘호란 → 청의 군신 관계 요구 → 조선 정부의 거절(주전론 우세) → 병자호란 → 청과 군신 관계 체결

↓

양 난 이후 조선의 대외 관계
• 일본 : 에도 막부의 요청 → 통신사 파견, 국교 재개(기유약조 체결) • 청 : 북벌 운동 전개, 북학론 제기(18세기), 백두산정계비 건립(1712)

16. 조선 후기 정치 변동과 제도 개편

① 통치 체제의 변화

정치구조	비변사의 기능 강화 → 의정부·6조의 기능 약화, 왕권약화
군사 제도	5군영(중앙군), 속오군(지방군)체제 정비
수취체제	영정법(전세), 대동법(공납), 균역법(군역) 실시

② 붕당 정치의 전개와 탕평 정치의 실시

붕당 정치	붕당 간 견제와 균형 유지 → 예송(현종 때), 환국(숙종 때)이후 변질 → 일당 전제화 출현(특정 중방의 권력 독점)
탕평 정치	• 영조 : 탕평책(탕평파 중심의 정국운영, 서원 정리, 산림의 존재 부정, 이조 전량의 권한 약화)·균역법 실시 • 정조 : 영조의 탕평책 계승·강화, 규장각·장용영 설치, 초계문신제 실시, 화성 건설, 통공 정책 실시

③ 세도 정치의 전개와 농민 봉기의 발생

세도 정치	순조·헌종·철종 시기 소수 가문이 권력 독점 → 정치 기강 문란, 삼정 문란
농민 봉기	• 홍경래의 난 : 평안도 지역에 대한 차별에 항거 • 임술 농민 봉기 : 진주 농민 봉기 → 전국으로 확산

17. 조선 후기의 사회·경제적 변동
① 농촌 경제의 변화와 수공업·광업의 발달

농촌 경제의 변화	모내기법의 확산·상품 작물 재배 활발(→ 농업 생산력 증대, 농민의 계층 분화), 도조법(정액 지대) 확산
수공업·광업 발달	• 수공업 : 민영 수공업 발달, 선대제 성행 • 광업 : 설점수세제 실시, 잠채 성행, 덕대 등장

② 상품 화폐 경제의 발달

상업	공인·사상 성장, 도고 등장, 장시와 포구 상업 발달
향촌 질서 변화	구향과 신향의 대립(향전) → 구향 약화, 관권 강화

18. 조선 후기 사회 개혁론의 등장 ~ 서민 문화의 전개와 영향
① 실학·국학·과학 기술의 발달

실학	농업 중심 개혁론자(경세치용 학파) : 토지 제도의 개혁 주장 → 유형원(균전론), 이익(한전론), 정약용(여전론) 등 상공업 중심 개혁론자(이용후생 학파, 북학파) : 상공업 진흥과 기술 혁신 주장 → 유승원, 홍대요, 박지원, 박제가
국학	실학자들이 우리 역사·지리·언어 연구
과학 기술	'곤여만국전도' 전래, 지전설 주장 → 조선인의 세계관 확대

② 새로운 사상의 등장

예언 사상	사회 불안의 심화 → 정감록 · 미륵 신앙 등 유행
천주교	서학으로 전래·연구(17세기) → 신앙으로 확산(18세기)
동학	최제우가 창시(1860), 인내천 사상 강조, 보국안민 주장

③ 서민 문화의 발달과 예술의 새 경향

서민 문화의 발달	서민들의 경제력과 사회적 지위 향상, 서당 교육 확대 → 판소리, 탈춤, 한글 소설, 사성시도 등 유행
예술의 새 경향	"양반전" 저술(박지원), 시사조직(중인층, 시집 간행), 진경산수화(정선)·풍속화·민화·청화 백자 유행

1. 서구 열강의 접근과 조선의 대응
① 흥선 대원군의 개혁 정치

통치 체제 재정비	안동 김씨 일족 축출, 능력 중심의 인재 등용, 비변사 축소·격하, 의정부(정치)와 삼군부(군사)의 기능 회복, 법전 편찬("대전회통", "육전조례"), 경복궁 중건
민생 안정 정책	양전 사업 실시(은결 색출), 호포제 실시(양반에게도 군포부과), 사창제 실시(환곡 개혁), 서원 철폐

② 흥선 대원군의 통상 수교 거부 정책

병인양요	병인박해를 구실로 프랑스군이 강화도 침략 → 한성근 부대(문수산성), 양헌수 부대(정족산성)의 항전 → 프랑스군 퇴각(외규장각의 문화유산과 재물 약탈)
오페르트 도굴 사건	독일 상인 오페르트가 남연군(흥선 대원군의 아버지)의 묘 도굴 시도 → 서양에 대한 반감 고조
신미양요	제너럴 셔먼호 사건을 구실로 미군이 강화도 침략 → 어재연 수비대의 항전 → 광성보 함락 → 미군 퇴각
척화비 건립	통상 수교 거부 정책을 널리 알림

2. 문호 개방과 개화 정책의 추진
① 개항과 불평등 조약의 체결

구분	강화도 조약	조·미 수호 통상 조약
체결배경	대외 정책의 변화, 통상 개화론 대두, 운요호 사건(1875)	"조선책략"의 유포, 청이 조선과 미국의 수교 알선
내용	조선을 자주국으로 명시, 부산 외 2개 항구 개항, 해안 측량권과 치외 법권 인정	최혜국 대우(최초)와 치외법권 인정, 수출입 상품에 대한 관세 규정, 거중 조정
성격	외국과 체결한 최초의 근대적 조약, 불평등 조약	서양 국가와 체결한 최초의 근대적 조약, 불평등 조약

② 개화 정책의 추진과 반발

개화정책 추진	통리기무아문 설치, 별기군 창설, 외교 사절단 파견(수신사, 조사 시찰단, 영선사, 보빙사 등)
임오군란	구식 군인의 봉기, 도시 하층민의 가담 → 청의 개입으로 진압 → 청의 내정 간섭 심화, 일본과 제물포 조약 체결
위정척사 운동	흥선 대원군의 통상 수교 거부 정책 지지(1860년대, 척화 주전론) → 개항 반대 운동(1870년대, 최익현의 왜양일체론) → 개화 반대 운동(1880년대, 영남 만인소)

③ 갑신정변과 이후의 정세

개화파의 분화	임오군란 이후 온건 개화파(동도서기론 주장)와 급진 개화파(근대적 사상과 제도의 수용 주장)로 분화
갑신정변	개화당 정부 수립 → 14개조 혁신 정강 발표 → 청군의 출동으로 진압
갑신정변 이후의 정세	청·일본·영국·러시아의 대립 격화, 조선 중립화론 대두(독일 부영사 부들러, 유길준 등)

3. 동학 농민 운동과 갑오개혁 ~ 독립 협회와 대한 제국
① 동학 농민 운동

전개	고부 농민 봉기 → 1차 봉기 → 전주 화약 체결 → 일본의 경복궁 점령 → 2차 봉기 → 우금치 전투에서 패배 → 지도부 체포
의의	반봉건, 반침략의 민족 운동

② 갑오개혁의 추진

1차	독자적 연호 사용, 왕실·정부 사무 분리, 국가 재정 일원화(탁지아문), 과거제·신분제 폐지, 조혼 금지, 과부의 재가 허용 등
2차	의정부 폐지, 내각제 도입, 재판소 설치, 교육입국 조서 발표 등
3차	'건양' 연호 제정, 태양력 사용, 종두법 시행, 단발령 실시 등

③ 독립 협회와 대한 제국

독립 협회	독립문 건립, 러시아의 간섭과 이권 요구 규탄, 자유 민권 운동 전개, 중추원 개편 시도, 관민 공동회에서 헌의 6조 채택
대한 제국	연호 '광무' 제정, 대한국 국제 제정(1899, 황제의 권한 강조), 광무개혁 추진(지계 발급, 상공업 진흥 정책 시행 등)

4. 일제의 국권 침탈과 국권 수호 운동 ~ 독도와 간도
① 일제의 국권 침탈과 한국 강제 병합

제1차 한·일 협약	각 분야에 외국인 고문 임명
을사조약	외교권 박탈, 통감부 설치
정미7조약	통감의 내정 전권 장악, 일본인이 주요 관직 차지
한국 강제 병합	일본의 여론 유도 → 한국 병합 조약 체결

② 항일 의병 운동의 전개

을미의병	을미사변(명성 황후 시해 사건)과 단발령 실시에 반발, 양반유생 중심, 고종의 단발령 취소와 해산 권유 이후 활동 중단
을사의병	을사조약 체결에 반발, 전직 관료와 양반 유생의 항전, 평민출신 의병장(신돌석) 등장
정미의병	고종 강제 퇴위와 군대 해산에 반발, 해산 군인의 참여로 조직력과 전투력 강화, 다양한 계층의 참여

③ 애국 계몽 운동의 전개

목표	교육과 산업 진흥을 통한 민족의 실력 양성 → 국권수호
단체	보안회, 헌정 연구회, 대한 자강회, 대한 협회 등
신민회	공화 정체의 근대 국민 국가 건설 지향, 대성 학교·오산 학교·태극 서관·자기 회사 등 설립, 만주에 독립운동 기지 건설

④ 독도와 간도

독도	일본이 러·일 전쟁 중 자국의 영토로 불법 편입
간도	일본이 간도 협약(1909)을 통해 청의 영토로 인정

5. 개항 이후 경제·사회 구조의 변화
① 열강의 경제적 침탈

외국 상인의 활동	일본 상인의 거류지 무역 → 조·청 상민 수륙 무역 장정 이후 청·일 상인의 내지 행상 확대 → 상권 경쟁 심화
화폐 정리 사업	재정 고문 메가타 주도, 백동화를 일본 제일 은행의 발행 화폐로 교환 → 유통 화폐량 감소, 국내 상공업자와 은행 몰락

② 경제적 구국 운동 : 상회사 설립, 황국 중앙 총상회 조직, 근대적 기업과 은행 설립, 방곡령 실시 등
③ 교육·언론 기관의 설립

교육	원산 학사·육영 공원 설립, 애국 계몽 운동 단체의 사립학교 설립
언론	한성순보(박문국에서 발행), 독립신문(순 한글 사용), 대한매일신보(영국인 베델의 참여, 의병 운동에 호의적) 등 발행

④ 근대 문물의 도입과 생활·문예의 변화

시설	전차 가설, 철도 부설, 광혜원 등 의료 기관 설립
생활	양복·양장 착용 증가, 서양식 요리 전래, 서양식 건물 건립
문예	신체시·신소설 발표, 창가 유행, 원각사에서 연극 공연

6. 국제 정세의 변동과 동아시아의 변화

국제 정세의 변동	제1차 세계 대전(제국주의 국가 간의 대립) → 제2차 세계 대전(전체주의 국가의 침략)
동아시아의 변화	제1차 세계 대전 이후 워싱턴 체제 형성, 각국의 민족 운동 전개

7. 일제의 침략과 식민지 지배 정책
① 1910 ~ 1920년대 일제의 식민지 지배 정책

구분	1910년대	1920년대
정치	조선 총독부 설치, 무단통치 실시(헌병 경찰 제도 시행)	문화 통치 표방(민족 분열 통치 실시)
경제	토지 조사 사업 실시, 회사령·삼림령 등 공포	산미 증식 계획 실시, 회사령과 한·일 간 관세 폐지

② 전시 동원 체제와 민족 말살 정책

전시 동원 체제	국가 총동원법 제정, 인력 강제 동원(지원병제, 학도 지원병제 등 실시), 물적 자원 수탈(산미 증식 계획 재개, 공출제도 실시 등)
민족 말살 정책	황국 신민화 정책(황국 신민 서사 암송·일본식 성명 강요, 한글 신문과 잡지 폐간 등) 실시

8. 3·1운동과 대한민국 임시 정부
① 3·1운동

배경	윌슨의 민족 자결주의 제창, 2·8독립 선언 등
전개	독립 선언식 전개 → 학생·시민의 만세 시위 전개 → 전국 및 해외로 확산
의의	최대 규모의 민족 운동, 국외 무장 독립 전쟁 활성화·대한민국 임시 정부 수립에 기여, 다른 나라의 민족 운동에 영향

② 대한민국 임시 정부

수립	상하이에서 출범
활동	연통제·교통국 조직, 독립 공채 발행, 외교 활동 전개 등
변화	국민대표 회의 결렬 → 이승만 탄핵 → 국무령제로 헌법 개정

9. 국내 민족 운동의 전개
① 실력 양성 운동

경제	민족 기업 설립, 물산 장려 운동(토산품 애용 강조)
교육	민립 대학 설립 운동, 문맹 퇴치 운동(조선일보·동아일보 중심) 전개

② 민족 유일당 운동

민족 유일당 운동	· 국외 : 한국 독립 유일당 북경 촉성회 창립, 3부 통합운동 전개 · 국내 : 조선 민흥회 결성, '정우회 선언' 발표
신간회	· 결성 : 비타협적 민족주의 세력과 사회주의 세력의 연합 · 활동 : 강연회·토론회 개최, 각종 사회 운동 지원 · 해소 : 일제의 탄압, 지도부 내에서 타협주의 대두, 사회주의 계열 이탈 · 의의 : 일제 강점기 최대 규모의 정치·사회 운동 단체

③ 민족 문화 수호 운동

우리말 살리기 운동	· 조선어 연구회 : 가갸날 제정, "한글" 창간 · 조선어 학회 : 한글 교재 보급, 한글 맞춤법 통일안·표준어 제정, "우리말 큰사전" 편찬 시도
한국사 연구	· 민족주의 사학 : 민족정신과 전통 강조(신채호, 박은식, 정인보, 문일평 등) · 사회 경제 사학 : 한국사의 보편적 역사 발전 과정 강조(백남운) · 실증 사학 : 객관적 사실 강조, 진단 학회 조직
종교계의 활동	불교(사찰령 폐지 운동), 개신교(신사 참배 거부 운동), 천주교(의민단 조직), 대종교(중광단 → 북로 군정서), 천도교(제2의 독립 선언 운동 계획), 원불교(새 생활 운동) 등의 활동

10. 국외 민족 운동의 전개

1920년대	• 무장 독립 전쟁 : 봉오동 전투, 청산리 대첩에서 승리 • 독립군의 시련 : 간도 참변, 자유시 참변으로 희생 • 재정비 : 3부(참의부, 정의부, 신민부) 결성 및 통합(국민부, 혁신 의회)
1930년대	• 한·중 연합작전 : 한국 독립군(지청천), 조선 혁명군(양세봉)이 항일 중국군과 연합 • 항일 유격 투쟁 : 동북 항일 연군, 조국 광복회의 활동 • 민족 혁명당 : 조선 민족 전선 연맹 결성, 조선 의용대 창설
의열 투쟁	• 의열단 : 김원봉 중심, 개별적 의거 활동 전개 → 조직적 무장 투쟁 준비 • 한인 애국단 : 김구 중심, 이봉창·윤봉길 의거 → 중국 국민당 정부의 임시 정부지원

11. 일제 강점기 사회·경제적 변화와 건국 노력

① 식민지적 경제구조

농촌 안정화 정책	농촌 진흥 운동 추진 → 농민 불만 무마, 농촌 통제
산업 구조의 변화	소비재 공업 발달 → 1930년대 이후 중화학 공업 중심

② 사회 변화와 문예 활동

도시화	식민지 근대화 → 식민 통치 정당화, 수탈 강화
생활 양식의 변화	• 전통 사회 구조, 신분 의식의 변화 • 의·식·주 생활의 변화, 일제의 일상생활 통제
문예 활동	• 문학 : 신경향파 문학 등장, 저항 문학 활동 • 예술 : 나운규의 '아리랑' 발표, 서양 예술 도입

③ 건국 준비 활동

대한민국 임시 정부	한국광복군 창설, 삼균주의에 입각한 건국 강령 발표, 대일 선전 포고
조선 독립 동맹	강령 발표, 조선 의용군 창설
조선 건국 동맹	여운형 중심, 강령 발표, 국내에서 건국 준비

④ 국제 사회의 독립 약속

카이로 회담	최초로 한국의 독립 문제 논의
얄타 회담	한반도에 대한 신탁 통치 문제 논의
포츠담 회담	한국의 독립 재확인

12. 냉전과 정부 수립을 위한 노력
① 냉전 체제의 형성과 변화

냉전 체제 형성	자본주의 진영과 공산주의 진영 간의 대립
냉전의 완화	닉슨 독트린(1969) 발표 이후 미국과 중국·소련의 수교
냉전의 붕괴	독일 통일(1990), 소련 해체(1991)

② 광복과 정부 수립을 위한 노력
  ㉠ 조선 건국 준비 위원회 : 여운형과 안재홍 중심, 광복 후 치안 유지 → 조선 인민 공화국 선포
  ㉡ 미군과 소련군의 진주 : 38도선을 경계로 남북 분할 점령
  ㉢ 모스크바 3국 외상 회의와 미·소 공동 위원회

모스크바 3국 외상 회의
한반도에 임시 민주 정부 수립, 미·소 공동 위원회 설치, 신탁 통치 결의 → 우익의 신탁 통치 반대, 좌익의 모스크바 3국 외상 회의 결정 지지

↓

미·소 공동 위원회
임시 정부 수립에 참여할 대상 선정을 둘러싼 미·소의 의견 대립 → 결렬

  ㉣ 국내의 정부 수립 노력

정읍 발언	이승만 : 남한만의 단독 정부 수립 주장
좌우 합작 운동	통일 정부 수립을 위한 좌우 합작 7원칙 발표
남북 협상	김구, 김규식 등 : 남북통일 정부 수립 노력

13. 대한민국 정부의 수립과 6·25전쟁
① 대한민국 정부의 수립

대한민국 정부 수립 과정
유엔 소총회의 남한만의 총선거 실시 결정 → 제주 4·3 사건 → 5·10 총선거 → 제헌 국회 구성 → 제헌 헌법 제정, 대통령 선출(이승만) → 대한민국 수립 선포(1958. 8. 15) → 여수·순천 10·19 사건

↓

건국 직후의 정책
• 친일파 청산 : 이승만 정부의 비협조, 친일 세력의 방해로 실패 • 농지 개혁 : 토지 소유를 3정보로 제한, 유상 매입·유상 분배

② 북한 정부의 수립 : 북조선 임시 인민 위원회 수립(토지 개혁, 주요 산업 국유화) → 조선 민주주의 인민 공화국 수립(1948. 9.)

257

③ 6·25전쟁

배경	남북 대립, 북한에 대한 중·소의 군사적 지원, 애치슨 선언
전개	북한의 남침(1950.6.25.) → 유엔군 참전 → 인천 상륙 작전 → 중국군 개입 → 1·4후퇴 → 휴전 협정 체결(1953.7.27.)
영향	인명 피해, 이산가족 발생, 산업 시설 파괴, 남북 적대감 고조

④ 전후 남한과 북한의 정치와 경제

남한	• 발췌 개헌(1952), 사사오입 개헌(1954) → 독재 체제 강화 • 원조 경제 체제, 원조 물자를 활용한 삼백 산업 발달
북한	• 김일성 독재 체제 강화 : 남로당, 연안파, 소련파 숙청 • 사회주의 경제 체제 확립(협동 농장 조직), 천리마운동 실시

14. 자유 민주주의의 발전

① 4·19 혁명과 장면 내각

㉠ 4·19 혁명

배경	이승만 정부의 독재 정치와 부정부패, 3·15 부정 선거
결과	이승만의 하야, 내각 책임제 개헌, 장면 내각 수립

㉡ 장면 내각

정치 형태	내각 책임제, 양원제 국회(참의원, 민의원)
한계	민주화·통일 등 국민적 요구에 소극적 대처, 민주당의 분열

② 박정희 정부와 유신 체제

5·16 군사정변	박정희 중심의 군사 쿠데타 → 군정 실시
박정희 정부	• 한·일 협정 체결, 베트남 파병 : 경제 개발 자금 확보 • 3선 개헌 : 박정희 장기 집권 추진
유신 체제	10월 유신(유신 헌법 제정) → 10·26사태로 유신 체제 붕괴

③ 민주주의의 발전

전두환 정부	신군부 등장(12·12사태), 5·18 민주화 운동 진압 → 전두환 정부 출범(강압 통치와 유화 통치 병행) → 6월 민주 항쟁(6·29 민주화 선언, 대통령 직선제 개헌)
노태우 정부	여소야대 → 3당 합당, 북방 정책
김영삼 정부	금융 실명제·지방 자치제 전면 시행, 외환위기 초래
김대중 정부	IMF관리 체제 극복, 대북 화해 협력 정책 실시
노무현 정부	과거사 정리, 군위주의 청산 노력
이명박 정부	실용주의 표방, 자유 무역 협정(FTA) 추진

15. 경제 발전과 사회 변화
① 산업화와 경제 발전

1960년대	제1·2차 경제 개발 5개년 계획 : 경공업 육성
1970년대	제3·4차 경제 개발 5개년 계획 : 중화학 공업 육성
1980년대	3저 호황(저유가·저달러·저금리 현상으로 경제 호황)
1990년대 이후	신자유주의 정책 → 외환위기, 국제 통화 기금(IMF)의 긴급 구제 금융 지원 → 정부와 국민들의 극복 노력

↓

고도성장, 국민 총생산 증가, 외채 증가 등 문제점 발생

② 현대 사회의 변화 : 산업화·도시화 → 도시 문제, 농촌 문제 발생 → 새마을 운동, 노동 운동(전태일 분신 등) 전개

16. 북한의 실상과 남북 간의 통일 노력 및 세계 속의 한국
① 북한의 변화

정치	김일성 독재 체제 → 김정일 후계 체제 → 김정은 후계 체제
경제	중앙 집권적 계획 경제 체제 → 경제 위기 → 부분적 경제 개방 추진(합영법, 나진·선봉 경제 무역 지대, 개성 공단 등)

② 통일을 위한 노력

이승만 정부	반공 정책, 북진 통일 주장
장면 내각	유엔 감시 하 남북 총선거를 통한 통일 주장
박정희 정부	7·4남북 공동 성명(자주, 평화, 민족 대단결의 통일 원칙 제시)
전두환 정부	최초의 남북 이산가족 상봉
노태우 정부	남북한 유엔 동시 가입, 남북 기본 합의서 채택
김대중 정부	최초의 남북 정상 회담 → 6·15 남북 공동 선언
노무현 정부	제2차 남북 정상 회담 → 10·4남북 공동 선언
이명박 정부	상생과 공영의 남북 관계 추구

③ 동북아시아의 영토와 역사 갈등

일본	독도 영유권 주장, 역사 교과서 왜곡, 야스쿠니 신사 참배 등
중국	동북공정(한국 고대사 서술 왜곡), 간도 문제 등

④ 국제적 위상의 향상 : 국제 사회에서의 영향력 증대 → 국제 사회의 공동 문제 해결을 위한 노력 필요

현대사 특강

1943 ~ 1949

시기	사건	내용
1943.11.	카이로 회담	독립 최초 약속[미(루즈벨트)·영(처칠)·중(장제스)] '적당한 시기에 적당한 방법으로 한국을 독립시킨다'
1945. 2.	얄타 회담	미·영·소, 소련의 대일전 참전 약속
. 7.	포츠담 회담	카이로 선언에서 언급된 우리나라의 독립 재확인
. 8.	해방	원자폭탄투하 ⇨ 소련군의 북한 진입 ⇨ 미국의 38도선분할제의

. 8.15.	조선건국준비
	위원회
		• 조선건국동맹을 모태, 한국민주당은 불참, 치안대조직
		• 여운형의 요구 :
		  1. 전국적으로 정치범·경제범을 즉시 석방할 것 2.서울의 3개월 분 식량을 확보할 것 3.치안유지
		  와 건국운동을 위한 정치운동에 대하여 절대로 간섭하지 말것
		• 건국강령 : "우리는 일시적 과도기에 있어서 국내 질서를 자주적으로 유지한다"

. 9. 6	조선인민 공화국 선포	• 여운형, 안재홍(이탈), 박헌영 • 주석(이승만), 부주석(여운형), 내무부장관(김구) 추대 • 조선건국준비위원회의 지부가 인민위원회로 개칭 • 한국민주당은 '임시정부봉대론'을 내세우며 비판
. 9. 9	미군정 시작	• 대한민국 임시정부·조선건국준비 위원회 불인정 • 맥아더사령부 행정명령 제1호로 38선 확정 • 직접적 군정(cf : 소련은 간적접 군정)
.12.	모스크바 3상회의	• 미국은 신탁통치후 임시정부수립주장, 소련은 임시정부수립후 신탁통치주장 ⇨ 소련안이 가결 • 1. 임시정부 수립, 2. 임시정부와 타협하여 미·소·영·중에 의한 최고 5년간의 신탁통치 결정, 3. 미소공동위원회 설치 약속, 4. 2주일내에 미소사령부의 대표회의개최 • 우익(반탁), 좌익(반탁) ⇨ 모스크바3상회의 지지
.12.27	동아일보오보사건	신탁통치를 소련이 주장하였다고 오보함으로써 반탁운동이 반소운동이 됨
.12.29	신탁통치반대 국민총동원위원회	김구가 조직, 반탁운동, 임시정부 승인요구 '...신탁 관리제를 배격하는 국민 운동을 전개하여...대한민국 임시 정부를 승인할 것을 요구...'
46. 2.21.	신한공사	신한공사를 설립하여 적산몰수, 귀속재산 불하(1950년대 중반에 완료)
. 3.	제1차 미·소 공동 위원회	미국 – 모든 정치 단체 참여 주장, 소련–모스크바 3상회의를 지지하는 정치단체만 참여 주장 ⇨ 결렬
. 6.	정읍 발언	• 남한 단독정부 수립 주장(이승만) • '이제 우리는 무기 휴회의 공위가 재개될 기색도 보이지 않으며 통일 정부를 고대하나 여의치 않 으니 남한만이라도 임시 정부 같은 것을 조직하여'
. 7.	좌·우 합작위원 회 구성	• 김규식·여운형, 미군정의 지지, 김구만이 찬성하고 좌파, 우파 모두 반대(이승만은 조건부 지 지 – 실제 반대)

.10.	좌우합작7원칙
	발표
		• 선임정·후신탁이념을 담은 좌우합작 7원칙 ┌ 좌파와 우파의 공통점
		• 좌우합작7원칙(1946.10) : 모스크바 3상회의의 결정에 따라 임시정부수립, 미소공동위원회 속개,
		  토지몰수·유조건몰수·체감매상, 친일파문제는 입법기구에서 실시를 주장
		  └ 남조선과도입법의원 ┘ └ 좌파와 우파의 절충

.12.	남조선과도입법 의원	김규식이 의장, 미군사령관 하지가 임명한 관선의원와 간접선거로 선출한 민선의원(이승만계와 한국민주당)

1947. 2	남조선과도정부	안재홍이 민정장관
. 5.	제2차 미·소 공동 위원회	제1차 미소공동위원회와 제2차 미소공동위원회는 아래 그림처럼 같은 이유로 결렬되었다. 제2차 공동 위원회
. 7.	여운형 암살	
.11.	제2차 유엔 총회의 결의	인구비례에 의한 선거
.12.	좌우합작위원회 해산	이후 김규식 중심으로 민족자주연맹 결성
1948. 1.	유엔(UN)임시 위원단 입국	소련의 북한 입국 거부
2.10	'3천만 동포에게 읍고함'	'나는 통일된 조국을 건설하려다가 38선을 베고 쓰러질지언정 일신에 구차한 안일을 취하여 단독 정부를 세우는 데는 협력하지 아니하겠다.'
. 2.26	유엔(UN)소총회	선거 가능 지역 실시 결의
. 3.	귀속농지처리	신한공사를 해체하고 중앙토지행정처를 설치하여 실시
. 4. 3.	제주 4·3 사건	단독 정부 수립 반대, 서북청년단1946년, 북한의 토지개혁으로 남쪽으로 이동한 우파의 탄압
. 4.19.	남북 협상(남북제정당, 사회 단체연석회의)	김구, 김규식의 북한 방문, 외국군대즉시철수, 통일정부수립, 남한단독선거 반대 등 주장
. 5.10.	총선거	유엔 감시하의 남한만의 총선거 실시, 좌파(박헌영 등)와 중도파(김구와 김규식 등) 불참, 북한과 제주도는 미실시 ⇨ 북한의 송전 중단
. 5.30.	제헌 국회 (임기 2년)	이승만계 55명, 한국민주당계 29명, 무소속계 85명
. 7.17.	헌법 제정	간접선거(국회)에 의한 대통령제 '유구한 역사와 전통에 빛나는 우리들 대한 국민은 기미 3·1운동으로 대한민국을 건립하여…'
. 8.15.	대한민국 정부 수립	제1공화국 출범, 대통령(이승만, 국회의 간선제), 부통령(이시영), 국무총리(이범석) 선출
. 9.	반민족 행위 처벌법	• 제헌국회에서 제정, 친일파인 최남선, 노덕술, 이광수, 최린, 박흥식 재판, 1949년 8월 해체 • 책임관 이상의 관리가 되었던 자들 처벌, 기술관과 책임이하는 제외
.10.19.	여수, 순천 사건	국가보안법제정(1948.11) cf)조봉암의 진보당 사건으로 신국가보안법(1958)
.11.	대구반란사건	여수·순천 반란을 틈타 반란 시도 ⇨ 실패
.12.12	제3차 파리유엔총회의 정부 승인	이후 남한(멸공통일론), 북한(민주기지론)
1949.4	국회프락치사건	반민특위 국회의원들을 체포
.6. 5	국민보도연맹결성	좌익세력 척결을 위해 전향자들 중심으로 만든 단체
.6.26	김구암살	안두희에 의해 암살

핵심 자료 우리나라의 역대 정부형태 간선제 (1, 4대 국회선출/8~11대 통일주체국민회의/12대 대통령선거인단)

공화국	대통령	개헌	기간	주요 사건	정부형태
1공	이승만 1, 2, 3대 대통령 (1948~1960)	제헌 (1948.7)	4년	간선제	4년 중임제 / 단원제국회
		발췌개헌 (1952.7)		이승만의 국회 지지 상실	대통령·부통령 직선제 / 양원제(민의원, 참의원) → 실시 X
		사사오입 (1954.12)		이승만의 영구집권 시도	4년 중임제 초대 대통령의 중임제한 폐지 헌법 공포한 대통령은 1항이 적용되지 아니함
2공	윤보선 4대 대통령(내각제) (1960~1962)	내각책임제 (1960.6)	5년	3.15 부정선거 - 김주열 4.19 혁명 - 허정 과도정부	내각책임제 / 양원제(민의원, 참의원)
		소급입법 (1960.11)		장면 내각	3.15 부정선거 관련 반민주 행위자 처벌 (형벌 불소급의 원칙 위배)
3공	박정희 5, 6, 7, 8, 9대 대통령 3공 4공 (1963~1979)	대통령제 (1962.12)	4년	5.16 군사정변 국가재건최고회의	강력한 대통령 중심제(3선 금지)
		삼선개헌 (1968.8)		박정희의 장기집권 시도	3선 허용 – 7대 대통령 직선제 당선 (박정희 53%vs 김대중 45.3%)
4공	최규하 10대 대통령 (1979~1980)	유신개헌 (1972.10)	6년	박정희의 영구집권 시도	통일주체 국민회의 대통령 선출 (간접) (8대와 9대 박정희, 10대 최규하, 11대 전두환) 긴급조치 / 국회해산권
5공	전두환 11대, 12대 대통령 4공 5공 (1980~1988)	단임제	7년	1979.12.12 사태 대통령선거인단(간접)	1980 서울의 봄과 5.18 광주민주화 운동 탄압
6공	노태우 13대 대통령 (1988~1993)	직선제 개헌	5년	1987. 박종철 고문치사 6.29 선언	대통령 직선제 / 헌법재판소 신설 대통령 권한축소 (노태우 36.7% 김영삼 28% 김대중 27.1%)
	김영삼 14대 대통령 (1993~1998)			금융실명제, 외환위기 초래	
	김대중 15대 대통령 (1998~2003)			최초로 선거를 통한 정권교체, 최초의 남북정상회담, 노벨평 화상 수상	
	노무현 16대 대통령 (2003~2008)			박근혜 18대 대통령 (2013~2017)	문재인 19대 대통령 (2017~2022)
	이명박 17대 대통령 (2008~2013)				윤석열 20대 대통령 (2022~2027)

이 만 적 저자

고려대학교와 같은 대학원에서 역사를 전공했으며 연세대학교 대학원에서 철학을 전공했다. 한국교총 원격연수원에서 현직 교사들을 상대로 한국사 직무 연수를 담당하였으며 중앙대, 이대, 한림대 등 여러 대학교에서 사교육 강사들을 상대로 한국사와 세계사 지도법을 강의하고 하였다. 지금은 여러 학원과 기업에서 한국사, 세계사, 철학 등 인문학 강의를 하고 있다. 저서로는 한 권 서양사(중앙북스), 한 권 동양사(중앙북스), 철학과 역사의 만남(인문학동네), 중앙일보PLUS 역사논술시리즈, 한국사능력검정시험과 세계사능력검정시험 대비서, 이만적 한국사대백과 등이 있다.

홈페이지 www.manjuk.net

 우리 동네 한국사, 세계사 선생님 찾기
www.historyexam.net

한국사 능력검정시험 핸드북 심화 초·중등용

지은이 • 이만적
펴낸이 • 최효진
펴낸곳 • 탐진출판사

저자와의
협의하에
인지 생략

등 록 제2022-000343호
서울시 마포구 신수로 27-1
Tel. 02) 715-1093 / Fax. 02) 701-6391
Email. tamjin2022@naver.com
Homepage. www.tamjin.co.kr

2024. 6. 21. 초판 인쇄
2024. 6. 28. 초판 발행

ISBN 979-11-93595-13-8 13910   정가 18,000원

• 잘못된 책은 바꿔드립니다.
• 본서를 무단으로 복제·전재할 경우 저작권법에 저촉됩니다.